Andre Jortzik
Trikolore und Stierwappen

Wismar in den Jahren 1807 – 1813. Wenige Jahre nach dem Ende der Schwedenherrschaft ziehen napoleonische Truppen durch Europa und besetzen auch die alte Hansestadt an der Ostseeküste.
Um die französische Kontinentalsperre zu umgehen, lassen sich die beiden jungen Wismarer Burschen Malte und Hannes immer wieder auf gefährliche Schmugglerabenteuer ein. Eines Tages jedoch werden die beiden verraten. Hannes flieht aus der Stadt, aber Malte möchte seine Verlobte Josephine, die hübsche Schwester des später berühmten Bürgermeisters Anton Haupt, nicht verlassen. Malte bleibt in der Stadt, aber der französische Geheimcommissarius Wenz ist ihm dicht auf den Fersen ...

Andre Jortzik

TRIKOLORE UND STIERWAPPEN

Ein Roman aus Wismars Franzosenzeit

Diese Ausgabe entstand auf Initiative und mit freundlicher
Unterstützung der Buchhandlung Weiland Wismar

© Andre Jortzik, Rostock 2004
Idee und Herausgeber: Volker Stein
Titelbilder: Rolf Möller, Wodorf
       vorn: Kampfhandlung am Altwismar Tor
       hinten: Große Hohe Straße
Herstellung: printmanufaktur, Dassow

ISBN 3-89954-079-4

1. Kapitel

Schlurfende Schritte erklangen auf dem nassen Kopfsteinpflaster der Gasse. Es war dunkel, niemand hatte jene Gestalten bemerkt, die sich hastig in den Schatten des alten Speichers drückten. „Sie kommen!", flüsterte Hannes, ein drahtiger Bursche. An der Ecke wurden schemenhaft die Umrisse zweier Gendarmen sichtbar. Die zweispitzigen großen Hüte waren nicht zu übersehen. Ebenso wenig war das leise Fluchen zu überhören. „Merdé:", schimpfte der größere Büttel. „Es sind Jacques und Louis", zischte Malte, den alle nur Napoleon nannten. Von diesen beiden Vertretern der kaiserlich französischen Gendarmerie war wenig zu befürchten. Sie pflegten ihre Aufgaben stets mit wenig Inbrunst zu bewältigen. Ein Quieken ließ die Buben zusammenfahren. Eine junge Katze wieselte vor den Gendarmen über das Pflaster, rannte genau auf den finsteren Giebel zu, wo sich die beiden Jungen versteckt hielten. Wenn die Gendarmen jetzt bloß nicht auf den Gedanken kämen, dem Tier zu folgen! Katzenbälge waren begehrt, der Sold der Franzosen war ebenfalls nicht gerade reichlich bemessen. Malte erwischte sich dabei, wie er sich auf die Zunge biss. Doch die Uniformierten gingen stur ihres Weges. Die Schritte verklangen.

„Das war knapp. Verfluchtes Biest!" Hannes Stimme klang erleichtert. „Los!", kommandierte Malte und lief geduckt auf den dunklen Rumpf einer an der Kaimauer dümpelnden Schonerbrigg zu. In weiter Ferne zeichneten sich undeutlich die Umrisse zweier die Hafeneinfahrt markierenden Köpfe ab. Sie stammten von einem längst verrotteten Schiffsrumpf, der Hercules. Neuerdings meinten manche, es seien Schwedenköpfe. Die Kaimauer war erreicht. Am eingezogenen Laufreep stieß er einen leisen Pfiff aus, worauf neben der Kajüte ein leuchtender Punkt auftauchte: Die glimmende Pfeife des Schiffers. „Come on Boys!", rief der Seemann gedämpft. Die beiden Jungen hangelten sich gekonnt über ausgelegte Taue und standen schwer atmend auf dem Teakholz des Decks. Ein Blick streifte die klamme Flagge, die am Heckmast schlaff herabhing: Weiße Sterne auf gekreuzten blauen Streifen, rot weiß gegründet. Ein Kolonist, der Pott kam aus Übersee, ein Amerikaner.

Es lagen wenige Schiffe im alten Hafen, zumeist Segler unter dem Dannebrog, der Dänenflagge. Britische Handelsschiffe wurden eine Ewigkeit nicht mehr gesichtet, die Ostsee war ein heißes Pflaster für die Schiffe of his Majesty geworden. Hatte doch die britische Flotte vor einigen Monaten Kopenhagen in Schutt und Asche gelegt, was Dänemark an die Seite Napoleons trieb. Abgesehen von ein paar Norwegern duldeten die französischen Zollbehörden nur noch Schiffe aus Amerika im Hafen der Stadt Wismar, allen anderen war es seit dem Spätherbst des vergangenen Jahres verwehrt. In Berlin hatte seine Majestät, der Kaiser von Frankreich, das Dekret über die Kontinentalsperre unterzeichnet. Damit waren sämtliche Häfen Europas bis hinauf nach Riga hin für englische Waren gesperrt. Da sich Frankreich seit Jahren im Krieg mit dem Inselreich befand, vor zwei Lenzen seine Kriegsflotte bei Trafalgar an Lord Horatio Nelson verloren hatte, wollte Napoleon auf diesem Wege das widerspenstige Albion in die Knie zwingen. Sämtliche Seehäfen waren besetzt, französische Douaniers, die Zöllner, suchten intensiv und schikanös nach Konterbande. Hinzu kam, dass Schweden, dem Wismar nebst dem Amt Neukloster noch vor ein paar Lenzen zugehörig gewesen, ein enger Verbündeter der Briten war. Wiederholt waren schwedische Kriegsschiffe in den wendischen Gewässern aufgetaucht, hatten Wismar ansteuernde Schiffe aufgebracht. Schwerer als diese gelegentlichen Übergriffe wog indes das Wegbrechen der jahrhundertealten Handelsverbindungen mit Schonen, Småland und den Gotländern. Handel und Handwerk fehlten fortan wichtigste Güter und Rohstoffe. Mangel herrschte allerorten in Stadt und Umland.

Aus diesem Grunde eben befanden sich Malte und Hannes bei stockdunkler Nacht an Bord des „Nighthawk", einem Segler aus Philadelphia. Hier befanden sich nämlich noch etliche Ballen englischer Wolle, einige Kisten Rum und nicht zuletzt begehrte Tabakwaren. Meister Gugel, der Oheim von Malte, hatte die Jungen zum Hafen geschickt, die Schmuggelware zu holen. Der Schleichhandel blühte, nicht nur in den wendischen Flecken, nein, bis Skagen im Norden Dänemarks, selbst an der französischen Kanalküste machten geschäftstüchtige Wagemutige aus der Not eine Tugend.

Malte übergab dem schweigsamen Kolonisten ein in Leder gebundenes Päckchen, der Oheim hatte ihn eindringlich beschworen, es bloß nicht zu verlieren. Anschließend wuchteten sie Kisten und Buddeln über die Bordwand, wobei sie stets misstrauisch nach Störenfrieden Ausschau hielten. Denn die Gendarmerie kannte keine Nachsicht, warf die Übeltäter ungeachtet ihres Alters in den Karzer. Schon einige Wismarer waren auf die Strafgaleeren des Kaisers deportiert worden. Doch heute ging alles gut, schwer bepackt erreichten die Jungen das Grundstück des Oheims in der Hegede direkt angrenzend am Markt.

Der Alte saß auf einem Schemel, nuckelte an der kalten Porzellanpfeife und schwieg hartnäckig ein Mädchen an. „Dein Napoleon lässt sich reichlich Zeit, Fine!", mäkelte er. Josefine, die Tochter des Kantors der örtlichen Stadtschule, hatte Mühe ihre Aufregung zu verbergen. Seit frühester Jugend war sie mit Malte verbandet, spielte gemeinsam mit ihm Spatzenhetze vor der Marienkirche, und besuchte das gleiche Kirchspiel zu Sankt Georgen. Niemals gab es für sie und Malte einen Zweifel, dass sie eines fernen Tages Mann und Weib sein würden. Da das Mädchen ebenso wie die Kaiserin im fernen Malmaison Josefine gerufen wurde, war es selbstverständlich, dass man ihren Liebsten jetzt nur noch Napoleon nannte. Doch nun diese gefährlichen Geschäfte. Ständig hatte das Mädchen Angst um ihren Liebsten, verfluchte im Stillen jene wirre Zeit in der sie lebten. Malte tröstete sie stets, dass er auf sich achten würde, so auch heute. Er hatte Josefine zärtlich durch Haar gestrichen und gab ihr einen sanften Abschiedskuss auf die Wange.

Draußen rumorte es. Josefine sprang auf. „Malte!", rief sie erleichtert, als die beiden schwer bepackt und keuchend die niedrige Stube betraten. Der Oheim hatte kein Wort für seine Botengänger, schweigend untersuchte er die Waren. „Ist das alles?", fragte er dann verdrießlich. Hannes nickte bekümmert. „Nur Beutelschneider auf dieser Welt, auch diese Kolonisten!", fluchte der Oheim. Bei der letzten Ladung hatte er für sein gutes Geld fast das Doppelte erhalten. Die Jungen waren im Grunde froh, nicht soviel schleppen zu müssen, zumal sie sowieso nur fünf Groschen vom geizigen Gugel erhielten. „Oheim, habt Ihr das Rathaus gesehen?", fragte Malte, er setzte sich. Josefine huschte auf seinen Schoß.

Das Rathaus, seit Wochen gab kein anderes Gesprächthema in der Hansestadt. Nicht das leere Stadtsäckel, die ständigen Kontributionen oder die Einquartierungen von französischer Soldateska erregten die Leute. Denn in einer stürmischen Novembernacht war völlig unerwartet der gesamte linke Flügel des altehrwürdigen Rathauses zusammengebrochen. Schuld trug ein morscher Stützbalken, der dem heulenden Wind nicht hatte standhalten können. Am nächsten Morgen besahen die entsetzten Bürger mit dem Magistrat an der Spitze die Bescherung. Ein Teil des sorgsam gehüteten Stadtarchivs wehte über den Marktplatz, die Urkunden aus alter Zeit lagen vom Regen durchnässt in den Trümmern. „Die Steuerbescheide hat's verschont. Der liebe Gott ist eben auch ein Ratsherr", knurrte der Oheim.

Er war wie stets auf seinen ureigenen Vorteil bedacht. Egal die Niederlage der Preußen bei Jena, einerlei der sich andeutende Beitritt des Schweriners zum Rheinbund, Hauptsache, die Kasse stimmte! „Seit wir keine Schweden mehr sind geht's nur noch bergab!", schimpfte Gustav Gugel weiter, er hatte seinerzeit als mit allen Wassern gewaschener Handelsmann nicht wenig von den hohen Zöllen profitiert. Aber anno Domini 1803 wurde Wismar nebst seinem Umland von der schwedischen Krone an den Herzog von Mecklenburg-Schwerin verpfändet, der trotz der gewiss nicht geringen Pfandsumme von 1.250.000 Talern kein rechtes Interesse für seine neuen Gemarkungen aufbrachte.

Dann aber, im schicksalsschweren Herbst 1806, kamen sie, erst flüchtende Preußen, kurz darauf die Franzosen. Letztere kamen, was nicht weiter schlimm gewesen wäre, wenn sie nicht geblieben wären. Nun legte sich wie Mehltau die Einquartierungen der Detachements von dieser üblen Grandé Armée über Mecklenburg. Soldaten aus aller Herren Länder: Franzosen, Niederländer, Italiener waren in den armseligen Katen der Dörfer Mecklenburgs eingekehrt. Ja, sogar dunkelhäutige Ägypter sollten zu Ludwigslust gehaust haben. Als wenn das Herzogtum Mecklenburg-Schwerin jemals Händel mit jenem kleinen Napoleon Bonaparte aus Korsika gesucht hätte! Nimmer! Der südliche Nachbar, das seit dem alten Fritz so anmaßende Preußen, wollte den Korsen zur Unzeit urplötzlich ganz allein besiegen. Narren! Denn die Bilanz der Bataille bei Jena war die französische Besetzung der gesamten wendischen Küste bis nach Pommern, ja weit über Danzig und Königsberg hinaus. „Franzmanntid", sagten die Mecklenburger sarkastisch zu ihrer neuen Lage.

Das alles ging Gugel durch den Kopf, als er seinen Neffen und dessen Freund schief betrachtete. Was mochte diese Burschen noch erwarten? Ein Schlachten wie bei Valmy, wo der Herzogliche Marketender Gustav Gugel daselbst zugegen gewesen war? Oder vielleicht doch ein Leben auf den wankenden Planken der Ostseeschoner, wie es schon unzählige Verwandte gewählt hatten. Der Oheim erhob sich ächzend. Er nahm seinen Beutel, auf den die begierigen Blicke der Jungen gerichtet waren und zählte langsam die versprochenen Groschen heraus. „Oheim, Ihr verspracht fünf für jeden!", rief Malte aufgebracht, als der Alte, nachdem er jedem drei Geldstücke hinwarf, den Beutel wieder verstauen wollte. Gugel winkte ab: „Ihr seht's selbst, es gab weniger Ware, also auch weniger Handgeld!"

„Das Wagnis blieb aber dasselbe!", maulte Hannes. Josefine erhob sich, legte ihrem Malte den Arm um die Schulter. „Komm, lass dem Geizkragen seine paar Silberlinge!", bat sie ihn leise. „Das war's letzte Mal Oheim!", schimpfte der enttäuschte Schmugglerjunge weiter. Gugel wusste, es war schwer, zuverlässige Botengänger zu finden, kramte zähneknirschend noch vier Groschen hervor, gab sie der überraschten Fine. „Für Dich Maid!"

„Na also, geht doch!", nickte Hannes. Er nahm an, draußen am Segen beteiligt zu werden. Aber er irrte sich, genau wie der ebenso unzufrieden dreinschauende Malte. Denn was Josefine Haupt erst einmal besaß, das gehörte ihr auch weiterhin! Basta.

Leise schlichen die drei Sprösslinge über Hinterhöfe heim. Vom Markt her erscholl Hufschlag, betrunkene Husaren grölten ihre Zoten. Zu so später Stunde waren nur noch die Franzosen zugange. Wenn die Turmuhr acht schlug, hatten laut einem Erlass des französischen Vizekonsuls die Bürger alle öffentlichen Ortschaften zu meiden. Einzig die Nachtwächter drehten ihre Runden, gerieten dabei oft genug in Konflikt mit den herumlungernden napoleonischen Soldaten.

„Fine, was ist mit den Groschen?", fragte Hannes erwartungsvoll, als sie das Mädchen vor ihrem Elternhaus verabschiedeten. „Nichts", entgegnete das Mädchen schnippisch. Der Junge glaubte sich verhört zu haben. „Wie, was?", fragte er nochmals. „Der Oheim hat's *mir* gegeben!", sprach Fine, wobei sie sich an Maltes Schulter lehnte. Jener nahm noch an, das Mädchen wollte beide foppen, sagte mit einem Hauch von Unwillen, dass sie seinem Freund doch endlich das Geforderte geben solle. Er erhoffte sich noch einige innige Streicheleinheiten, aber dazu musste erst einmal Hannes das Feld räumen. Der machte keine Anstalten, beharrte auf seinem guten Recht, wie er meinte. Es konnte doch nicht sein, dass er und Malte drei Groschen ihr Eigen nannten, während das Mädel, das nichts getan hatte, vier Silberlinge einsackte. Josefine sah das allerdings etwas anders, musste sie doch während der Schmugglertour den griesgrämigen Oheim ertragen. Jetzt drängte ihr Liebster ebenfalls, doch sie drehte sich abrupt um und öffnete die quietschende Pforte. „Ist da wer!?" Ein Mann mit übergroßem Backenbart lehnte mit einem Stecken bewehrt aus dem neben der Tür liegenden Fenster. „Nein Papa, ich bin's bloß!", flötete Josefine und verschwand unversehens im Haus.

„Das, das verzeihe ich der Dirne nie!", wütete Hannes. Malte schaute ebenfalls finster drein, doch was sein Freund soeben gesagt hatte, ging zu weit! „Das „Dirne" nimmst zurück!", zischte er und ballte die Fäuste. „Nimmermehr!", fauchte Hannes und stemmte die Arme in die Seite. Klatsch! Die Maulschelle hatte gesessen. Wutschnaubend stürzte sich der kräftige Hannes auf seinen eben noch so lieben Kameraden. Wild rollten beide über das schmierige Pflaster. Sie bemerkten nicht die zwei sich nähernden dunklen Schatten. Hannes hatte sich aufgeschwungen, saß auf Malte und drosch blindlings drauflos. Malte hatte genug zu tun, sein Gesicht zu schützen. Hannes holte erneut aus, als er plötzlich kalten Stahl auf der Wange spürte. Die messerscharfe Klinge des Seitengewehrs strich über seine Schulter. Der Junge wagte nicht, sich zu rühren. Der unter ihm liegende Malte sah die Schneide dicht vor Augen, auch er war wie gelähmt. „Die Banditen bringen sich gegenseitig um!", knurrte einer der Posten. Er beließ seinen Degen an Hannes Hals. „On se lève imbécile! Tu aussi Cretin!", die Stimme war schneidig. Zitternd standen die Jungen vor den riesigen Franzosen, sahen die Schnurrbärte, die hohen Tschakos mit dem Kaiseradler über dem Schirm. Das waren keine von den üblichen Marodeuren, die mussten von der Linieninfanterie sein, von deren Eintreffen schon vor Tagen gemunkelt wurde. In der Tat war das Bataillon erst vor Stunden eingezogen, die beiden Korporale sollten Fourage beschaffen. Dazu wurden in den Einheiten der Großen Armee nur die am besten geeigneten Leute eingesetzt, um es vornehm auszudrücken. Andere sagten, die Fouragiere der Französischen Armee seien das übelste Gelichter unter der Sonne. Schweigend bedeuteten die Franzosen den Jungen, ihre Taschen auszulehren. Klimpernd rollten die sauer verdienten Münzen auf die Straße. Hannes sträubte sich, wurde durch einen groben Hieb mit der Breitseite der Kaltwaffe eines Besseren belehrt. Man konnte noch von Glück reden, das die Soldaten nicht mit der scharfen Klinge zugeschlagen hatten. Malte wurde bedeutet, die Münzen einzusammeln, die Franzosen achteten darauf, dass sie alle sechs erhielten. Die Kerle schienen die Geldstücke zu wittern! Keiner hatte bis jetzt ein weiteres Wort verloren. Daran sollte sich auch im Folgenden nichts ändern, die Soldaten wiesen in Form eines Fußtritts in Hannes' verlängerten Rücken an, die Jungen sollten schleunigst das Weite suchen. Die Beiden huschten ins Dunkel. Ihr Streit war vergessen, vorerst.

„Verfluchte Franzmänner!", stieß Hannes durch die Zähne als sich beide in Sicherheit wähnten. Malte wischte sich Blut aus dem Gesicht, es stammte noch aus der Keilerei. „Wie gewonnen so zerronnen!", sagte er finster. „Schuld ist Fine!", beharrte Hannes. Der Zwist drohte erneut auszubrechen. „Wir waren selbst schuld!", fuhr Malte fort. „Hätten besser aufpassen müssen!" Hannes drohte einem unsichtbaren Gegner mit der Faust. „Wer gibt den Franzmännern das Recht, unschuldige Bürger auszuflöhen!?" Über den Begriff „unschuldige Bürger" konnte man getrost geteilter Meinung sein, aber Malte entgegnete finster, dass es eben die Macht der Bajonette sei. Um keine Groschen, dafür um einige Erfahrungen reicher schlichen beide nach Hause.

2. Kapitel

Am nächsten Morgen konnte man zwei ungewöhnlich übelgelaunte Burschen durch die Stadt streichen sehen. Malte und Hannes hatten zu den nächtlichen Ereignissen kein Wort verloren, auch untereinander mochten sie nicht darüber sprechen. Auch Fine, die ihren kleinen Bruder zur Stadtschule gebracht hatte, konnte sich nicht erklären, was die beiden bedrückte. Ohne eine Regung waren Malte und der lange Hannes an den Fischerbuden in Hafennähe vorbeigegangen, die Rufe des Mädchens verklangen ungehört. „Wenn's die nicht wollen!", dachte Josefine. Sie nahm an, dass ihr die Jungen ob des einbehaltenen Handgeldes grollten. Die Burschen haderten auch, aber nicht nur mit Fine, auch mit Gott und der Welt. Wer nur gab diesen Franzmännern das Recht, hier harmlose Bürger auszurauben? Dabei hatte doch Hannes' Vater, ein zugezogener Ackerbürger aus Pommern, dem Einzug der Franzosen regelrecht entgegengefiebert. „Das sind sie, die Söhne der Revolution!", hatte Heinrich Westphal ausgerufen, als das erste französische Bataillon mit klingendem Spiel durch das Altwismartor einzog. Dass die Kaiseradler dabei in einem merkwürdigen Gegensatz zu den nach wie vor gespielten Märschen der französischen Revolution standen, war damals kaum jemandem aufgefallen. „Liberté, Egalité, Fraternité!", das waren sie, die berühmten Schlagworte der siegreichen Heere des revolutionären Frankreich. Nun stellte es sich heraus, diese Phrasen galten im Jahr 15 des Revolutionskalenders nur in Frankreich selbst. Und auch dort nur sehr bedingt. Das hatten die findigen Bürger Wismars in den Wochen nach dem Einzug des achtundzwanzigsten kaiserlichen Artillerieregiments zu Fuß schnell herausgefunden. Die Krieger des Franzosenkaisers benahmen sich nämlich nicht wie Gott in Frankreich, wohl aber wie die Teufel zu Wismar. Dann erschienen in feinen Kaleschen die Beamten des Kaisers und nisteten sich im Fürstenhof ein. Der Vizekonsul Lafalue gebot, verbot und dirigierte nach Belieben. Des Kaisers Direktiven wurden großzügig ausgelegt, wenn es um das eigene Interessen ging. Umso härter wurden die Maßgaben in Bezug der Sperrung des Hafens für jegliche englische Waren durchgesetzt. Ohne Rücksicht auf das Wohlergehen der unfreiwilligen Gastgeber. Bald schon blühte der Schmuggel.

„Morgen Nacht gehen wir wieder!", sagte Hannes. Es waren die ersten Worte, die er an Malte richtete. „Wenn's der Oheim wünscht … Wir fragen ihn", murmelte jener. Seine Gedanken waren bei Josefine.

Warum hatte sie sich so schändlich verhalten? Doch lange konnte Malte seinem Mädchen nicht gram sein. Gegen Abend würde er vor dem Anwesen ihres Vaters warten. Aber das würde er Hannes auf keinen Fall erzählen.

Josefine saß zu Tische, es gab eingesalzene Heringe. Neben ihr die Mutter und an der Stirnseite des Tisches thronte der Vater. Er legte Wert auf höchste Zucht, was besonders seine Tochter zu spüren bekam. Einzig ihr Bruder, ein aufgeweckter Knabe von sieben Lenzen, genoss so etwas wie Narrenfreiheit. Er war der Liebling der Familie. Eben fragte Anton Johann seinen gestrengen Vater, was es mit den Steuersubsidien auf sich habe. Mit einem Lächeln strich ihm der alte Kantor Haupt über den Kopf, meinte, der Junge solle sich noch nicht mit solch vertrackten Juristereien den Kopf zerbrechen. „Du wirst bestimmt mal Bürgermeister!", lachte Josefine ihren jüngeren Bruder an, als draußen der wohlbekannte leise Pfiff ertönte. Des Vater Miene verfinsterte sich. „Josefine, an die tausend Mal hab ich Dir gesagt, Du sollst diesem Sohn eines Trödlers entsagen!", entfuhr es ihm. Das Mädchen bekam unwillkürlich rote Wangen, entgegnete kess, dass ihr Malte mitnichten von einem Trödler abstamme. „Sein Vater ist ein ehrenwerter Holzhändler!"

„Dem seit der Blockade nichts mehr abgenommen wird, der nagt am Hungertuche!", höhnte Friedrich Haupt. Dann bedeckte er mit der Rechten die Augen und murmelte: „Ganz zu schweigen von dessen Bruder, dem Ganoven!" Die Mutter, eine kleine ruhige Frau, stand jedoch ihrer Tochter bei: „Es kann nicht jeder aus dem Stadtsäckel ernährt werden. Geh, Fine, den Vater pressiert's wieder!" Was den kleinen Anton Johann zu der Bemerkung veranlasste, dass dem Vater die Darmwinde verquer bliesen. Die Faust krachte auf den Tisch, wenn Friedrich Haupt etwas hasste, dann Insubordination. Und heute Abend schien es, als hätte sich die gesamte Sippschaft gegen ihn verschworen. Mit einem Blick, der neben den Anverwandten auch die gesamte unschuldige Nachbarschaft abzustrafen schien, erhob sich der Vater. Er ging schnellen Schrittes in sein Domizil über dessen Eingang unübersehbar „Ora et Labora" prangte. Josefine, der die abrupte Aufhebung der Tafel mehr als recht war, war flugs in Richtung Hofpforte enteilt.

Malte, er drückte sich nach den vorhergegangenen Erfahrungen tief ins Dunkle, sah sie kommen. „Mon Cherí!", flüsterte Josefine, wobei sie sich an den schmucken Jungen schmiegte. Dieser, er hatte sich eigentlich vorgenommen Josefine nochmals zur Rede zu stellen, konnte sich aber nicht zu neuerlicher Schelte durchringen. Es war so schön, die weichen Brüste Josefines an seinem Körper zu spüren! Er strich ihr übers zu einem Knoten gebundene Haar. „Ach Fine …" Das Mädchen merkte, etwas stimmte nicht, zu lange kannte sie ihren Malte. „Was hast mein Liebster? Streit mit Hannes?", fragte sie gespannt. Wenn es so war, dann war sie mit Sicherheit nicht unschuldig. „Auch das", murmelte Malte nebulös. „Was ist passiert?", fragte Josefine erneut, sah mit ihren großen Augen auf ihren Freund. Stockend berichtete dieser. „Diese Wegelagerer!", schimpfte Fine als er geendet hatte. Dann besah sie das Antlitz ihres Liebsten aufs Neue, sah den verschorften Riss unter dem linken Auge. „Die Franzmänner?" Lächelnd schüttelte Malte den Kopf. „Nee, das war Hannes." Erschrocken umfasste das Mädchen mit beiden Händen sein Gesicht. „Du hast Dich mit ihm geprügelt!?" Malte biss sich auf die Unterlippe. „Ja, Deinetwegen!" Fine senkte den Blick. „Kannst mir verzeihen?" Malte umarmte sie ohne weitere Worte und küsste sie. „Wäre ich sonst hier?", flüsterte er nach geraumer Zeit. Er verschwieg dem Mädchen, dass er soeben beim Oheim gewesen war, der ihm eine nicht ungefährliche Offerte unterbreitet hatte. Während sich Josefine inniglich an ihn schmiegte, grübelte der Bursche nach. Da sollten er und Hannes mit einem Kahn vom Haffeld aus auslaufen, mit dem Boot weit über die Bucht hinaus fahren und von einem englischen Schoner brisante Lasten übernehmen. „Weiß der Teufel, woher der Oheim wieder und wieder solch diffuse Geschäfte einfädelt?", murmelte Malte. „Was sagst?", fragte das Mädchen. „Nichts Fine!", beruhigte sie der Junge. Er wollte sein Liebchen fortan aus seinen nicht gerade ungefährlichen Unternehmungen heraushalten. Nur mit Hannes musste er reden. Spät in der Nacht verabschiedete sich Malte von Josefine. Der Mond stand über Sankt Georgen, als sie sich ein letztes Mal heißblütig umarmten.

3. Kapitel

Wider Erwarten war Hannes alles andere als begeistert, als ihm Malte im Hafen von der geplanten Schmugglertour berichtete. „Du kennst doch den alten Theissen …", sagte Hannes nachdenklich. Auf Maltes Nicken hin teilte ihm sein Kumpan mit, dass der betagte Fischer vor Tagen von den Gendarmen aus seinem Boot gezerrt und in den Fürstenhof gebracht worden sei. „Einige Herren sind aus Schwerin eingetroffen, es heißt, sie seien vom Herzog abgestellt, den Schmuggel zu unterbinden. Der Kaiser selbst soll den Schweriner ernsthaft gemahnt haben, die Direktiven über die Kontinentalsperre einzuhalten. Der zog natürlich prompt den Schwanz ein. Und diese Ankömmlinge sollen

Geheimpolizisten ... Da sieh, dort sind sie!" Der Junge zeigte auf zwei schwarz gewandete Männer, die sich betont unauffällig an den festgemachten Kähnen vorbeidrückten. „Merde!", zischte Malte, er erkannte sofort, die Warnung war ernst zu nehmen. Einige Lausbuben spielten in der Nähe, einer war Malte bekannt, er war der Sohn der dicken Böttcherin aus der Nachbarschaft. Er winkte den Jungen zu sich: „Willst Dir drei Pfennig verdienen? Ärger mit Deinen Rangen doch mal diese Fremden!" Der Kleine grinste vergnügt, das war für einen wismarschen Buben ein Leichtes. Eh sie sich versahen waren die beiden Schnüffler von einer Horde Kinder umringt, die lauthals auf Platt einige deftige Zoten sangen. „Verfluchte Bande!", schimpfte Friedrich Horn, seines Zeichens Commissarius der herzoglichen geheimen Kammern, und drohte den Bälgern mit dem Spazierstock, in dessen harmlos aussehender Hülle sich ein immens langes Stilett verbarg. Sein Nebenmann, ein des Plattdeutschen nur bedingt mächtiger Elsässer, zog den ergrimmten Beamten zu Seite. „Contenance!", flüsterte er. Die Fahnder verschwanden. „Na also!", lachte Malte. Hätte er gewusst, dass der Elsässer ein vom berüchtigten Polizeiminister Joseph Fouché ausgebildeter Experte der konspirativen Untersuchung war, das Lachen wäre dem Burschen vergangen. Denn der scharf beobachtende Geheimpolizist hatte genau vermerkt, wie es zum lautstarken Übergriff der wismarschen Stadtjugend gekommen war. „Was ist, bist dabei?", nahm Malte den Faden wieder auf. Hannes zögerte. Aber dann siegte der Wagemut, er schlug ein: „Ist recht Napoleon!", meinte er, seinen Freund beim ungeliebten Spitznamen nennend.

In der Dämmerung kurz vor der Polizeistunde langte ein Karren, gezogen von zwei Halbwüchsigen, am Poeler Tor an. Malte blinzelte zu dem von einem hohen Dachfirst gekrönten Tor hinauf, sie mussten warten, denn die Stadtbüttel und französischen Gendarmen durchsuchten vor ihnen einen Bauern mit hoch beladenem Heuwagen, der zu den Katen bei der Eisernen Hand heimwollte. Der Landmann, ein sturer Mecklenburger, war mit keinem Deut bereit, den Zöllnern Auskünfte über Herkunft und Art seiner Ladung Auskunft zu geben. Die Kerle mussten doch sehen, dass er Heu geladen hatte. Stur saß er auf dem Bock, zog an der kalten Pfeife und schwieg beharrlich. Der Korporal, ein Franzose, gab es auf, den Verbohrten zu befragen, stattdessen erteilte er seinen Leuten einen unmissverständlichen Wink. Mit Bajonetten begannen die Posten, auf das Fuhrwerk einzustechen, die hoch gestapelten Ballen verteilten sich auf dem Pflaster. Nun aber fiel dem Bauern die Pfeife aus dem Mundwinkel, mit derben Flüchen begann er die dunkelblau Uniformierten zu beschimpfen. Das würde den Soldaten denkbar wenig ausmachen, wenn das unbedachte Bäuerlein nicht zur Knute gegriffen hätte, die eigentlich für den Zugochsen bestimmt war. Im Nu richteten sich die Musketen auf den Widerspenstigen, der scharfe Stahl der Bajonette blitzte im Fackelschein, die Abzugshähne der Waffen klickten. Weitere Soldaten eilten hinzu, einer der Franzosen, ein hochgewachsener Kürassier, riss den Bauern vom Bock, schleuderte ihn auf die Straße. Der Alte wurde gebunden weggeschleift, die unfreiwilligen Zeugen des Drangsals sahen ihn in der Gerbergasse verschwinden. „Der geht in den Fürstenhof", stellte Malte tonlos fest. Dort hatte der kaiserliche Vizekonsul ein Verließ zum Gefängnis ausbauen lassen, es galt als der Vorhof zur Galeere. Wie man es nahm, des Einen Leid, war der Anderen Freud, die beiden Jungen durften mit ihrem Karren das Tor anstandslos passieren. „Diese Franzmänner führen sich auf wie die Vandalen!", eiferte sich Malte, als sie sich außer Hörweite wussten. Hannes hatte keine Ahnung was Vandalen waren, meinte aber, es sei etwas Abscheuliches. Auch er fluchte gedämpft. „Hast gesehen, auch die Zöllner des Schweriners haben zugeschlagen!", schimpfte er später. Dass die einheimische Obrigkeit gemeinsame Sache mit den Besatzern machte, es war in der Tat schimpflich. Malte hob wortlos die Schultern. Schweigend zogen die Jungen ihren Karren über den ausgefahrenen Feldweg in Richtung Poel. Es war empfindlich kalt, Schneeschauer trieben über die Wismarbucht. Fröstelnd schlugen die beiden die Kragen ihrer Mäntel hoch. Sie wussten, dass ihnen nicht allzu lange kalt sein dürfte, es galt mit dem Ruderboot zwischen Poel und dem Festland hindurch zur offenen Ostsee zu gelangen, um einen dort ankernden Schoner ausfindig zu machen. Das Schiff fuhr unter dem Union Jack, der Flagge des britischen Empire. „Woher hat Dein Oheim eigentlich Kenntnis von dem Engländer, und was wichtiger ist, weiß man auch an Bord von unserem Erscheinen?" Malte zeigte Unwissen an, bekannte aber, Gustav Gugel habe beste Verbindungen zu bestimmten Kreisen in Hamburg. „Hanseatische Bünde nennt er das", erklärte Malte feixend. Hartnäckig fragte Hannes erneut, ob man an Bord des Engländers von ihnen wisse, er wolle nicht mit einem französischen oder schwedischen Kaperschiff verwechselt werden, denn: „Die Kugel eines Achtpfünders eitert furchtbar schlecht raus!" Es war bereits stockdunkel, unsicher schaute Hannes zum Himmel auf, der Mond stand im ersten Viertel, er war am Aufgehen. Doch nicht dem fahlen Erdtrabanten galt das Interesse, denn das Licht illuminierte eine Wolkenbank weit im Westen. Das konnte nur eins bedeuten: Sturm! Hannes zeigte stumm in Richtung Wohlenberger Wieck. Maltes Augen folgten der ausgestreckten Hand, auch er sah das Brodem am Firmament. „Bist ein Hasenfuß Hannes?", neckte er den Freund. Das mochte sich der andere auch nicht nachsagen lassen. „Wohlan!", rief er und hielt auf ein ausgedehntes Buschwerk zu. Dort sollte er liegen, der Kahn des alten Jenke, der im vorigen Herbst beim Fischen vor Wustrow ertrunken war. Der Kahn war geborgen worden, doch keiner der abergläubigen Fischersleut' mochte den guten Einmaster ersteigern. „Da jeht der olle Jenke um", sagten die Leute. Gustav Gugel hatte schließlich das Schiff zu einem guten Preis erworben. Der gerissene Handelsmann hatte jedoch anderes im Sinn, als mit dem Schiff Hering und Dorsch nachzustellen. Das Boot war gleich nach dem Einrücken der Franzosen in einen verborgenen Verschlag bei den Fischkaten gebracht worden, wo Gugel noch besonderes mit ihm vorhatte. Heute sollt' der Kahn nun seinen Kapitaleinsatz abgelten, weshalb Gugel seinen Neffen und dessen Kumpan in den geheimen Liegeplatz des Bootes eingeweiht hatte. Leise verstauten die beiden ihren Karren, machten sich am festen Verschlag zu schaffen, der gut gedeckt im Holundergebüsch verborgen lag. Es bereitete einige Mühe, das Boot flott zu machen. Über die Schufterei die es bedurfte, den Kahn unter Last später wieder ins Trockene zu bringen, machte sich besser noch keiner Gedanken. Stattdessen sprang Hannes unbemerkt ins Boot, um den nichts ahnenden Malte dann unvermittelt anzuheulen: „Hahuu, ich bin's, Jenkes Geist!" Malte fuhr erst zusammen, dann mit dem Zeigefinger an die Stirn. „Mach nicht solch Getöse, die Zöllner werden uns noch hören!", schalt er.

Leise fuhren sie mit umwickelten Rudern nach Norden. Im Osten tauchten wie die Behausungen von Fabelwesen die reetgedeckten Katen Redentins auf, nach einem halben Glas die Umrisse des Gutes Strömkendorf. Hier irgendwo musste der Sund sein, der Poel vom Festland trennte. Es war nächtens nicht einfach, die Enge zu finden, das Mondlicht glitzerte im schwarzen Wasser der Wismarbucht. Zu dicht unter der Küste konnte man auch nicht fahren, es gab gefährliche Untiefen. Und in der Mitte der Bucht, dicht bei der Fahrrinne, lauerten die französischen und herzoglichen Zollprähme. Wenn man hier und jetzt aufgebracht wurde, dann half kein Leugnen, dann ging's auf die Galeere.

„Halt ein Malte, dort halb auf Steuerbord!", zischte Hannes, es klang wahrhaftig recht seemännisch. Der Junge hatte Recht, der schmale Sund zeichnete sich ab. Hoffentlich war der hiesige Fährmann nicht zugange, der alte Blöken stand im Ruf ein Tratschmaul zu sein. Der Fährkahn lag vertäut am linken Anleger, vom Eigner keine Spur. „Neptun ist mit uns!", grinste Malte, er ging daran das Segel zu setzen.

Hannes bediente derweil das Ruder, eine frische Brise trieb den Kahn schnell über Breitling, Zaufe und Kielung in Richtung offene See. Der Wind frischte immer mehr auf, es wurde empfindlich kalt. Noch schimmerten die Sterne, doch das Heulen des Windes nahm zu. „Halt Du den Kurs, Hannes!", vergewisserte sich Malte wieder und wieder. Er war verunsichert, zumal die Sicht schlechter geworden war. Mittlerweile war es stockdunkel, nur die Kronen der Gischt tauchten hier und dort auf.

Verbissen hielt Malte Ausschau nach Lichtern, er begann am Sinn des Unternehmens zu zweifeln. Schließlich waren weder er noch Johannes wissende Fahrensmänner. Auch Hannes überkamen Zweifel. „Wo soll unser Brite denn liegen?", fragte er in den heulenden Wind. „Der Oheim sagte vor dem Trollegrund!", brüllte Malte, bemüht, das Tosen von Wind und See zu überschreien. Johannes, der gewiss nicht furchtsam war, schluckte. Denn der Trollegrund befand sich vor der berüchtigten Bukspitze, die schon vielen Schiffen zum Verhängnis geworden war. Und die beiden grünen Jungen hatten abgesehen von einigen Ausflügen in die Wismarbucht keine Bootsplanken unter den Füssen gehabt.

In dieser Novembernacht des Jahres 1807 durchfurchte ihr Boot die offene Ostsee bei Sturm auf der Suche nach der sprichwörtlichen Stecknadel im Heuhaufen. „Wenigstens die Schergen trauen sich nicht hierher!" Es war unbekannt, wo Malte seinen Optimismus hernahm. Ein Licht tauchte am Horizont auf. Immer wenn sich das Boot auf einem Wellenkamm befand, war es deutlich auszumachen. Malte hielt sich krampfhaft am Mast fest, zeigte mit der Rechten auf den Punkt. „Das muss es sein, das Feuer an der Landspitze! Aufgepasst mein Freund!" In diesem Augenblick schlug ein Brecher von Backbord übers Schiff, es neigte sich gefährlich. Um ein Haar hätte Malte das Gleichgewicht verloren, ein beherzter Griff an den Mast rettete ihn. Ein Blick nach hinten, wo Hannes sich verzweifelt mühte, das Ruder wieder in die Gewalt zu bekommen. Das Boot schlingerte wie eine Nussschale über die tobende See. Die Not hatte auch ihr Gutes, keiner verschwendete einen Gedanken daran, wie sie zurück in die Wismarbucht gelangen sollten.

„Ich glaub' der olle Jenke kommt über uns!", stöhnte Hannes, er glaubte auf jedem auflaufenden Brecher das Gespenst reiten zu sehen. Keiner der beiden dachte mehr an den Schoner, wegen dem sie aufgebrochen, es galt nur noch das Überleben. In einer kurzen Atempause faltete Malte die Hände, sandte ein Stoßgebet zum Himmel. Ob die oberen Mächte das Flehen erhörten oder das Zentrum des gigantischen

Wolkenwirbels aus anderen Gründen nach den dänischen Inseln schwenkte war einerlei, in jedem Falle schien sich das Wetter zu beruhigen. Die beiden unglücklichen Schmuggler vor der wendischen Küste konnten endlich wieder Atem schöpfen. „Wo sind wir eigentlich?", meldete sich Hannes, dabei recht komisch den Hals reckend. „Auf der Ostsee, Du Narr!", entgegnete Malte unsicher. „Ist selbst mir bekannt, Klugscheißer!", konterte Hannes erbost. Doch plötzlich hob er erneut den Kopf, was war das dort an Steuerbord? Hin und wieder tauchte ein dunkler Schatten am Horizont auf. Hannes legte dem Kameraden die Hand auf die Schulter, zeigte schweigend in die Richtung der Erscheinung.

„Was ist das?", flüsterte er. Malte beschattete unwillkürlich die Augen, in dunkler Nacht eine recht sinnlose Gebärde. „Ob es der Brite ist?" Der Junge erhob sich, seine Augen suchten die Dunkelheit zu durchdringen. Fest stand, dort lag ein Schiff. Ob es der angekündigte Schoner war, oder gar ein französisches Kaperschiff? Letzteres wäre wahrlich ein Desaster. Die Franzmänner pflegten nämlich sämtliche unbeflaggten Fahrzeuge auf offener See aufzubringen und die Besatzung zu arretieren, wenn man sie nicht kurzerhand über Bord warf. Glücklicher wäre man mit einer schwedischen Fregatte, aber auch diese Kriegsschiffe hatten etliche Tonnen trockenen Pulvers an Bord. „Das wird nicht billig für den Oheim!", fluchte Malte. Er war es zum ersten Male wirklich leid, für den knickerigen Gugel die Knochen hinzuhalten. Doch es blieb beiden nichts anderes übrig, sie waren gezwungen das Risiko einzugehen. Der Wind stand günstig, sie hielten auf die dunkle Masse zu. Bald konnte man Masten mit gerefften Segeln ausmachen, doch zum Leidwesen der Jungen wiesen keine Fahnen oder sonstige Zeichen auf die Herkunft des Schiffes hin.

An Bord schien man die sich nähernde Jolle noch nicht bemerkt zu haben. Beide Jungen suchten fieberhaft mehr zu erkennen, als das unbekannte Fahrzeug preisgab. Plötzlich zuckte ein Blitz übers noch immer bewegte Wasser, dem ein trockener Knall folgte. Die Jungen duckten sich unwillkürlich, als die Musketenkugel über ihre Köpfe pfiff. „Go away! You son of a bitch! ", schallte es übers Wasser. Hannes schaute fragend auf Malte, er verstand nichts außer dem Platt seiner Heimat. Malte, ebenfalls des Englischen nur sehr bedingt mächtig, stieß erleichtert durch die Zähne: „Es ist der Brite!" Denn soweit gingen seine Kenntnisse der Fremdsprachen, um zu erkennen, dass sie nicht in der Zunge der Franzosen angebrüllt worden waren. Er richtete sich auf, schwenkte ein vor dem Sturm weiß gewesenes Tuch und rief vernehmlich herüber: „Leionhart". Dieses Losungswort war ihm vom

Oheim eindringlich eingeschärft worden. „Vergiss es nimmer, sonst machen die Möwenfutter aus euch!", hatte der verdrießliche Gugel mehrfach betont.

Wie dem auch sei, das merkwürdige Wort schien die Seebären an Bord zu beruhigen, die Jolle wurde nicht mehr zur Zielscheibe für englische Vorderlader. Unter dem Einsatz der Ruder gelang es den klatschnassen Jungens an die Bordwand zu gelangen, wo sogar eine Strickleiter ausgelegt wurde. Oben wurde das von einem roten Backenbart umrahmte Gesicht eines Bootsmannes sichtbar, der in typischer Manier knurrte: „Come on, Limeys!" Das erste, was Malte auf Deck des Schiffes auffiel, war der überhohe glänzende Zylinder des Deckmaates, der die beiden nächtlichen Gäste misstrauisch beäugte. Mehrere hoch gewachsene Seeleute umstanden die Jungen. Deren Blicke klebten am großkalibrigen Trombon in den Händen eines der Männer. Mit diesem Schrotgewehr konnte man mit Sicherheit einen Ochsen wegpusten. Wortlos wurde den Jungen Becher mit hochgeistigen Getränken gereicht. Der Rum brannte wie Feuer in Hals und Gaumen, denn die beiden Unbedarften hatten ihre Portion fast in einem Zuge heruntergekippt. Mit hochroten Köpfen standen die Jungen, sie waren bemüht, ihre Verlegenheit zu verbergen. Dennoch grinsten die englischen Matrosen wissend. Nach einigen Minuten wurden beide zum Heck geleitet, wo eine Tür in die Kajüte eines missgelaunten Herrn führte, der sich notdürftig die goldbestickte Uniformjacke mit den riesigen Epauletten umgehängt hatte und den gewaltigen gefiederten Zweispitz und das Degengehänge neben sich legte. Im Gegensatz dazu trug der Mann Filzpantinen und Unterhosen, was seine beeindruckende Erscheinung doch arg beeinträchtigte. „Der Kapitän!", flüsterte Hannes ehrfürchtig. „Where do you come from?", näselte der Kapitän und schaute in fragende Gesichter. Die Augenbrauen hochziehend wiederholte er seine Frage. Diesmal in gebrochenem Deutsch. Die beiden nickten Verstehen, teilten betont deutlich mit, sie seien von Gugel geschickt, irgendetwas abzuholen. „Gugel?", fragte der Kapitän erneut. Nicken. „Ihr kommt from Wissmereia?" Wieder Nicken. In Malte stieg so etwas wie Stolz auf den Oheim hoch, der alte Gugel schien sogar in der englischen Flotte bekannt zu sein. Schade, dass man es niemandem erzählen durfte. Indes schaute der Kapitän prüfend auf die vor ihm stehenden Mecklenburger. „Ready?", fragte er knapp. Keine Regung, nur fragende Blicke. Wortlos winkte der Brite ab, richtete an den Bootsmann einige leise Worte. „Eye eye Sir!", salutierte dieser. Die Jungen waren entlassen. Der Kapitän sortierte griesgrämig einige Papiere ein. ‚Da wird Admiral Sir Sidney Smith wohl zufrieden sein.', dachte er. Der Auftrag des Geheimcommissars seiner Majestät war ausgeführt. Der Schoner konnte endlich in respektvoller Entfernung zur Küste wieder auf Kurs nach Sankt Petersburg gehen. „Wollt' er kein Geld?", fragte Hannes ungläubig. „Der Oheim sagte, er regle das auf seine Weise!", flüsterte Malte. Sie sahen wie Kisten und Säcke auf ihren Kahn verfrachtet wurden. Als alles erledigt war, wurden die Jungen unsanft aufgefordert, in ihr Schiffchen zurückzukehren. Es schlug gerade zwei Glasen, die Hundswache zog auf. Höchste Zeit, bei Büchsenlicht musste man in den Redentiner Schlupfwinkel zurückgekehrt sein, die Zollboote in der Wismarbucht wachten unerbittlich. Zumal die Jungen vermuteten, dass sie Waren im Werte von einigen Hundert Talern beförderten. Die sollten keinesfalls in die Hand der französischen Zöllner fallen. Mal ganz abgesehen vom eigenen Wohlergehen.

Der liebe Gott schien ein Herz für Schmuggler zu haben, denn der Wind drehte und ein frischer Nordost trieb das Boot vor sich her. Direkt in den flachen Sund zwischen Poel und Festland. Schon wieder viel vergnügter saß Hannes am Ruder und pfiff ein Lied. Am Bug hielt der besorgte Malte Ausschau nach Untiefen und Zöllnerbarken. Als sie am Fährhaus des alten Blöken vorbei trieben, sahen beide mit stillem Vergnügen den Fährmann am Ufer sein großes Geschäft verrichten. Hannes konnte sich nicht enthalten, die Jacke über den Kopf zu ziehen und dumpf zu heulen. Mit verhaltenem Lachen schauten die Jungen dem mit heruntergelassenen Hosen entsetzt flüchtenden Fährmann nach. Der musste in der Tat gedacht haben, einem Geisterschiff begegnet zu sein. „Das wird der Olle bestimmt allen erzählen", sagte Malte zweifelnd. „Und? Keiner glaubt ihm!", grinste Hannes. Nun wurde es kritisch, es galt, unbemerkt zum Liegeplatz des Bootes beim Haffeld zu gelangen. Eiligst wurde das Segel gerefft, man musste also wieder möglichst lautlos pullen. In der Mitte der Bucht zeichneten sich Umrisse zweier Zollprähme ab. Dunkel, bedrohlich. Die Trikolore der Besatzer wehte einträchtig neben dem Stander des Herzogtums Mecklenburg-Schwerin. Im Osten zeigte ein heller Schimmer den beginnenden Tag an. Es blieb nicht mehr viel Zeit. Aber die Zöllner waren zu so früher Stunde vermutlich genauso pflichtvergessen wie ihre Kameraden zu Lande. Andererseits konnten sie nicht ahnen, dass sich in dieser tristen Nacht ein Boot dicht unter Land vorbei schleichen könnte. Unbehelligt legten die Jungen am verborgenen Bootsschuppen an, sie waren müde bis zum Umfallen. Noch gab's keine Sekunde Ruhe, der Kahn musste entladen, an Land gezogen und vor neugierigen Blicken verborgen werden. Weder Hannes noch Malte wussten später zu sagen, wie sie es geschafft hatten. In jedem Falle fielen die Jungen in einen todesähnlichen Schlaf, aus dem sie zur Mittagsstunde unsanft geweckt wurden.

Wolkenfetzen wurden vom straffen Nordostwind über die Wismarbucht getrieben. Ein Poltern ließ erst Hannes, dann Malte schlaftrunken auffahren. Beide schauten sich verständnislos an. Ein wohlbekanntes Fluchen ließ sie Augenblicke später erleichtert aufatmen. „Beim Klabauter, was haben sich die leichtsinnigen Flegel dabei gedacht!?", belferte Gustav Gugel, als er einer der Kisten ansichtig wurde. Der Behälter war nachlässig unter den Holunderstauden verstaut worden. Der Oheim konnte sich kaum beruhigen. Erst als er der gesamten Fracht ansichtig wurde, war sein Zorn verraucht. Seine schlaftrunkenen Boten krochen aus dem Schuppen. Sie hätten einige Worte des Lobes erwartet. Nichts. Der cholerische Gugel ereiferte sich nun über den arg ramponierten Kahn, der Sturm hatte Spuren hinterlassen. Das Segel zerfetzt, einige Taue aufgesplisst. „Euch kann man auch nichts anvertrauen!", schimpfte Gugel. Das war denn doch zuviel. „Oheim, wir haben unser Leben riskiert, Euren Plunder von den Briten zu holen!", blaffte Malte zurück. „Das wird nicht billig!", fügte Hannes düster hinzu. „Ein Dreck steht Euch zu!" Auch Gugels Geduldsfaden riss. „Ich glaub, die herzogliche Kammer und erst recht das französische Zollcommissariat würden für Eure Erwerbsquellen reges Interesse aufbringen", entgegnete Malte ruhig. Gugel schluckte. Die Kerle hatten eigentlich gute Arbeit geleistet. „Ihr sollt Euren Anteil bekommen." Das rief Hannes auf den Plan. „Mit ein paar Groschen könnt Ihr uns diesmal nimmer abspeisen!", drohte er unmissverständlich. „Wie viel?" Das wollte nun Malte genau wissen. Gugel rieb sich das spitze Kinn, warf nochmals einen Blick auf den ansehnlichen Berg von Schmuggelgut. „Um die fünfzig Taler, für jeden von Euch", brummte er. Das war viel, sehr viel Geld. „Fünfzig?", hakte Hannes nunmehr sehr fröhlich nach. Es war mehr als ein Lehrbube in drei Jahren bekam. „Wenn die Ware verschickt ist …", schränkte Gugel ein. „ Will's hoffen Oheim", sagte Malte grollend. Man kam überein, die Jungen sollten bis zum Abend warten und dann betont unbedarft nach Wismar zurückkehren. „Ich geh' unverzüglich. Es gilt, ein Fuhrwerk zu beschaffen", verabschiedete sich Gugel.

4. Kapitel

Den Nachmittag verbrachten die Jungen damit, entspannt im trockenen Grase zu liegen, sich den Seewind um die Nase wehen zu lassen und eifrig Zukunftspläne zu schmieden. „Mit dem Batzen Geldes könnt' ich Josefine heimführen. Oder Vaters Handelshof sanieren." Seit dem frühen Tode der Mutter vor sechs Lenzen war aus seinem Vater jegliche Tatkraft gewichen. Eigenartigerweise wollte Hannes zuerst nicht recht herausrücken, was er vorhatte. Malte vermutete nichts Gutes, denn der Freund war für seine Unbedachtsamkeit in geldlichen Dingen berüchtigt. „Willst doch wohl nicht etwa Schiffsanteile erwerben!?" Hannes hatte so etwas einmal im Scherze angedeutet. „Warum nicht, wegen der Blockade sind solch Papiere für'n Apfel und n'Ei zu haben." Malte richtete sich auf: „Aus gutem Grunde! Eine englische Fregatte auf Kaperfahrt und Deine Anteile haben sich in Luft aufgelöst." Aber jetzt lachte Hannes: „Warum sollten denn eigentlich nicht wir auf Kaperfahrt gehen? Denk an unsere nächtliche Visite auf dem Schoner! Da war sicher noch mehr zu holen!" Malte konnte es sich nicht vorstellen, dass es der Freund todernst meinte. „Bah, ein Segeltuch und Ballaststeine wirst Dir abholen! Willst wie die ollen Likedeeler und deren Anführer Störtebecker leben ..." Er stockte. „... und sterben!?" Hannes schwieg eine Weile, dann bemerkte er, dass der Franzosenkaiser gut Geld für Prisen und Kaperschiffe zahle. „Die Franzosen protegieren es!", sagte er trotzig. „Ich werd' der Schrecken für die Schiffe des Albions!", rief Hannes. „Mit fünfzig Talern, wenn's überhaupt so viele werden", flüsterte Malte spöttisch. Er war es leid, Hannes redete für ihn Schwachsinn.

Gegen Abend verließen die Freunde ihren Schlupfwinkel, begaben sich auf den Fahrweg gen Poel. Was ihnen dort begegnete, ließ beide entsetzt verharren. Ein Doppelspänner, auf dem Bock Gustav Gugel und ein Korporal der französischen Gardeinfanterie in voller Montur. Golden schimmerten die Epauletten, der Kaiseradler prangte am Tschako. „Teufel, die haben den Oheim arretiert!", entfuhr es Malte. Aber der Alte machte nicht den Eindruck, festgesetzt zu sein. Im Gegenteil, der wies den Franzosen ein. „Nach links Francois!" Jener knallte mit der Peitsche rief: „Alez!" um seine Gäule anzutreiben. Er hatte die am Wegesrand stehenden Jungen gar nicht wahrgenommen. „Glaubst Du was ich glaube?", wandte sich Malte an den Gefährten, nachdem sie sich vom Schrecken erholt hatten. „Sieht ganz so aus.

Dein Oheim hat's faustdick hinter den Ohren!", meinte Hannes. Er konnte sich verkneifen ein: „Der wird noch in der Hölle schmoren!", hinzuzufügen.

In der Tat war Gustav Gugel ein mit allen Wassern gewaschener Geschäftsmann. Er hatte alte Beziehungen spielen lassen, denn er kannte den französischen Fouragier noch aus dem ersten Koalitionskrieg, der ruhmlos nach der Bataille von Valmy abgebrochen wurde. Damals war Francois ein dürrer Gastwirt aus Belfort gewesen, dem sein späterer Dienst unter den Bannern Napoleons scheinbar bestens bekommen war. Jedenfalls zierte den Franzosen ein stattliches Bäuchlein, als sich Gugel und Francois zu beider Freude im Spätherbst vorigen Jahres wieder begegneten. Sie wussten, dass ihr ausgeprägter Geschäftssinn zu beider Vorteil gerieren könnte. So scherte sich Francois, nunmehr Korporal in der Garde des Korsen, einen Dreck um die Direktiven seines Kaisers, wenn es ums eigene Geldsäckel ging. Er war der geborene Kompagnon für den skrupellosen Gugel. Und dem war ein guter Draht zu den Besatzern sehr willkommen, besser konnte man die Konterbande gar nicht transportieren. Denn welch herzoglicher Schnüffler oder französischer Zöllner wagte es, sich an einem Wagen der kaiserlichen Garde zu vergreifen? So zogen denn die beiden Schieber, der eine in unauffälligem Zivil mit grauer Zipfelmütze, der andere in blauer Uniform und weißer Weste, gemächlich zum alten Bootsschuppen hinter dem Haffeld.

Diejenigen, die das wertvolle, weil verbotene Gut, erst von Bord der Engländer geholt hatten, betraten Schlag Sieben am Poeler Tor das Gebiet der Hansestadt Wismar, um am Tor erst einmal gründlich gefilzt zu werden. Zur Verunsicherung der Delinquenten leitete der fremde Geheimpolizist aus dem Elsass in persona die Prozedur.

Natürlich fand sich nichts. „Euch kriege ich auch noch, ihr Banditen!", drohte der Elsässer aufgebracht, als die beiden schließlich im Häusermeer der Altstadt verschwanden. „Du, der hat uns auf dem Kieker!", sagte Malte. Diesmal war's Hannes, der Ruhe verbreitete. „Kann uns nichts, aber auch gar nichts nachweisen!", antwortete er selbstsicher. Schnell verabschiedeten sie sich, Hannes eilte heim, während es Malte noch zum Anwesen des Kantors Haupt, also zu Fine zog.

Das Mädchen schien bereits gewartet zu haben, auf den ersten gedämpften Pfiff hin erschien ihre zierliche Gestalt an der Pforte. „Malte!", flüsterte sie, „Wo bist gewesen?" Der Junge hielt es für besser, über das Abenteuer den Mantel des Schweigens zu decken. „War bei Verwandten oben im Wendendorf!", erfand er eine Erklärung für die Abwesenheit. Fine umfasste seine Wangen, lachte ihn an: „Da hast ja gar nicht mitbekommen, was sich auf dem Markt zugetragen hat!" Malte grinste: „Nee, Fine!" Mal sehen, was die Liebste berichten würde. Sie begann: „Es schlug neun als der alte Blöken, Du weißt, der Fährmann zur Insel Poel hin, auf dem Markt auftauchte. Er schrie Zeter und Mordio!" Als der Name des Alten fiel runzelte Malte unwillkürlich die Brauen, ihm schwante, er und Hannes waren an der Geschichte nicht unbeteiligt. Fine fuhr fort: „Der Olle schrie wüst herum, das jüngste Gericht wird über Wismar und das gesamte Umland kommen. Eine gigantische Sturmflut werde alles verschlingen. Als die Gendarmen den Alten stellten, eskalierte das Ganze erst recht. Denn Blöken schwor Stein und Bein, ein Geisterschiff, riesig über den Wellen schwebend, habe Kurs auf Wismar genommen. An Bord vermummte Untote, gar grauslich anzuschauen, das Meer war von Brausen und Geheul erfüllt!" Malte konnte sich gerade noch ein Lachen verkneifen. Ernst fragte er, wie die Sache ausgegangen war. „Wie schon ...", erzählte Fine, „die Marktfrauen, voran die dicke Tilsen, fielen ein, sagten, dass vor hundert Lenzen dergleichen geschehen, damals bei der Markusflut seien etliche auf dem Darß abgesoffen. Erst als ein Ratsherr eingetroffen war, einen nicht unerheblichen Rumgeruch bei Blöken feststellte und den Alten persönlich in den Karzer geleitete, haben sich die Gemüter beruhigt." Malte legte den Arm um Fines Schultern. „Na, so schlimm wird's schon nicht kommen!", meinte er tröstend. „Stimmt!", lachte Fine. Von drinnen war das Genörgel ihres Vaters zu hören. Man hörte den kleinen Anton Johann sagen, dass seine Schwester nach den Hühnern sehe. „Ich muss heim", flüsterte das Mädchen, tippte ihrem Liebsten mit dem Zeigefinger auf den Mund. Er sollte nichts sagen. Dann fiel sie ihm um den Hals, ihre Lippen suchten seinen Mund. ‚So könnt's immer sein!', dachte Malte. Worauf sich Josefine abrupt löste und verschwand.

Nachdenklich ging der Junge heim. Dass die Obrigkeit dem Gefasel des alten Blökens bloß keinen Glauben schenkte und der Geschichte nachging! Wenn der Commissar dahinter käme, der war doch sicher in der Lage, eins und eins zusammenzuzählen.

Die Sorge war unbegründet, es erwies sich zweifelsfrei in den kommenden Tagen. Der olle Blöken war vom herzoglichen Gendarmerieleutnant in aller gehörigen Schärfe gemaßregelt worden. Das hieß, der einfältige Schiffer wurde derart angebrüllt, dass die benachbarten Krämer Übles mutmaßten und vor dem Fürstenhof zu Hauff strömten. Ein bedepperter Fährmann schlich anschließend mit gekrümmtem Rücken zurück zu seiner Kate. „Und doch war's Wotans Drachenschiff!", beharrte er, wohlweislich nur für sich vernehmlich.

Die beiden Freunde gerieten währenddessen immer mehr ins Visier des kaiserlichen Commisarius Wenz aus dem Elsass. Mit dem Instinkt eines Schnüfflers ahnte der Geheimpolizist, dass gerade diese Jungen eine ganze Reihe von Verstößen gegen das Edikt über die Kontinentalsperre auf dem Kerbholz hatten. Allein, weder Malte noch Hannes gaben irgendeinen Anlass zum Einschreiten der Gendarmerie. Sie trieben sich auf dem Markt und ums Mecklenburger Tor, einem beliebten Treffpunkt der Halbwüchsigen, herum. Der eine allein, der andere mit einer der einheimischen Dirnen. Wenz brachte in Erfahrung, wer das Mädchen war: Josefine Haupt, Tochter des städtischen Kantors.

Es hatte geschneit, Fine war mit einem Reisigbesen dabei, den vom Hausbrand schmutziggrauen Schnee vor dem Eingang ihres Vaterhauses beiseite zu kehren. In den Augenwinkeln bemerkte sie den dunklen Schatten, der regungslos im Schatten des Nachbarhauses verharrte. „Malte?", rief Josefine. Keine Antwort. „Hör auf mit dem Zinnober, Vater kennt Dich ganz genau. Er weiß von unserer Liebelei!", lockte das Mädchen froh. Die Gestalt bewegte sich. Fines Augen weiteten sich angstvoll, als der berüchtigte Commisarius mit steifem Zylinder nebst schwarzem Gehrock vor sie hintrat. „Was wünscht Ihr Monsieur?", fragte sie hastig. Der Polizist schwieg, musterte die verschüchterte Magd mit kaltem Blick, um nach endlos erscheinendem Schweigen lapidar zu verkünden: „Sag Deinem Gugel, ich kriege ihn, den flegelhaften Westphal ebenfalls. Guten Tag!" Wenz drehte sich auf dem Absatz um, um mit schwingendem Stock und betont aufrecht zu entschwinden. Entgeistert starrte das Mädchen ihm nach. Wie geckenhaft der sich gab! Wenn's nicht so ernst wäre, der Polizist gäbe eine lächerliche Erscheinung ab. Fine wusste zwar von einigen Unternehmungen, vom Husarenstück im Trollegrund hatte ihr Malte hingegen nichts erzählt.

Aber in der Amtsstube des Geheimpolizisten stapelten sich die Meldungen über aufgefundene Konterbande. Aus Rostock, Schwerin, gar dem fernen Berlin kamen Meldungen über Tabak, Rum und sonstige auf dem Kontinent nicht erhältliche Ware. Auch ein Rundschreiben Fouchés war kürzlich eingegangen, der seine Beamten zu höchster Wachsamkeit anhielt. Da seine Majestät der Kaiser im Sommer Frieden mit Russland geschlossen hatte, gab es in Europa keine ernstzunehmenden Gegner des Empires mehr. Nun galt der Kampf ausschließlich England! Gleich den Bienen auf dem Mantel ihres Kaisers Napoleon schwärmten die Spitzel seines Polizeiministers aus.

„Merde!", fluchte Wenz, als er seine Scripten sichtete. Er spürte instinktiv, dass die Fäden im Hafen von Wismar zusammenliefen. Er lehnte sich zurück, schloss die Augen. Vor Tagen war dieser unausstehliche Krämer Gustav Gugel hier gewesen, hatte seine Quartalsberichte abgeliefert. Wenz konnte sich nicht helfen, er misstraute dem Manne abgrundtief. Obwohl sich die Angaben des Denunzianten stets als wahr erwiesen hatten. „Über seinen Neffen krieg ich den Filou!", schwor sich der Geheimpolizist.

5. Kapitel

Monate gingen ins Land, der Lenz kam, ein heißer Sommer ließ das Land unter einer infernalischen Hitzeglocke stöhnen. Neue Detachements der Grandé Armée kamen und gingen. Immer wieder ließen Einquartierungen Bürger und Bauern stöhnen. Im Austausch gegen diverse Requisitionspapiere räumten die Fouragiere Ställe und Speicher leer. Das französische Vizekonsulat hatte dann bei der Bezahlung keine Eile, die um den Lohn ihrer Arbeit Betrogenen murrten. Es schien, Wismar befände sich im besetzten Preußen. Dabei war der Herzog von Mecklenburg-Schwerin seit diesem Jahr Mitglied des Rheinbundes und somit Verbündeter des Kaiserreichs.

Malte und Hannes bekamen in der Tat für ihr Tun den gerechten Lohn: fünfundfünfzig Taler hatte der zähneknirschende Gugel springen lassen. Während Hannes seinen Reichtum auf für Außenstehende unerklärliche Weise innerhalb von zwei Monaten durchbrachte, gab Malte dreißig Maria-Theresia-Taler seinem dankbaren Vater zwecks der Sanierung des elterlichen Handelshofes. Mit dem stolzen Rest machte er im Hause des Kantors seine Aufwartung. Mit der Selbstsicherheit des Besitzenden bat er den verdutzten Kantor Haupt unbedarft um die Hand seiner Tochter. Erst lachte Friedrich Haupt dröhnend auf, dann sah er den ernsten Gesichtsausdruck des Jungen und die verliebte Miene seiner Tochter. ‚Oh Tempora! Oh Mores!', dachte Haupt während sich der kleine Anton Johann vordrängte, um den vorgeblichen Verlobten seiner Schwester eindringlich zu beschauen. „Du bist der Napoleon?", fragte er neugierig, woraufhin sein Vater die ohnehin faltige Stirn runzelte. War der Filius, auf den er so stolz war, über seinen Büchern vollends verblödet!? Aber der Achtjährige wusste, wovon sein Erzeuger keine Kenntnis besaß, nämlich Maltes Spitznamen.

Malte, der sonst bei der bloßen Erwähnung seines Spottnamens aus der Haut fahren konnte, lächelte auf den spitzbübisch grinsenden Buben herunter und meinte: „So ist's Kleiner, dank Deiner Schwester ruft man mich so." Dem Kantor gingen erst jetzt die Zusammenhänge auf, unwirsch bemerkte er, dass seine Tochter keineswegs Kaiserin von Frankreich sei. „Gott sei's gedankt!", fügte er hinzu, was auf seine Meinung über den Gatten der Josephine de Beauharnais schließen ließ. Obwohl sich Friedrich Haupt alle Mühe gab, seinen Missmut zu verbergen, konnte jeder im Raume Befindliche die knisternde Spannung förmlich spüren. Margarete Haupt, Frau des Hauses und seit jeher Fines Verbündete, schaffte es schließlich den Abend zu retten, indem sie selbstgebackene Plätzchen anbot. „Mit Rohrzucker!", stellte Malte lächelnd fest. Er wusste woher die Leckerei stammte. Unlustig griff auch Kantor Haupt zu und musste einmal mehr feststellen, seine Gemahlin war eine wahre Künstlerin am Backherd. Ohne eine verbindliche Antwort des Kantors auf sein Anliegen musste Malte Schlag halb acht vom Marienturm her das Feld räumen. Obwohl noch die Sonne strahlend am Himmel stand, galt nach wie vor ab acht Uhr abends die Polizeistunde. Die französischen Behörden im Fürstenhof sahen immer noch keinen Grund, ihre im Spätherbst vor zwei Jahren getroffenen Instruktionen zu ändern. Hannes stürmte ihm entgegen. Erst stutzte er, dann rannte er auf den Freund zu und brüllte: „Hast schon gehört? Die Franzmänner, sie ziehen ab!" Malte hatte die aufregende Kunde noch nicht vernommen, er hatte bekanntlich den Abend im Esszimmer seines künftigen Schwiegervaters verbracht. Nun vernahm er das Unglaubliche: „Sämtliche Regimenter aus Mecklenburg und Holstein werden abgezogen", japste Hannes außer Atem. „Man munkelt, der Napolium,", er nannte Bonaparte wirklich Napolium, „will sich Portugal unter den Nagel reißen! Mein Vater sagt, Spanien kommt auch noch dran!" Tatendurstig schlug sich Hannes mit der rechten Faust in die linke Handfläche. Malte wagte indes einzuwenden: „Aber das Vizekonsulat und die Zollbehörden bleiben doch!"

„Aber bestimmt nicht mehr lange!", behauptete Hannes optimistisch.

In den folgenden Wochen zogen Unmengen von Fuhrwerken und Bagagewagen mitsamt ihren blau uniformierten Eignern durch die alte Hansestadt. Die Franzosen hinterließen eine Spur der Zerstörung. Chevaulegers, Dragoner, Husaren, ja selbst ein Bataillon der Kaisergarde zogen über die gepflasterten Straßen Wismars. Der Kaiser hatte vorwiegend Kavallerie in den flachen Gebieten der Baltischen Küste stationiert. Im August sollte selbst seine Exzellenz, Marschall Lefebvre, seines Zeichens Herzog von Danzig, mitsamt seiner umfangreichen Entourage in den Mauern der Stadt nächtigen. Rat, Bürger, Tagelöhner und viele andere harrten dem berühmten Feldherrn am Altwismartor. Auch Hannes sowie Malte mit Fine befanden sich unter den Schaulustigen. Die Posten standen mit aufgepflanztem Bajonett, gewienertem Lederzeug, eigens polierten Knöpfen und waren auch sonst prächtig anzusehen. Obwohl die Polizeistunde eigens ausgesetzt worden war, blieb der Marschall aus. Das Einzige, was sich allerdings blicken ließ, war ein bespannter Heuwagen aus Krassow, dessen nichts ahnender Fuhrmann verdutzt auf das umfangreiche Empfangsdefilee schaute. Nachdem die Wismarer Bürgerschaft mitsamt dem dicken Vizekonsul Lafalue bis in den späten Abend ausgeharrt hatte, kam mit einem unscheinbaren Kurier die Kunde, dass eine Direktive des Kaisers den Marschall nach Erfurt beorderte. Es wurde also nichts mit gerühmten Kriegshelden innerhalb der Backsteinmauern. Obwohl den Franzosen gegenüber im Laufe der Zeit gewaltige Ressentiments erwachsen waren, zogen die Wismarer missvergnügt heim. Sie hätten alle sehr gern den berühmten napoleonischen Marschall gesehen. Malte war mit Fine bereits an deren Elternhaus angelangt. Er schmuste noch ein wenig mit der Liebsten, als unvermutet deren Vater mitsamt Weib und jüngerem Bruder um die Ecke bog. In Erwartung einer neuerlichen Standpauke baute sich der Junge vor dem Kantor auf. Zur Verblüffung aller Anwesenden blieb das Donnerwetter aus. Friedrich Haupt wiegte den Kopf, fragte, ob auch seine Tochter mitsamt ihrem „Galan" beim Altwismartor gewesen sei. Unvermittelt begann der Kantor über einen avisierten Fürstentag zu Erfurt zu referieren. „Selbst der Zar soll dort sein!", sagte er verdrießlich. „Da darf unser Großmogul ja ebenfalls nicht fehlen!", fühlte sich Malte bemüßigt hinzuzufügen. Das hätte er nicht sagen dürfen, denn die Folge war ein Referat über Ehrerbietigkeit gegenüber dem Landesvater. „Dass es von einem Gugel kommt verwundert mich gar nicht!", nahm der Kantor auf gewisse Ressentiments Bezug. Betretenes Schweigen. „Was meint Ihr eigentlich zu den Gerüchten über den Thronwechsel in Spanien?", gab Malte dem Vater Fines Gelegenheit seiner liebsten Beschäftigung nachzugehen: dem weit ausholenden Referat. Gestikulierend gab der Kantor zu verstehen, der Korse wolle sich der Bourbonen auf dem Thron Madrids entledigen, seine weiche südliche Flanke bereinigen und nebenbei den letzten Stützpunkt England auf dem Festland nämlich Portugal annektieren. „Wenn sich Bonaparte da mal nicht übernimmt ...", sagte Malte nachdenklich, spürte den sachten Druck am Arm, mit dem ihn Fine zum Schweigen bringen wollte. Ihrem Vater bereitete es scheinbar unendliches Vergnügen, seine umfassenden Kenntnisse des Weltgeschehens anzubringen. Er bat den sonst so ungeliebten Freund seiner Tochter gar ins Haus. Im Arbeitszimmer des Kantors holte jener eine übergroße Karte aus einem Regal, wies Frau und Tochter die Tür. Was er zu sagen hatte war nicht für Weiberohren bestimmt. So strikt waren eben die Sitten im liberalen Hause Friedrich Haupt. Dafür durfte der kleine Anton Johann bleiben, der seinem Unmut über den Rauswurf der Mama umgehend Luft machte. „Mutter will's doch auch wissen!", greinte er. Die warnend hochgezogenen Augenbrauen des Vaters brachten den kleinen Frechdachs dann aber doch zum Schweigen.

„Also", begann der Kantor auf eine Landmasse zeigend, „Das ist die iberische Halbinsel!" Malte bemühte sich, wissbegierig auszuschauen, im Grunde war ihm die Sache gleich. Aber dann offenbarte Friedrich Haupt Detailwissen, was den Jungen dann nichtsdestoweniger erstaunte. „Es heißt aber, auch die Österreicher rüsten, der Kaiser Franz hat seine Demütigung von Austerlitz noch nicht vergessen. Wenn aber nun Spanien sich nicht befrieden lässt, und der Österreicher gleichfalls losschlägt, dann könnt' Napoleon wirklich in Schwierigkeiten geraten." Malte massierte das Kinn, bekannte nachdenklich, dass ja schon viele Einheiten der Grandé Armée bereits aus dem Norden, „Ekschplizit" aus Wismar abgezogen seien. „ Es heißt explizit, wenn Du schon in Latein schwafelst!", wies ihn Haupt zurecht. Sein Sohn wollte nun wissen, wo denn die Engländer zu Hause seien und wo die Insel Korsika, die Heimat Bonapartes, liege. Seinem wissbegierigen Sprössling übers Haar streichend zeigte der gestrenge Vater auf die Inseln. „Aha, da sind sie also, die vermaledeiten Schären!", sagte der Kleine, was die Anwesenden zum Schmunzeln brachte. Denn die zensierte Presse lieferte auch im Herzogtum Mecklenburg-Schwerin immer neue Hasstiraden auf die hochmütigen Plutokraten Albions in die guten Stuben der Bürger. Nun setzte dieses Kind die Heimat des erlauchten Franzosenkaisers mit dem widerspenstigen England auf eine Stufe. Der Kantor schaute auf, wechselte abrupt das Thema. „Magst meine Tochter?", fragte er streng. Mit offenem Munde nickte Malte, sah dabei recht einfältig aus. „Von mir aus kannst mit ihr verkehren, lass Dir aber gesagt sein, bringst Du Schande über mein Haus, wirst Du dahier nimmer froh! Ich habe einflussreiche Freunde!", beschloss Friedrich Haupt seine Rede mit einer Drohung. Aber Malte hörte nur eines: Der Vater erlaubte ihm den Umgang mit Josefine, die Zeit der Heimlichkeit hatte endlich ein Ende!

In den darauf folgenden Monaten genoss der Junge jede freie Minute mit seiner Liebsten. Auch wenn der Handelshof seines Vaters viel Zeit verschlang, an Feiertagen wandelte Malte mit seinem Mädchen über den Marktplatz, an Fürstenhof und Marienkirche vorbei. Ein goldener Oktober erlaubte es den Liebenden, über die sanften Hügel vor der Stadt zu wandern, den neu gepflanzten Lindenhain beim Altwismartor zu besuchen, und vor Mecklenburg am Wallensteingraben zu lustwandeln. Das Weltgeschehen ließ Malte kalt, obwohl stets Hannes zu unpassender Gelegenheit auftauchte, um wichtige Neuigkeiten zu verkünden. Der Freund hatte es tatsächlich geschafft, sich bei einem der Wismarschen Kapitäne als Bursche anzudienen. Der alte Harmke, Eigner der Mercurius, verlor seinen Sohn und Erben in einem furchtbaren Sturm vor dem Skagerrak. Hannes, ein aufgeweckter Bursche, gefiel ihm. Einmal war Hannes bereits bis Malmö gefahren. Obwohl der alte Käpt'n nicht müde wurde zu betonen, wie herrlich die Fahrt im weiten Atlantik, wie gewaltig die Ports Londons und Liverpools seien. Aber dort kam man nicht hin, das Dekret des Kaisers über die Kontinentalsperre beschränkte den Schiffsverkehr weitgehend auf Ostsee und Kattegatt. Aber Hannes bekam einen Einblick in das schwere Gewerbe der Schiffer und deren verschlungene Wege, den Verdienst illegal etwas zu steigern. Aber was ihm wichtig war, er sah, wie er sagte, über den Tellerrand hinaus.

Ende Oktober, es war ein warmer Herbsttag, spazierte Malte Hand in Hand mit Fine durch die Lindenpflanzungen vor der Stadtmauer, als ihnen Hannes entgegenstürmte. „Hast gehört?!", rief er. Weder Malte noch Josefine wussten, was sie gehört haben sollten. Sie schüttelten beide den Kopf. „Der Franzmann, er ist in Spanien gehörig geflöht worden! Bei Bailén sollen sie zwanzigtausend Mann verloren haben! Das ganze Volk dort steht gegen Napolium!"

„Und? Was geht's uns an?" Malte war das Desaster der Franzosen ziemlich gleich. „Verstehst nicht?", Hannes schüttelte den Kopf. „Wenn die Armee dort weit im Süden kämpft, der Österreicher aufsteht und die Preußen mitziehen, ist's vorbei mit unserem dicken Lafalue im Fürstenhof. Der Napoleon mit seinen Zollvorschriften kann uns mal!"

„Dann kannst Du Deine Kaperträume aber auch begraben!", spottete Malte. „Und wenn …", tat Hannes gleichgültig.

Währenddessen braute sich über den Köpfen der Jungen unbemerkt ein Unwetter zusammen. Im Fürstenhof brütete der kaiserliche Commissarius Wenz über seinen Akten. Er war im jüngsten Schreiben seines Ministers gehörig angefaucht worden. In Leipzig war ein immenser Speicher mit Konterbande aufgemacht worden, dessen Herkunft eindeutig der Hafenstadt Wismar zuzuordnen war. „Machen Sie das Schlupfloch endlich dicht!", hatte Fouché eigenhändig unter die allgemeinen Direktiven geschrieben. Das war für den Elsässer ein Wink mit dem Zaunspfahl. Der Polizeiminister pflegte nicht lange zu fackeln und Wenz mochte seine Tage nicht in einem gottverlassenen Provinznest, gelegen im Schweizer Jura beschließen.

Fluchend vertiefte sich der Geheimpolizist in die Scripten, sah auch die Akten des vergangenen Jahres durch. Dabei fiel ihm auf, dass ein verblödeter Kauz von der Insel Poel im vergangenen Jahr durch lautes Lamento auf dem Marktplatz aufgefallen war. Der Alte behauptete, Wotans Geisterschiff erschaut zu haben. Merkwürdig war nur, dass in den darauf folgenden Wochen im Umland der Hansestadt bis nach Schwerin vermehrt geringe Mengen von Konterbande aufgetaucht seien. Wenz lehnte sich zurück, verschränkte die Arme hinter dem Kopf. Was wäre, wenn das vorgebliche Gespensterschiff existent wäre? Eine Schmugglerbarke gar? Der abergläubische Trottel deutete nur das Gesehene grundfalsch. Ein kopierter Bericht Petersburger Gewährsleute wies darüber hinaus auf britische Seeleute hin, die von mysteriösen Besuchen vor der wendischen Küste schwafelten. Was, wenn auch in Wismar einige der wagemutigen Schwärzer hockten? Aber um mit den Briten zu kungeln, musste man über beste Beziehungen verfügen. Und die besaß hier nach Wissen des Commissarius nur einer: Gustav Gugel. Der jedoch würde sich doch nie auf die freie Ostsee wagen … Doch halt, der alte Fuchs hatte einen Neffen, denselben der ihn, Franz Wenz, damals am Hafen so geärgert hatte. Und war der nicht ihm in dem in Frage kommenden Zeitraum am Poeler Tor in die Arme gelaufen? Mit seinem schiefen Kumpan? Leise pfeifend lehnte Wenz sich zurück, jetzt hatte er eine Spur. Recht vage zwar, aber immerhin eine Fährte. Lange prüfte der Commissarius die Indizien, dann, es war Anfang des Jänner, trug er in einer Konferenz mit den herzoglichen Geschäftsträgern seine Belastungsmomente in der Sache Gustav Anton Gugel und Malte Gugel vor. Zur aufrichtigen Verblüffung des kaiserlichen Beamten zeigten die herzoglichen Behörden nicht das geringste Interesse, ja überhaupt keinen Eifer bei der Verfolgung der detailliert dargelegten Straftaten. Konsterniert ließ der Elsässer sein Blatt sinken, schaute in abweisende Gesichter. Selbst der sonst so servile Geheimrat von Hübener, starrte ins unbewegt Leere. „Es scheint die geschätzte Runde der Beamten seiner Durchlaucht Herzog Friedrich Franz nicht zu interessieren", stellte er fest.

In der Tat war man derzeit in den Gemächern des Schlosses von Schwerin nur wenig geneigt, den Wünschen der Franzosen nachzukommen. Der Kaiser führte die Grande Armée in Spanien, keine Kunde drang von diesem fernen Kriegsschauplatz bis Mecklenburg. Und niemand wusste, wie der Feldzug in Iberien ausgehen mochte. Ferner rüsteten die Österreicher energisch auf, man munkelte vom Angriff der weißen Regimenter noch im Frühjahr. Zu guter Letzt war in Schwerin ein preußischer Husarenmajor namens Schill aufgetaucht, der unter dem Siegel der größten Verschwiegenheit verlauten ließ, dass das Königreich Preußen im Falle eines erneuten Krieges gegen Frankreich ebenfalls zu den Waffen greifen werde.

„Nun, meine Herren, wir werden sehen … Wenn's den Österreichern gelingen sollt, unseren kaiserlichen Schwager zu schlagen, dann werden wir die Regimenter des Erzherzogs Karl freundlich begrüßen. Wenn nicht, wir haben für den Sieg unseres lieben Schwagers Napoleon inniglich gebetet. Bis dahin tun wir gar nichts", hatte Herzog Friedrich Franz der Erste im Thronsaal des Schweriner Schlosses referiert. Seine höchsten Justitiare nickten ergeben.

So gingen denn die Direktiven des Landesvaters in die Lande, von der Elbe bis Damgarten wurde nach dieser Maßgabe verfahren. Das musste nun der kaiserliche Geheimcommissarius Wenz zu seinem Leidwesen erfahren. Denn seine brillant vorgetragenen Indizienbeweise verursachten nur betretenes Schweigen. „Sind denn die Herren nicht geneigt, meinen Vorhaltungen betreffs der Verfehlungen des genannten Personenkreises entsprechende Maßnahmen einzuleiten?", fragte Wenz provokant. Seine aufkeimende Wut vermischte sich mit Hilflosigkeit. Denn sein Dienstherr Joseph Fouché, Herzog von Otranto, pflegte seine Beamten nicht nach Gründen für ihr Versagen zu fragen. „Nur weil der Kaiser noch in Spanien weilt …" Es klang fast flehentlich, „Er wird bald zurück sein!" Das klang drohend. „Ich werde beim Vizekonsul vorsprechen!" Mit diesen Worten verließ Wenz das Kabinett. Nachdem die Tür lautstark zugeschlagen war, wechselten die herzoglichen Polizeibeamten vielsagende Blicke. „Wir handeln nach den Direktiven des erlauchten Herzogs!", beschied von Hübener. Damit war das leidige Thema erledigt.

Auch der Gang zum fahrigen Vizekonsul brachte dem aufgebrachten Wenz nichts. Louis Ferdinand de Lafalue hatte derzeit wahrlich andere Sorgen, als den Schmuggel an den Küsten. Von überall her liefen beunruhigende Meldungen ein. In einigen Distrikten empörten sich die Bauern, in Tirol brodelte es, selbst in Paris sollte Außenminister Talleyrand, der Fürst von Benevent, mit dem österreichischen Diplomaten Metternich konspirieren. Das hatte ihm ein guter Freund, der im Stab des Marschalls Bernadotte diente, geschrieben. Und zu allem Überfluss war seit Wochen nicht eine einzige Depesche aus Spanien eingegangen. Paris kochte über von Gerüchten, die selbst den Tod des Kaisers nicht mehr ausschlossen.

Lafalue versuchte also den ihm unangenehmen Commisarius mit ein paar Phrasen zu besänftigen, schickte ihn weg. Wenz kochte vor Wut.

Der junge Malte Gugel hatte von alldem keinerlei Kenntnis. Er genoss die Zweisamkeit mit Fine. Von Zeit zu Zeit durfte er gar mit deren Vater konferieren, wie es Friedrich Haupt hochtrabend bezeichnete. Dort erfuhr er jedes Mal Neues übers Geschehen in der weiten Welt. Von seinem Oheim hatte Malte schon geraume Zeit nichts mehr vernommen, der war nach Hamburg gereist.

„Fine, ich glaub, es stehen große Ereignisse ins Haus", sagte Malte eines Abends während sie Hand in Hand die Sargmachergasse entlang flanierten. „Du machst Dir zuviel Gedanken", entgegnete das Mädchen. Sie beugte sich zu ihm hinüber. Ihre Lippen suchten die seinen. Die beiden standen eng umschlungen. Es dunkelte. Schon seit einiger Zeit wurde die Polizeistunde nicht mehr konsequent durchgesetzt, Übertretungen der Ausgangssperre wurden einfach hingenommen. So merkte auch der einfache Tagelöhner, dass das Regime der Franzosen erschüttert war. Maltes Hände strichen über die Schultern des Mädchens. Sie legte ihren Arm um seinen Hals. „Wann kommt denn eigentlich Hannes wieder?", erkundigte sie sich unvermittelt. Malte gab ihr statt einer Antwort einen sanften Kuss auf die Wange. „Er macht wohl noch Karlskrona unsicher." Mehr wusste Malte auch nicht, denn Hannes war mit der Mercurius an die Küsten Schonens ausgefahren. „Komm Fine! Ich bring Dich heim!", flüsterte Malte mit einem Blick zum Himmel. Der mächtige Turm von Sankt Marien zeichnete sich schwarz am Himmel ab. Dunkle Wolken zogen auf, es schien abermals regnen zu wollen. Überhaupt war dieser Winter ungewöhnlich mild. Es lag kaum Schnee in den Gassen. Dafür gab es umso mehr Regen und Wind. Die Wagen von Händlern und die Fuhrwerke der Bauern versanken im Schlamm. Alles wartete auf den Lenz, auf dass er Besserung verhieß.

6. Kapitel

Aber nicht nur Bürger, Bauern und Handwerker der alten Hansestadt Wismar sehnten das Frühjahr herbei. Auch in der Wiener Hofburg harrte der Generalstab des Österreichischen Heeres ungeduldig auf günstiges Wetter. Anfang April 1809 war es soweit. Die gewaltige Kriegsmaschinerie der Habsburger setzte sich in Bewegung. Die Avantgarde marschierte nach Norden, ins Königreich Bayern hinein. München wurde besetzt, der Inn überquert. Napoleon, der gerade erst missgelaunt aus Spanien zurückgekehrt war, erhielt in der Oper die Nachricht von der Invasion der Österreicher. Der Korse ließ schleunigst die Droschke vorfahren. Am frühen Morgen des folgenden Tages hetzte der Kaiser von Frankreich nach Osten zu seinen in Deutschland stationierten Truppen. Europa hielt den Atem an.

In Franken und Bayern stießen die Armeen aufeinander. Wider Erwarten ging es nicht sonderlich gut für die Strategen des Habsburger Kaisers Franz des Ersten aus. Die Franzosen siegten bei Eckmühl und Regensburg. Aber trotzdem, in Tirol und in anderen Orten empörte er sich: der Volkszorn. Und der Krieg ging weiter …

Auch in Preußen brach der Sturm los. Zunächst als laues Lüftchen. In Berlin entschloss sich ein weitgehend unbekannter Obrist zum Losschlagen: Major Ferdinand von Schill. Dieser wagemutige Mann, der damals auch Kolberg gegen die Scharen der Franzosen verteidigte, sah sich angesichts des Kampfes der Österreicher ermutigt, sein ihm vom König anvertrautes Husarenregiment eigenmächtig in den Krieg gegen das verhasste Regiment der Franzosen zu führen.

Im Norden war bisher nichts von dem gewaltigen Ringen der Giganten zu spüren. Man litt unter dem Mangel, übte sich dessen ungeachtet in norddeutscher Genügsamkeit.

Aber das galt nicht für einen: den Commissarius Wenz. Er sah die Gelegenheit als die Kunde vom Sieg Napoleons bei Regensburg eintraf. Die Beamten des Schweriners waren überrumpelt. „Wenn Sie nicht handeln, des Kaisers Männer tun es!", schrie der Elsässer aufgebracht. „Überhaupt werde ich in meinem nächsten Bericht den Langmut der hiesigen Beamten erwähnen!", drohte Wenz. Die Anwesenden sahen sich vielsagend an. „Nun gut mein lieber Wenz!", begann von Hübener versöhnlich. „Wenn Sie meinen, dieser junge Gugel sei mit dem Schmuggel an der Küste verbandet, dann nehmen Sie ihn sich zur Brust!" Das war das Einverständnis des hohen Regierungspräsidenten, Wenz hatte freie Hand. Ohne Regung rieb er sich die feuchten Hände. Auch Rat und Bürgermeister Wismars konnten ihm jetzt nicht mehr dreinreden.

Einige Tage wartete der Commissarius, am Pfingstwochenende wollte er zuschlagen. Denn am Samstag lief in den alten Hafen der Hansestadt ein Schoner aus Karlskrona ein. An Bord befand sich ein anderer Taugenichts. Jener nämlich, mit dem dieser schlüpfrige Malte Gugel stets gemeinsam zugange war.

Malte war mit seinem Vater am Pfingstsamstag zum Gottesdienst in Sankt Georgen gewesen. Hier hatte der Junge stets zärtliche Blicke mit der fünf Sitzreihen vor ihm sitzenden Josefine gewechselt. Sein Vater hatte die Choräle mit Inbrunst mitgesungen. Er war ein schmächtiger und kränklich wirkender Mann, dem man die Verwandtschaft mit seinem skrupellosen Bruder Gustav nicht ansah. „Preise den Herrn, Malte! Sieh nicht immer zu Deinem Liebchen herüber!", hatte der Vater noch beim Verlassen des Gotteshauses gescholten. Plötzlich sahen sich beide dem berüchtigten Commissarius Wenz und zwei herzoglichen Zollbütteln gegenüber. Die uniformierten Zöllner hatten in der Tat eine Muskete mit aufgepflanztem Bajonett geschultert. Wenz grinste diabolisch: „Habt Ihr die Güte, mir in den Fürstenhof zu folgen?", fragte er mit geheuchelter Unterwürfigkeit. Malte stand unbeweglich, sein Vater starrte fassungslos auf die bewaffneten Vertreter der Obrigkeit. Plötzlich keifte der naive Mann los. Aber keineswegs gegen die Gendarmen, sondern der Sohn war das Ziel der Beschimpfungen. „Ich hab's Dir immer gesagt! Mein Gott, welch Schande!" Die Schelte sollte prompt verstummen, als nämlich Wenz seine Büttel anwies, beide zu binden! „Euer Handelshof geht in letzter Zeit gut, zu gut!", erklärte Wenz dem jetzt völlig Verängstigten sein Vorgehen. Der gerissene Ermittler erhoffte sich vom Verhör des eingeschüchterten Alten einige brauchbare Indizien gegen dessen Sohn und seinen übel beleumdeten Bruder. So wurden unter den mitleidigen Blicken der übrigen Kirchgänger Malte mitsamt seinem Vater in den nebenan gelegenen Fürstenhof gebracht. Dort befand sich schon seit Stunden ein anderer guter Bekannter.

Josefine war wie immer mit Vater, Mutter und Bruder im hohen Chor von Sankt Georgen geblieben. Ihr Vater hasste es, wenn beim schnellen Verlassen der Kirche der Eindruck entstand, man wolle sich der Andacht möglichst schnell entziehen. Hier erhielt das Mädchen von einer erregt schnatternden Muhme die Nachricht, ihr Liebster sei arretiert. Josefine sprang auf. „Vater!", schrie sie. Friedrich Haupt war ebenso entsetzt. Es zeigte sich, dass in der Stunde der Not Kantor Haupt ein Mann der Tat war. Er sprang auf, befahl seiner Gemahlin, schluchzende Tochter und neugierig guckenden Sohn heim zu bringen. „Ich geh zum Fürstenhof!", sagte er entschlossen.

Auch dem energisch auftretenden Kantor sollte es nicht gelingen, etwas für die Geketteten auszurichten. Er wurde gar nicht erst in den Fürstenhof eingelassen. Mit finsterer Miene begab sich Friedrich Haupt zum eingerüsteten Rathaus.

Indessen saß Malte in einem vollkommen dunklen Verließ. Es war stickig und die Luft roch faulig. Aber das Schlimmste war die quälende Ungewissheit. Denn Malte konnte es sich nicht recht erklären warum er hier einsaß. Es konnte doch nicht sein, dass die große Fahrt zum Trollegrund noch immer Gegenstand der Untersuchungen des Elsässers sei. Der Geheimpolizist war nach der Einschließung seiner Gefangenen umgehend in sein Domizil stolziert. Hier setzte er sich auf seinen Schreibtisch, sah schmunzelnd die letzten Meldungen durch. Merkwürdigerweise war kaum Wichtiges dabei. Aus dem Süden waren gar keine Depeschen eingegangen. Nur ein Brief seines Rostocker Pendants, der eindringlich vor irgendwelchen Freischärlern warnte, fand sich im Posteingang. „Jean, Du notorischer Schwarzseher!", lachte Wenz. Er wusste, dass zwischen Elbe und Rhein bedeutende Truppenteile des Rheinbundes und insbesondere Soldaten des Königreichs Westfalen standen. Da würde kein österreichischer Pandurentrupp bis nach Mecklenburg durchkommen. Dass es sich um ganz andere Freischaren handeln könnte, darauf kam der sonst so ausgebuffte Wenz überhaupt nicht.

Er lies sich vielmehr den willenlosen alten Gugel vorführen. Eine halbe Stunde später wusste der Geheimpolizist über ominöse dreißig Taler, dunkle Geschäfte des Bruders und eine Menge weiteren Tratsch Bescheid. Zu seiner unendlichen Erleichterung konnte Maltes Vater den Fürstenhof als freier Mann verlassen. Er hatte keine Stunde im Karzer zugebracht.

Sein Sohn blieb in der Dunkelheit. Wenz befand nämlich, dass die zwei jungen Übeltäter ruhig eine Nacht im Karzer schmoren könnten. Dann erst wollte er sie sich vornehmen.

Die Zeit kam Malte wie eine Ewigkeit vor. Er verlor gänzlich sein Zeitgefühl. Nichts deutete auf Tageszeit und Sonnenstand hin. Nicht einmal das Schlagen des Läutwerks von Sankt Marien drang bis hierher. Finsternis und Stille umfing den Jungen. Plötzlich ein Knarren. Als ob schwere Türen mühsam aufgeschoben wurden. Ein Riegel krachte. Eine Lichtflut umstrahlte den blinzelnden Sünder. Obwohl es nur eine blakende Fackel war, fühlte sich Malte arg geblendet. „Bist Du es Thore?", fragte er. Thore war der alte bucklige Stadtknecht, der seit einer Ewigkeit in den Karzern des Rates Dienst tat. Der hinkende Alte wurde stets gemieden, es hieß, er habe den bösen Blick. Malte war dem einsamen Stadtdiener stets freundlich begegnet, er hoffte inständig, der Alte würde sich seiner erinnern. Aber, es war nicht Thore. Ein französischer Gendarm warf ihm schweigend einen Kanten Brot hin, ein Bottich mit Wasser vervollständigte das karge Mahl. Auf die kläglich vorgebrachte Frage, wohin mit der Notdurft, wurde der Unglückliche wortlos auf einen Kübel in der hintersten Ecke hingewiesen.

Dann geschah lange nichts. Gar nichts. Man schien den Jungen in den Kellern des Fürstenhofes vergessen zu haben. Malte trommelte mit beiden Fäusten gegen die Pforte, niemand regte sich. Die Knöchel waren blutig, Malte spürte rasenden Schmerz. In seiner Not ergriff er den Kübel, schlug damit gegen das Eichenholz. Nichts. Oder doch? Es pochte auch anderswo. Leise, sehr leise vernahm Malte die Laute. Kurz, lang, kurz. Irgendjemand musste ebenfalls hier eingeschlossen sein. Der Vater? Der Unbekannte konnte dem Gefangenen auch nicht helfen, aber es beruhigte, wenn man nicht ganz allein war. Malte atmete durch. Er versuchte, rational zu denken: ‚Richtig zu stellen gibt es jetzt eh' nichts. Geh schlafen Junge!' Das sagte zumindest der Verstand. Aber hier einzuschlafen war weder einfach noch angenehm. Kälte kroch durch den Köper. Die Augen konnten zwar nichts erkennen, mochten dennoch nicht zufallen. Malte zog die Beine an, lehnte sich gegen die Wand. Seine Gedanken wanderten zu Fine. Ach Fine ... Endlich fielen die Augen zu.

Der Junge erwachte, nichts hatte sich geändert. Dunkelheit. Malte verspürte Hunger, hatte Durst. Er war doch sicher bereits eine ganze Woche hier! Und nur einmal gab's Essen und Trinken! Wollte ihn der Commissar hier verfaulen lassen? Augenblicke dehnten sich zur Ewigkeit. Malte begann, langsam auf und an zu schreiten. Zehn Schritte nach vorn, ebenso viele zurück. Er mochte es ein paar hundert Male getan haben, als er draußen Geräusche vernahm. Das waren doch Schritte und undeutliche Stimmen! Der Kübel krachte gegen die Tür. Die Schritte kamen näher. Zu seiner Erleichterung hörte Malte den Riegel seines Gefängnisses knirschen. Wieder ein grelles Licht und eine verwunderte Stimme. „Da gucke ma, da is noch eener!" Malte schützte seine Augen gegen das grelle Licht, eigentlich nur eine Funzel. Er konnte beim besten Willen nicht erkennen, wer oder was dort vor ihm stand. Von Ferne erklang ein weiterer Ruf: „Du Fritze, hier och!" Der Unbekannte fasste Malte am Arm. „Komm ruff, deene Leiden sind vorbei!" Erst als sie die Treppen bestiegen, erkannte Malte, dass sein Befreier eine schwarze Uniform mit glänzendem Tschako trug. Ein Totenkopf funkelte über dem Schirm. Solche hatte er noch nie gesehen. Wessen Soldaten waren das? „Woher kommt ihr?", fragte der Junge. Der andere, er zählte höchstens achtzehn Lenze, musterte Malte erstaunt und entgegnete: „Wir sind die Husaren vom Schill, hast wohl lange im Verließ gesessen, dass Du noch nie vom Schillschen Freikorps gehört hast?" Malte hatte wirklich noch nie von diesen Leuten gehört. „Und was treibt ihr hier?" Breit grinste der Husar: „Na was schon, den Napolium zum Teufel jagen!" Sprachlos starrte Malte auf den schwarz Uniformierten wie auf den Leibhaftigen. Wenn's stimmte was der sagte, dann waren die Franzosen fort und mit ihnen der teuflische Commissar. Wie zur Bestätigung strahlte der andere: „Ja, die

Franzmänner sind alle stiften gegangen!" Weitere Schritte erklangen auf der Treppe und hinter einem weiteren Husaren wurde eine weitere Gestalt sichtbar. „Hannes!", entfuhr es Malte. Sein Freund war also der Leidensgenosse, dessen verzweifeltes Klopfen er gehört hatte. ‚Blass sieht er aus!', dachte Malte als er Hannes gegenüberstand. Sein Freund stutzte ebenfalls, er schien nicht sonderlich überrascht, seinen Kumpan hier anzutreffen. „God morgon!", grüßte er auf Schwedisch. Die beiden Soldaten standen stolz daneben, waren sie es doch, die die beiden befreit hatten.

Was war geschehen? Am frühen Morgen des Pfingstsonntages 1809 war die Vorhut des Schillschen Freikorps von Dömitz kommend unversehens am Mecklenburger Tor aufgetaucht. Die wenigen französischen Soldaten und mit ihnen die Zollbeamten und Kriminalcommissare waren Hals über Kopf nach Westen geflohen. Der die Reiter befehligende Leutnant konnte zu seiner und seiner Männer Freude, die noch warmen Croissants vom Frühstückstisch des dicken Lafalue requirieren. Der Vizekonsul war Minuten zuvor in seiner Droschke entkommen. Die Bürger der Stadt waren dabei sich auf den Pfingstgottesdienst vorzubereiten, als vom Markt her schallende Trompetensignale erklangen. Erstaunt erschauten die Bürger eine angetretene Eskadron zu Pferde. Davor einige Reiter mit Epauletten, vermutlich Offiziere, die ihren Obristen empfingen. Ferdinand von Schill ritt auf einem Rappen in Wismar ein. Der Major sah sich wachen Auges um, blickte auf die alten Backsteinhäuser in unverkennbar norddeutscher Architektur. Ferdinand von Schill zwirbelte seinen Schnurrbart. Nun zeigten sich auch die ersten Einwohner in den Straßen. Man begriff nur langsam was sich an diesem denkwürdigen Sonntag zutrug. Die Kinder waren dann die ersten, welche auf die Befreier vom Joch der Franzosen zuliefen. Der Major begab sich währenddessen mit seinem Stab in den Ratssaal, wo er bei den Ratsvertretern der Stadt um logistische Hilfestellung für sein Korps ersuchte. Ein Ratsherr verlangte erst einmal zu erfahren, wie sich denn der Herr Major das weitere Vorgehen vorstelle. Mit leuchtenden Augen sprach Ferdinand von Schill vom Marsch über Rostock nach Stralsund. Dort wollte er mit Hilfe der Engländer und Schweden einer glorreichen Episode aus dem dreißigjährigen Krieg nacheifern: Der Verteidigung Stralsunds gegen die Kaiserlichen unter Wallenstein. In Stralsund sollte dem heurigen Wallenstein, Napoleon nämlich, die Stirn geboten werden. „Ihr gedenkt also nicht lange in den Mauern Wismars zu verweilen?", fragte der Bürgermeister. Es klang erleichtert. Auch die Herren des Rates atmeten hörbar auf. Es galt nun, sich dieses Freiheitshelden und seiner Truppen möglichst schnell zu entledigen. Nur dann würde das unweigerlich folgende französische

Strafgericht glimpflich an Wismar und dessen Ratsvertretern vorübergehen. Der Bürgermeister erhob sich, begann zu reden. Leider könne Wismar nicht mit Groschen aus der Stadtkasse dem großen Kampfe dienlich sein. Die Kasse sei leer. Auch bei Fourage würde man nicht helfen können. Wenn aber die Bürger ihrerseits etwas erübrigen könnten, dann dürften es die Männer des Herrn Major gerne haben. So wurde das Stadtsäckel geschont und niemandem war ein Vorwurf zu machen. „Im Übrigen!", schloss der Bürgermeister konziliant; „Müssen wir gegen Eure Anwesenheit innerhalb der Wälle Wismars aufs Schärfste protestieren, mein ehrenwerter Major!" Schill stand unbewegt. Er hatte Verständnis für diese Krämerseelen. „Wenn jemand bereit ist, mir zu folgen … Die Reihen des Korps sind für jeden, der die Freiheit liebt, offen", sprach er. Unter den Mitgliedern des Rates befand sich freilich niemand, der um der Freiheit Willen Gut und Leben aufs Spiel setzte. Dafür fanden sich umso mehr Begeisterte unter der Wismarer Stadtjugend. An der Spitze zwei, die gerade aus dem Fürstenhof befreit worden waren. Die Halbwüchsigen umlagerten das Biwak der Schillschen. Man ließ sich die Funktionsweise von Steinschlossgewehr und Radpistole erklären. Die Freischärler, ebenfalls blutjung, genossen die Aufmerksamkeit, insbesondere der weiblichen Besucher. Viele Wismarer kamen in das Campier, brachten Leckereien und Lebensmittel mit. Aber nur wenige besaßen den dazugehörigen Mut und die Entschlossenheit, selbst zur Waffe zu greifen. Hannes war einer von ihnen. Er präsentierte sich dem sprachlosen Malte und dessen Fine stolz in der schwarzen Uniform der Schillschen Husaren. Wortlos zeigte Hannes auf ein Loch mitten in der Brust. „Der vormalige Träger der Montur ist bei Dömitz gefallen", erklärte Hannes. „Du hast doch weder eine militärische Ausbildung noch sonst etwas!", wendete Fine ein. Hannes lachte: „Und wenn, den Napolium schlage ich ganz allein in die Flucht." Malte wusste dem nichts zu entgegnen, schlug dem Freund wortlos auf die Schulter. Auch er hätte sich gern angeschlossen, aber Fines inständiges Bitten und einige gewichtige Argumente ihres Vaters hatten ihn eines Besseren belehrt. „Wenn die Franzmänner zurückkommen, dann lande ich wieder im Kerker!!", sagte Malte dem Kantor gegenüber. Der, er hatte seinen Eidam ebenfalls lieb gewonnen, schüttelte den Kopf. „Der Rat wird für Dich bürgen!", entgegnete Haupt überzeugt.

Am 23. Mai setzte sich das Freikorps in Richtung Rostock in Marsch. An die tausend Bürger und insbesondere deren Töchter gaben Geleit. „Ob wir Hannes je wieder sehen?" hatte Malte seiner Fine zugeflüstert, als Hannes stolz wie ein Spanier auf einem Schimmel vorbeizog.

7. Kapitel

Schon bald sollte sich zeigen, dass die schlimmsten Befürchtungen hinsichtlich des Schillschen Zuges gerechtfertigt waren. Keine zwölf Stunden nach dem Auszug des Freikorps zeigten sich auf den Hügeln die Spitzen zweier niederländischer Regimenter. Sie waren auf Befehl des Königs von Westfalen Jeróme Bonaparte, auf die Fährte der preußischen Desperados gesetzt worden. Louis, König von Holland, hatte seinem königlichen Bruder die Regimenter unterstellt. Mit Mann, Ross und Wagen zogen die weiß uniformierten holländischen Jäger in Wismar ein. Sie wurden zurückhaltend, um nicht zu sagen, gar nicht begrüßt, was die Soldaten aber herzlich wenig kümmerte. Der Rat konnte indes nachweisen, er habe gegen den Aufenthalt des Marodeurs Schill aufs Schärfste protestiert. Es war Oberst van Hoogen, dem Kommandeur ziemlich gleich, er wollte den Kopf des Husarenmajors. „Wann sind sie abgezogen?", fuhr er in herrischem Tone den Bürgermeister an. „Gestern", barmte jener. „Gut", dröhnte van Hoogen und rieb sich die Hände. „Zum Unterhalt der Truppen hat diese Stadt einen Beitrag in Höhe von fünftausend Talern zu leisten. Basta", befahl der Oberst. Der Inhalt der Stadtkasse schrumpfte bedenklich.

Die Holländer hatten es eilig, ihre Berittenen setzten umgehend Schills Freikorps nach. Auch die Tirailleure, wie ihre Scharfschützen genannt wurden, blieben nur eine Nacht in den gastlichen Stuben Wismars. Den Gastgebern war der kurze Aufenthalt ebenfalls mehr als recht. Obwohl sich die Soldaten anständig benommen hatten, waren die Wismarer froh, als die Regimenter weiter zogen.

„Möge Gott mit Hannes sein!", sagte Malte zu Fine als die schweren Rosse mit aufgeprotzten Geschützen im Schlepptau das Altwismartor passierten. „Und dem schönen Major!", fügte Fine mit träumerischem Augenaufschlag hinzu. Ihr Freund blickte etwas schief. Siebentausend Mann folgten dem Schillschen Korps nach.

Atemlos verfolgten die Einwohner Wismars und des Umlandes die Nachrichten aus dem Osten. Auch Malte fragte jeden Morgen den allwissenden Nachtwächter, ob es Neues gebe. Jedes Mal schüttelte der Alte den Kopf: „Nee Jung!" Dann aber, am dreißigsten Mai, lief aus Schwerin unvermutete Kunde ein. Ein Beamter, der zum Rapport zu den Herzoglichen Kammern bestellt worden war, berichtete von einer gewaltigen Bataille in der Nähe von Wien. Die Leute umstanden den Mann mit offenen Mündern. Die Nachricht war einfach zu unglaublich.

Malte kam mit Fine hinzu als die Leute tuschelnd auseinander gingen. „Was ist passiert? Neues von Schill?", fragte er wahllos eine Marktfrau, ausgerechnet die cholerische Tilsen.

„Nej mei Bub! Der Napoleum is von de Österreicha vollkomme besiecht worde!", schrie sie los. Malte schaute auf Fine. Sie beachtete die jubilierende Frau gar nicht, drängte sich in die Nähe des Ratsherrn Schmude. Der war für seine sachliche Art bekannt. „Herr Schmude, sagt Ihr uns doch was sich dort unten ereignet hat!", bat sie ihn kokett. Nun erfuhren es beide: Bei den Dörfern Aspern und Essling wollte der Franzosenkaiser den zurückweichenden Österreichern nachsetzen. Dabei musste aber die Donau überquert werden. Diese Widrigkeit nutzte der Oberkommandierende Erzherzog Karl aus, griff die Franzosen an und brachte sie an den Rand der Katastrophe. Nur mit größter Mühe unter fürchterlichsten Verlusten konnten die Franzosen die Ordnung aufrechterhalten. Der siegesgewohnte Feldherr Napoleon Bonaparte musste sich zurückziehen. Auch der berühmteste Marschall Frankreichs, Jean Lannes, war schwer verwundet worden. Nun saß der Korse auf der Donauinsel Lobau fest. „Aber der Krieg ist nicht zu Ende, dem Bonaparte wird bestimmt noch etwas einfallen!", sagte der Ratsherr Schmude und hob mahnend den Finger. Die letzten Worte gingen im Trubel unter. Alles freute sich des Lebens und hoffte, dass das verhasste Joch der Franzosen alsbald überwunden sei.

Zwei Tage nach der hoffnungsvollen Kunde aus dem Süden erreichten weitere Neuigkeiten die Stadt an der Wismarbucht. Keine Guten. Erst sickerte das Gerücht durch die Gassen, dann kam offizielle Kunde: Schill war tot. Er war in Stralsund von den übermächtigen Verfolgern gestellt worden. In heldenhaftem Kampf wurde das Schillsche Freikorps aufgerieben. Etliche waren gefallen, die meisten in Gefangenschaft geraten. Nur den wenigsten gelang es zu entkommen. „Mein Gott, Hannes!", sagte Malte entsetzt zu Fine. Das Mädchen strich ihm mit tränenden Augen übers Haar. „Er wird schon wiederkommen", sagte sie leise. Es klang wenig zuversichtlich. In der Tat klang das wenige, was über das Ende der Freischar zu erfahren war, alles andere als ermutigend.

Anfang Juni erschien wieder die Kalesche des Vizekonsuls Lafalue in Begleitung einer Eskadron französischer Husaren. Er schien auf seiner Flucht einige seiner reichlich bemessenen Pfunde eingebüßt zu haben. Umgehend zitierte der Beamte die Vertreter der Bürgerschaft zu sich. Mit betretenen Gesichtern verließen eine Stunde später die Ratsherren den Fürstenhof. Es hatte eine gewaltige Maßregelung gegeben. Der zornbebende Vizekonsul machte den Rat für die ungenügende

Verteidigung Wismars gegen Schills Husaren verantwortlich. Dabei wäre es die Angelegenheit der kaiserlich-französischen Behörden gewesen. Denn Mecklenburg-Schwerin befand sich nicht im Kriegszustand mit Preußen. Lafalue wusste es ganz genau. Aber er brauchte einen Sündenbock und wurde prompt fündig. Wieder gab es einen nachhaltigen Griff ins Stadtsäckel. Der Stadtkämmerer schaute bereits bedenklich drein. Obwohl es Lafalue angesichts der undurchsichtigen Lage seines Souveräns bei Wien peinlich vermied, seine unfreiwilligen Gastgeber für einige rechtswidrige Vorgänge betreffs der Kontinentalsperre zur Rechenschaft zu ziehen, kam der korrekte Ratsherr Schmude auf eben jenes Thema zu sprechen. Dieser unbedeutende Casus wäre wohl nicht der Erwähnung wert gewesen, wenn es nicht für einen Jungen aus der Altstadt von weitreichender Bedeutung wäre. Lafalue knurrte nämlich: „Das Gewesene wird amnestiert, wenn es nicht zu neuerlichen Übertretungen kommt." Mit diesem lapidaren Satz waren dem ebenfalls zurückgekehrten Commisarius Wenz die Hände gebunden.

Dem mit ungutem Gefühl zu Haus sitzenden Malte brachte Fine die Nachricht. Ihr Vater hatte seinen Burschenschaftsbruder Schmude um jenen Gefallen gebeten. Doch so recht konnten sich weder Malte noch Fine darüber freuen. Sie bangten um ihren Freund Hannes.

So bemerkten weder Malte noch Fine, wie sich stillschweigend das französische Regiment nachhaltiger denn je etablierte. Zu dem bereits berüchtigten Wenz stießen noch drei Commissare des allgewaltigen Polizeiministers Fouché. Dem Kaiser war eben selbst im Feldlager auf der Donauinsel Lobau die strikte Einhaltung der Kontinentalsperre wichtig.

Malte war Wenz auf dem Markt begegnet. Der Elsässer blickte durch den Jungen hindurch, als sei dieser Luft. Obwohl ihm ein Schauer über den Rücken gelaufen war, gab dieses Erlebnis dem Jungen wieder Sicherheit. Der Schnüffler konnte nichts mehr gegen ihn unternehmen.

Tage später wurden einige Gefangene des Schillschen Korps durch Wismar geführt. Mitleidig steckten die Bürger den abgerissenen Gestalten einige Kanten Brot zu. Auch Bouteillen mit labenden Getränken wurden gereicht. Die holländischen Wachsoldaten ließen es geschehen. Sie schauten einfach weg. Josefine Haupt hatte auf die Nachricht hin alles stehen und liegen gelassen und war auf die Straße geeilt. Aber sie konnte Hannes nirgends ausmachen. Dennoch war das Mädchen den Tränen nahe. Das waren sie also, die traurigen Reste des noch vor Wochen so stolzen und siegeszuversichtlichen Freikorps. Fine rief den

Gefangenen zu, ob sie etwas über das Schicksal eines gewissen Westphal aus Wismar wüssten, erntete aber nur apathisches Kopfschütteln. Das Mädchen vermied es, ihrem Freund etwas darüber zu erzählen.

Mit dem Sommer kam eine Hitze übers Land, die das Getreide auf dem Halm verdorren ließ. Die Luft flimmerte, in den Gassen wurde es unerträglich. Selbst die Nacht brachte kaum Erleichterung. In den Backsteinen hielt sich die Hitze, um am frühen Morgen durch die Sonnenglut wieder anzuschwellen. Wer es sich leisten konnte floh die Enge der Stadt. Auch Malte und Fine waren in jenen Tagen oft am Wallensteingraben oder in den Pflanzungen des prahlerisch Lindengarten genannten Areals anzutreffen.

Gerade kehrten sie zu später Stunde Hand in Hand zu Fines Elternhaus zurück, als in einem dunklen Torweg eine zweifelhafte Gestalt sichtbar wurde. „Psst, ich bin's!" Malte fasste Fine am Arm, es war schon vorgekommen, dass sich Spitzbuben an hilflosen Jungfern vergriffen.

„Wer ist da?", fragte das Mädchen. Malte spürte, wie ihre Hände die seinen umklammerten. „Na ich", klang es dumpf aus dem Dunkeln. „Komm raus Haderlump!", rief Malte. Nun bewegte sich der Unbekannte und Malte erstarrte. „Hannes!", flüsterte er. „Wer sonst?", entgegnete der Totgeglaubte. Beide fielen sich um den Hals. Auch Fine gab dem ihr früher so Ungeliebten einen innigen Kuss auf die Wange. Jener errötete. Dann sah er sich zweifelnd um. „Fahndet man nach mir?" Sowohl Malte als auch Fine schüttelten den Kopf. „Uns ist nichts bekannt."

„Besser ist's", sagte Hannes sich die Hände reibend. Fine lud den Heimkehrer ein, ihr in ihr Vaterhaus zu folgen. „Papa hat sicher nichts dagegen!", bestimmte sie. Widerstrebend folgte Hannes der Einladung. Er war noch nie in Kantor Haupts Hof gewesen.

Sein Zögern war nicht ganz unbegründet. Denn als Friedrich Haupt erfuhr, welch Laus sich da in sein wohlbehütetes Anwesen gesetzt hatte, bebte sein Backenbart erheblich. Das war ein Zeichen höchster Erregung, wie es die Oberprima der Stadtschule nur zu gut kannte. Im Gegensatz dazu starrte der kleine Anton Johann den Freischärler geradezu feierlich an. „Du bist mit dem Schill gezogen?", fragte er ungläubig. „Sicher!", sagte Hannes. „Berichte über Stralsund!", befahl nun Vater Haupt streng. Hannes setzte sich in Positur, er genoss sichtlich die Aufmerksamkeit und begann:

„Nun, wir zogen zuerst nach Rostock, wo sich die Franzosen alle auf einmal verdrückt hatten. Dort bekam unser Major die Nachricht, dass uns die Vasallen Napoleons auf dem Fuße folgten. Sofort befahl er zu satteln und in Eilmärschen ging es gen Stralsund. Dort erwartete uns eine böse Überraschung. Die Wälle waren teilweise geschleift, der Rest verfallen. Die Festung war so nicht zu verteidigen. Schill versuchte noch, die Verteidigung zu organisieren, da strömten die Holländer schon in die Stadt. Mit Kartätschen schossen ihre Kanonen in unsere Reihen. Wir schlugen die Angriffe der Tirailleure immer wieder ab. Die Entscheidung fiel am Knipertor. Schill selbst führte uns an. Hoch zu Ross sprengte er in die Reihen der Infanterie, Bajonette streckten sich ihm entgegen, er schien gegen alles gefeit zu sein. Ich war ganz in seiner Nähe als er von hinten vom Pferd geschossen wurde. Es war ein wildes Gewühl, hier die Unseren, dort die Feinde. Dazwischen reglose Leiber und wild um sich schlagende Gaule. Blut floss in Strömen. Dazwischen immer wieder das Donnern der Geschütze und das trockene Knallen von Büchsen. Unmenschliches Gebrüll drang durch die engen Gassen, wurde von den Häuserwänden zurückgeworfen. Es war wie Dantes Inferno."

Mit großen Augen lauschten die Anwesenden der Schilderung. Josefine bekreuzigte sich hastig. Friedrich Haupt grübelte eigenartigerweise, wie ein sonst so naiver Junge wohl auf den großen Dante zu sprechen kam. Die Aufklärung sollte folgen. Denn Hannes fuhr fort:

„Im Gegensatz zu meinen Kameraden gelang es mir, zum Sund, in den Hafen zu entkommen. Mit einem Fischerboot bin ich nach Rügen, von dort hinüber nach Hiddensee gelangt. Bei einem alten Kauz in Vitte fand ich Unterschlupf. Ich kann euch sagen, das war der reinste Strandräuber. Die Zeit vertrieb ich mir mit Lesen. Das einzige Buch stammte vermutlich von einem gescheiterten Schiff. Es war eben Dantes „Inferno". Der Alte, er sprach den ganzen Tag keine fünf Worte, erwies sich dennoch als Glücksfall. Er brachte mich nämlich vor vier Tagen mit seinem wurmstichigen Kahn nach Rerik. Und so bin ich hier."

„Mann, hast Du ein Glück gehabt Hannes!", bekannte Malte leise. Aufblickend wandte er sich an Friedrich Haupt: „Ob man ihm nachstellt?" Der wiegte den Kopf, sagte, dass in ganz Mecklenburg nach versprengten Freischärlern gesucht werde. „Musstest Dich auch so exponieren!", fuhr er Hannes an. „Mit Husarendolman durchs Tor ziehen! Welch Torheit!", schimpfte Haupt weiter. Dennoch versprach er, sich für den „Guerillero" einzusetzen.

Hannes durfte fürs erste bei Haupts bleiben. Der besorgte Kantor wollte Erkundigungen einziehen, ob etwas gegen einen gewissen Johannes Westphal vorlag. Hannes bat Malte, seinem Vater zu berichten. Der versprach, umgehend dem alten Westphal Bescheid über das glückliche Geschick seines Sprösslings zu geben.

Am Abend des folgenden Tages kehrte der Kantor Haupt mit beruhigender Kunde heim. Nichts war über einen Westphal als Freischärler bekannt geworden. Justitias Mühlen mahlten also nicht nur langsam sondern auch nachlässig. Vielleicht hatte auch ein nachsichtiger Beamter der Schweriner Gendarmerie mutmaßlich eingegangene Meldungen über die Wismarer Raureiter verschwinden lassen. Trotzdem war Hannes nicht sehr zuversichtlich. „Jeder der es weiß und mir übel will, der kann in den Fürstenhof laufen und mich verpfeifen", sagte er spät abends zu seinem Freund. Der grübelte ebenfalls, kam zu keiner Lösung. „Bei erstbester Gelegenheit verschwinde ich!", sagte Hannes bestimmt.

Vorerst aber bot sich kein geeigneter Anlass für den Absprung. Hannes ging wie selbstverständlich in Wismar umher. Die von seinen Abenteuern wussten, sahen etwas scheel zu dem hoch gewachsenen Burschen auf. Nur auf sein altes Schiff traute er sich nicht, die französischen Zöllner und Gendarmen kontrollierten penibel die Papiere der Schiffer.

8. Kapitel

Ende des Hitzmondes Juli kam eine Kunde mit Klang wie Donnerhall. Im Süden, an den Gestaden der Donau, hatte Napoleon dem zermürbenden Warten auf Lobau ein Ende gemacht. Der Kaiser hatte sich zwei lange Monate auf die Entscheidungsschlacht gegen die Österreicher vorbereitet. Der Korse setzte seine Divisionen in Bewegung. Über Pontonbrücken, die schwerstem Beschuss standhalten sollten, strömten die französischen Grenadiere in riesigen Kohorten über die Donau. In geschlossenen Blöcken zu je zehntausend Mann rannten die Franzosen und Rheinbundtruppen todesmutig gegen das Zentrum der Österreicher an. Dieser Masse, von der Kavallerie Marschall Murats an den Flanken unterstützt, konnte nichts widerstehen. Die berühmte Gard de Empereur marschierte in stoischer Ruhe über die zerfetzten, ineinander vermischten Körperteile der Gefallenen von Freund und Feind. Das Grauen hatte einen neuen Namen bekommen: Wagram.

Hier hatte Napoleon das Heer des Kaisers Franz zum Rückzug gezwungen. Dessen Feldmarschall Erzherzog Karl bat um Waffenstillstand. Österreich war besiegt. Man beeilte sich, allerorten Dankgottesdienste für den Sieg der französischen Waffen zu zelebrieren. Der Herzog von Mecklenburg-Schwerin überstellte Napoleon eilends eine Depesche, in der er ihm zum grandiosen Sieg bei Wagram gratulierte.

Nachdem die Österreicher um Frieden ersucht hatten und auch die Rebellionen in Tirol und Italien blutig erstickt worden waren, gab es nun auf dem Kontinent keine Macht mehr, die den gestählten Bataillonen Bonapartes widerstehen konnte. Bis auf das verbündete Russland. Dessen Armeen hatte Bonaparte allerdings auch schon zweimal geschlagen. Aber selbst Napoleon hatte wohl nichts in den eisigen Weiten des Zarenreiches verloren. Der dreispitzgekrönte Schatten Napoleons legte sich wie dunkle Schemen über Europa.

Auch in Sankt Marien und Sankt Georgen zu Wismar wurde mehr oder weniger inbrünstig dem Allmächtigen für den Sieg von Wagram gedankt. Malte saß seit neuestem in der Kirche neben Fine, was einer Verlobung gleichkam. Er raunte seiner Liebsten zu, was Gott wohl zu den Feldzügen des Kaisers sage. Fine entgegnete spitz, dass Bonaparte bekanntlich gewonnen habe. „Dann wird es der liebe Gott wohl gutheißen!" Hannes, er saß versetzt hinter den beiden, bemerkte boshaft, dass des Pastors Beffchen fast so imposant wie Napoleons Hut wirke. In der Tat stand der Seelenhirte während seiner emphatischen Predigt mit der linken Hand vor der Brust gleich der bekannten Körperhaltung des Franzosenkaisers.

Das war nicht das einzige Einfuhrprodukt aus dem Lande der Welschen. Der Schatten Bonapartes reichte in der folgenden Zeit weit und wurde länger und länger. Durch die Sperre der Häfen für englische, sprich exotische Waren, wie Tabak, Rum, Baumwolle und tausender weiterer wichtiger Güter geriet der Kreislauf des Geldes aus dem Gleichgewicht. Die französischen Waren sollten das Fehlende ersetzen, waren aber fast unerschwinglich. Während die Manufakturen in Lyon oder Rennes Rekordgewinne verbuchten, blutete halb Europa pekuniär aus. Die Truppen der Großen Armee wurden wieder in die ostelbischen Gebiete verlegt. Auch Wismar, nach wie vor Ingredienz des verbündeten Herzogtums von Mecklenburg-Schwerin, bekam wieder seine Einquartierungen. Dragoner und Füsiliere belegten ein gutes Teil der Stuben in der Hansestadt.

Selbst im Arbeitszimmer des Kantors Haupt hausten drei Füsiliere aus Narbonne. Sie nutzten die Seiten der kostbaren Bände des Barons de Montesquieu als Packpapier für ihre Fourageration. Nur der kleine Anton Johann konnte der misslichen Lage etwas abgewinnen, er hatte sich mit einem schnauzbärtigen Soldaten angefreundet, lernte von diesem seine ersten Brocken Französisch. Weil sich ausgerechnet im Handelshof der Gugels ein hochdekorierter Offizier eingerichtet hatte, schickte der um die Ehre seiner Tochter fürchtende Kantor Josefine dorthin.

Capitän Jaques Menou war ein findiger Gascogner. Da er auf eine weitläufige Verwandtschaft zu einem General verweisen konnte, wurde er von den regelmäßigen Zusammenkünften des Stabes zumeist verschont. So hockte denn Menou auf dem Hofe der Gugels in der GroßschmiedeStraße und flirtete galant mit der jungen Josefine, unterhielt sich aber genauso angeregt mit deren Verlobten. Auch zu einem öfter vorbeischauenden Burschen hatte der Offizier ein gutes Verhältnis. Er erzählte den Wismarer Jungen nur zu gern von Ägypten und Syrien, wo er angeblich vor zehn Lenzen mit dem damaligen General Bonaparte gekämpft hatte. „Ich und Bonaparte …", pflegte er zu sagen. Malte und Hannes klebten an seinen Lippen, denn Menou sprach fast akzentfreies Deutsch. Besonders Hannes war von dem Franzosen angetan. Er erwischte sich dabei, den innigen Wunsch zu verspüren, ebenso wie Menou zu werden. Besonders als dieser offenbarte, kaum zur Schule gegangen zu sein. Ein Pferdeknecht, den es zufällig zur Revolutionsarmee verschlagen hatte. „Ihr seht Monsieurs, heut bin ich Capitän!", triumphierte Menou sichtlich zufrieden.

Durch die massiven Kontrollen im Hafen und selbst im Umland war es mit den Zeiten einträglichen Schmuggels endgültig vorbei. Jedes einlaufende Schiff wurde peinlichst durchsucht, musste seine Ladung anhand von versiegelten Konsularbegleitbriefen nachweisen. Der Hafen Wismars verödete. Mit immensem Aufwand wurde jeglichem Schmuggel entgegengewirkt. Das musste auch Gustav Gugel verdrießlich feststellen, als er von seinem ausgedehnten Aufenthalt in Hamburg zurückkehrte. Der griesgrämige Mann beriet sich mit dem Neffen nebst dessen Kumpan. Seinen Hasenfuß von Bruder ließ er vorsichtshalber außen vor. „Die Lage ist so", begann Gugel mit Fistelstimme. „Die Behörden des Kaiserreichs haben sich an der gesamten Küste eingenistet. Da kommt nichts mehr durch. Seit Napoleon bei Wagram siegte, verlegt er seine Truppen an die Küsten. Mit dem Effekt, dass sich die Soldaten wie die Maden im Speck mästen und gleichsam durch ihre Anwesenheit jede Insubordination gegen die Interessen des Kaisers verhindern." Gugel hüstelte. „In Hamburg munkelt man, dass der Korse nun den Engländern mit einer gewaltigen Kaperflotte begegnen will. Kleine schnelle Schiffe, schwer gerüstet. Nur an seemännisch Erfahrenen fehlt es ihm." Hannes spitzte die Ohren. Aber dann kam Gugel zum Punkt. Er bot den beiden an, wieder eine Fahrt, diesmal bis nach Malmö zu unternehmen. „Dort liegt ein Brite auf Reede, als Kolonist getarnt", verriet er vertraulich zwinkernd. Malte hob abwehrend die Hände. „Nimmer Oheim, ich hab bereits im Fürstenhof gesessen!" Im Gegensatz dazu schien Hannes nicht abgeneigt. Zumindest, wenn man das Funkeln in seinen Augen entsprechend deutete. Aber nicht die neuerliche Offerte des alten Schmugglers erregte ihn. Nein, ihn erregte die Erwähnung der Kaperschiffe. Hannes sah sich schon als Freibeuter von altem Schrot und Korn. Die angeregten Gespräche mit Capitän Menou taten ein Übriges. Gustav Gugel, schon über die klare Ablehnung seines Neffen verstimmt, wandte sich jetzt direkt an Hannes: „Was ist mit Dir?" Zum Verdruss des Alten verweigerte sich auch dieser dem Ansinnen. „Nö, Gugel! Zu viele Fährnisse!", begründete Hannes lapidar seine Haltung. Gustav Gugel spuckte aus. „Bangbüchsen!" Malte schlug Hannes sachte auf die Schulter. „Anerkennung!", raunte er. Der Oheim spuckte Gift und Galle. Er hatte wirklich keine Vorstellung, wie er den Jungen ihre Aufgabe schmackhaft machen sollte. Und ihm winkte ein Gewinn von tausenden Talern! Aber nur, wenn er jemanden fand, der leichtsinnig genug war, den schwedischen Hafen anzulaufen. Gugel hatte fest mit seinem Neffen gerechnet. Der gab ihm jetzt einen Korb. Lautlose Flüche murmelnd saß Gustav Gugel nach dem Weggang der Jungen auf seinem Schemel und starrte ins Leere.

„Das wäre ein Himmelfahrttörn", sagte Malte später. „Stimmt", bestätigte Hannes. Dann schaute er auf, sah auf das klare Profil seines besten Freundes. „Ich glaub, wenn sie nach Männern für die Kaperfahrt suchen, dann meld' ich mich", nuschelte er. Maltes Kopf fuhr herum. „Was redest Hannes? Erst hältst für den Freiheitskampf den Kopf hin, dann dienerst Dich bei den Franzosen an?", hielt er aufgebracht entgegen. „Eben. Als einstigem Schillschen Husaren ist es mir einfach in Wismar zu heiß", entgegnete Hannes entschlossen. Malte gestand sich ein, dass er die Gedanken seines Freundes nicht ganz nachvollziehen konnte. Aber es klang überhaupt nicht wie ein Scherz. Hannes blickte jedenfalls todernst drein. Malte beschloss aber, das Gerede nicht ernst zu nehmen, der Freund hatte schon des Öfteren solch Albernheiten von sich gegeben. Bald war das Gespräch vergessen. Die Ereignisse des täglichen Lebens nahmen weit mehr Zeit in Anspruch.

Zwei aufeinander folgende Missernten besonders im südlichen Raum trieben die Preise für Lebensmittel in astronomische Höhen. Obwohl die Ernte an den wendischen Küsten noch leidlich ausgefallen war, nahmen die Requirierungen seitens der Besatzungsmacht bald gewaltige Dimensionen an. Die Grande Armée versorgte sich aus dem Lande. Das führte auch in Wismar zu drückender Not. Scharen hungernder Tagelöhnerkinder aus dem Umland machten die Gassen der Stadt unsicher. Ein Hering schlug im Sommer 1810 mit fast fünfzig

Hellern zu Buche. In ruhigen Zeiten kostete ein Fisch um die fünf. Der Seehandel brach völlig ein, der Hafen verwaiste. Selbst die Ernennung des napoleonischen Marschalls Bernadotte zum schwedischen Kronprinzen wirkte sich nicht so segensreich wie erhofft aus. Die nordische Macht blieb gegenüber dem von Frankreich beherrschten Kontinent sehr reserviert. So drückte es Kantor Haupt aus. Auch auf seinem Tisch war Schmalhans der Küchenmeister. Da die Ausbildung des kleinen Anton Johann schwer zu Buche schlug, schrumpfte nach und nach auch der Inhalt des Sparstrumpfes. Ebenso erging es dem Stadtsäckel, die Ausgaben überstiegen bei weitem die immer spärlicher fließenden Einnahmen. Die Stadtkasse war leer, was sich auf alle städtischen Beamten auswirkte. So war es ein Segen, dass der Eidam des Öfteren mit seltenen Leckereien vorbeischaute. Der Handelshof der Gugels ging trotz der Krise noch recht gut. Das war mehr dem Engagement des Sohnes als der Geschäftstüchtigkeit seines zaudernden Vaters geschuldet. Von seinem Oheim hatte Malte seit der Unterredung auch nichts mehr gehört. Der grollende Schmuggler hüllte sich in Schweigen. Fine war bereits der Familie zugehörig, sie half im Kontor aus.

„Schon wieder diese widerlichen Salzstreuer!", rief das Mädchen als es eine kürzlich eingetroffene Kiste öffnete. Sie hielt Malte das bunt bemalte Gefäß entgegen. Es stellte einen kleinen Napoleon dar, aus dessen überdimensionierten Hut das Salz rieseln sollte. „Bonaparte als Riechsalzschatulle, Pfeifenkopf, auf der Kehrseite von Handspiegeln und auch sonst überall! Es sollte mich wenig wundern, wenn es ihn bald als Nachttopf gibt", lachte sie. Der Gedanke gefiel ihr. Auch Malte fiel in das helle Lachen ein. „Man müsste einmal mit der Manufaktur reden. Das wäre ein Renner! Auf den Kaiser pinkeln ..." Er trat hinter Fine, umfasste ihre Hüften. Sie drehte sich um, umschlang mit beiden Armen seinen Hals. „Man wird Dich wohl jetzt nicht mehr Napoleon nennen!", hauchte sie. „Will's hoffen!", flüsterte Malte. Wirklich hatte sich Napoleon vor kurzem von Josephine de Beauharnais getrennt, um sich mit der jungen Erzherzogin Marie Luise von Österreich zu vermählen. Der Korse setzte fortan auf ein Bündnis mit Habsburg.

Die Bürger der alten Hansestadt an der Wismarbucht setzten weder auf ein Bündnis mit den Habsburgern noch mit sonst jemandem. Sie brauchten nur aus dem Fenster zu schauen, um zu erkennen, was ihnen die unliebsame Besatzungsmacht bescherte: Teuerung, Not, Elend und viele uniformierte Gäste. Die Soldaten schienen zu glauben, dass die sich in Feindesland befanden. Zumindest führten sich Dragoner, Chevaulegers oder Grenadiere so auf. Einzig der Handelshof der Gugels war eine Insel im Chaos. Dem noch immer hier residierenden Capitän Menou war der Dank geschuldet. Mehr als einmal hatte er die marodierende Soldateska gemaßregelt. Die Entscheidung des Kantors Haupt, Josefine hier unterzubringen erwies sich als richtig. Aber es gelangte nicht nur rohe Gewalt in Gestalt der Franzosen bis Wismar. Auch die hehren Gedanken der französischen Revolution sickerten in die Köpfe der Geknechteten. Leider aber auch die pervertierten Ideen der unverhüllten Gewaltherrschaft Maximilians Robespierres. Besonders die älteren Soldaten sprachen oft darüber. Nicht nur untereinander. So manch tumber Tagelöhner sah auf dem Marktplatz im Geiste ein Fallbeil stehen, wo Missliebige ohne Federlesens einen Kopf kürzer gemacht wurden. Es wurde nächtens gefährlich in den Gassen. Es waren eben nicht nur französische Soldaten, die sich an die Geldbeutel biederer Bürger heranmachten.

„Hast gehört, sie haben den alten Schonermann überfallen!", erzählte Hannes eines abends. Er saß im Kontor und sah Malte bei dessen emsiger Rechnungsprüfung zu. Jener hörte ihn nur mit halbem Ohr, er suchte einen bestimmten Warenposten, der sich seinem Blick immer wieder entzog. „Wo ist nur der vermaledeite Wisch vom Rheinischen Wein?", sprach Malte zu sich selbst. Endlich entdeckte er den verschwundenen Beleg unter dem Pult. Erleichtert atmete der Junge durch. „Der Mann liegt blessiert daheim!" Malte wendete sich Hannes zu: „Wer liegt wo?"

„Na der Schonermann nach dem Übergriff der Spitzbuben!"

„Ach so", war Maltes Kommentar. Er hatte wahrlich andere Sorgen. Bestellte Waren gingen nicht ein, wenn dann waren sie erheblich teurer als veranschlagt. Üble Misere! Dazu kam der stetig fallende Wechselkurs des Franc gegenüber dem im norddeutschen Raum bisher vorherrschenden Reichstaler. Aber, um den Franc kam man nicht herum. Gar zu viele Waren wurden aus Frankreich herangeschafft. Die restriktive Handelspolitik des Kaiserreichs ließ grüßen.

Hannes hockte noch immer tatenlos auf seinem Schemel. Er erkannte, dass seinen Freund derzeit andere Sorgen plagten, als der banale Klatsch über die Geschehnisse in Wismar. Dabei hatte Hannes aber noch Wichtiges auf dem Herzen: „Du Malte, bei nächster Gelegenheit gehe ich." Malte schaute überrascht auf: „Wohin?" Hannes hob die Schultern. „Kann's nicht sagen, Schweden, Preußen oder sonst wo hin!" Malte trat auf Hannes zu, tat verständnisvoll: „Wegen Deiner Eskapaden mit den Schillschen?" Schweigend nickte sein Gegenüber. Er fühlte, dass sich etwas tat. Hannes konnte aber nicht erkennen, woher die Gefahr drohte.

Schon bald sollte ihm Gelegenheit gegeben werden, allerdings zu völlig anderen Gegebenheiten als angenommen. Ursache war ein herrisches Schreiben Napoleons an den Schweriner Herzog. Hier legte Bonaparte dem mit zitternden Händen lesenden Friedrich Franz wärmstens nahe, dem Empire gefälligst mit mehr Inbrunst zur Seite zu stehen. Das Schreiben schloss, dass der Kaiser noch über genügend teure Verwandte verfüge, die gegen eine Herzogwürde von Mecklenburg-Schwerin nichts einzuwenden hätten. Dem Herzog wurde schwarz vor Augen, er ließ sich auf das Kanapee fallen. Man wusste aus Erfahrung, der Korse fackelte nicht lange. Hatte er doch die Bourbonen Spaniens, das Haus Braganza von Portugal und ganz zu schweigen von den italienischen Monarchien ihrer Ländereien und Kronen beraubt. Die verdeckte Drohung war demnach ernst zu nehmen. Bitterernst. Der Herzog griff zum Glöckchen. Es stand griffbereit auf einem Tischchen links neben der Chaiselongue. „Hol mir den Kommerzienrat von Weilsen!", befahl er dem dienstfeifrig zueilenden Lakaien.

Nachdem der hohe Beamte eingetroffen war, zeigte ihm sein Souverän wortlos die kaiserliche Depesche. „Was können wir tun?", fragte er ratlos. Der Kommerzienrat strich sich über den kahlen Scheitel. „Böse Sache", nuschelte er. Die Herren grübelten. Dann richtete sich Weilsen auf, strich sich über den Gehrock. Sein Herzog sah ihm erwartungsvoll an. „Der Kaiser braucht doch dringend seemännisches Personal ...", begann er. Mit wachsender Begeisterung hörte Friedrich Franz I.. zu.

Das Resultat der Unterredung konnte man zum Anfang des Oktobers in allen Hafenstädten des Herzogtums bestaunen. Überall prangten Plakate, die zum Dienst in der Flotte des ruhmreichen Kaiserreichs aufriefen. Jedem Fahrensmann wurden 50 Taler Handgeld, guter Sold und selbstverständlich die ihm zustehenden Prisenanteile zugesichert. Dem Rat Wismars wurde allerdings ein gesondertes Schreiben zugestellt. Es beinhaltete ohne Wenn und Aber, Wismar hätte in jedem Falle fünfzig Matrosen zu stellen. Der Bürgermeister erbleichte nachdem er die Depesche gelesen hatte. „Unsere Schiffer mögen ja treu und wagemutig sein, aber kaum einer von ihnen wäre so töricht, sich in den Schlund eines erbarmungslosen Kaperkrieges zu begeben. Da hilft auch der inflationäre Sold und das fürstliche Handgeld nicht!", sagte er zum Stadtkämmerer, der seit geraumer Zeit gähnende Leere verwaltete. „Wie mag sich Seine Durchlaucht das wohl vorstellen?", fragte sich der Bürgermeister. Dass der Herzog den Franzosen bei der Überwachung der Küsten eifrig zur Hand ging war man schon gewohnt, aber warum wünschte er plötzlich, seine Landeskinder in den Krieg zu schicken? Der Pfarrer von Sankt Marien, er weilte zufällig im Ratssaal, bekannte guttural, dass die Wege der Fürsten ebenso wie die Wege des Herrn manchmal unergründlich seien. „So ist's wohl!", stimmte ihm der Bürgermeister zu. Dann setzte er wieder seine bekümmerte Miene auf, seit langer Zeit hatte er sich an dieses Gebärdenspiel gewöhnen können. „Ob sich überhaupt jemand meldet?", mischte sich der Ratsherr Schmude ein. „Man wird es sehen!", antwortete der Bürgermeister, wobei er wehmütig auf seine Amtskette herabblickte.

Der herzogliche Aufruf fand in der Tat wenig Widerhall. Wohl bildeten sich vor den Anschlägen große Gruppen diskutierender Fahrensmänner. Aber was die Bediensteten der Hansestadt in die Amtsstuben trugen verhieß nichts Gutes. Nichte einer, weder Steuerleute noch Matrosen geschweige denn Kapitäne waren willens, gegen die bekannt zielsicheren britischen Kanonen anzurennen. Man wusste, was einem aufgebrachten Kaperer blühte.

„Da liegen etliche Seeleute auf der faulen Haut, aber keiner besitzt den Schneid!", teilte der Bürgermeister betrübt einem eigens angereisten herzoglichen Emissär mit. Der Beamte runzelte die Stirn. Er wusste, dass der Herzog dem Kaiser bereits begeistert von seinen willigen Landeskindern berichtet hatte. In einer unverbindlich gehaltenen Zuschrift hatte Napoleon daraufhin die Bestimmungshäfen für die mecklenburgischen Korsareneleven mitgeteilt.

„Je note vous avez compris, moi! N."

Das prangte nachlässig hingeschmiert unter dem offiziellen Anschreiben. „Sie haben mich begriffen!" Der Kaiser war zufrieden gestellt. Dem Beamten allerdings schwante, dass sich sein ungeschickt agierender Herzog wieder einmal zu weit aus dem Fenster gelehnt hatte. „Wenn Sie nichts tun, dann handeln unsere Verbündeten!", sagte er warnend. Dem Bürgermeister wurde heiß und kalt. Da kam womöglich neben den üblichen Repressalien nun auch noch eine groß angelegte Razzia nach Seeleuten auf die Hansestadt zu. „Ergebensten Dank, Durchlaucht!", murmelte er leise.

Hannes stand lange vor dem Rathausportal. Am Baugerüst prangten die verschiedensten Bekanntmachungen. Und dort, direkt neben dem Steckbrief eines Postkutschenräubers hing der Aufruf. Dort stand es schwarz auf gelb, gesiegelt mit dem herzoglichen Wappen. Man suchte also wirklich Freiwillige für die Kaperfahrt. „Bürschchen, die brauchen erfahrene Seefahrer, keine Schiffsjungen!", rief ihm ein bulliger Zimmermann vom Dach des Rathauses zu. „Hast Du ne Ahnung!", nölte Hannes zurück. Immerhin war er so etwas wie ein Kriegsheld. Weitere Passanten gesellten sich dazu. Ein graubärtiger Fahrensmann schüttelte das Haupt. „Nej, Nej, die werden noch janz Wischma zu Tortuga machen!" Er schaute sich beifallsheischend um, aber mit Tortuga konnte keiner etwas anfangen. Nur in den seemannsgarngespickten Geschichten der Schiffer kam das karibische Piratennest vor. Der streitlustige Zimmermann fuhr indessen fort, den langen Burschen zu necken. „He Lütter, da jeht Dir der Arsch auf Grundeis!" Hannes warf einen finsteren Blick zum Dach des Rathauses. Er konnte sich lebhaft vorstellen, wie er diesen aufgeblasenen Hammerschwinger dort oben mit einem Schuss aus einem Achtpfünder auf den harten Boden der Tatsachen holte. Dann aber gab er sich einen Ruck, ging festen Schrittes auf das Portal zu. Mitleidige Blicke der Umstehenden begleiteten ihn. Die Würfel waren gefallen.

9. Kapitel

Die Glocke von Sankt Marien schlug fünf, als Malte gereizt aus den Amtsräumen des Hafenmeisters Harms kam. Der Alte hatte ihm eröffnet, dass vorerst kein mecklenburgisches Getreide verschifft werden dürfe. Kontinentalsperre. Trotz der aufgebrachten Vorhaltungen, dass Schweden unter dem Kronprinzen Bernadotte verbündet sei, blieb der Beamte stur. Da saß das Handelshaus der Gugels nun auf etlichen Scheffeln von Getreide fest. Das Korn war noch im Vorjahr vom schwedischen Kontor Köpensteeg in Landskrona geordert worden. Nun machten ihm die Franzosen mit ihren wirren Restriktionen einen Strich durch die Rechnung. Lautlose Flüche ausstoßend stürmte Malte heim. Zu allem Überfluss würde er sich auch noch die Gardinenpredigten seines Vaters anhören dürfen. Der alte Besserwisser hockte zumeist in der Schreibstube und mäkelte an jedem Geschäftsvorgang herum.

Auf dem Markt bremste Malte seine Schritte, überlegte. Er sah sich um, niemand folgte ihm. Ein kurzes Zögern, dann verschwand der Volontär in einem dunklen Giebelhaus an der Hegede.

Es war lange her, dass er hier gewesen war. Ein dunkler Flur tat sich auf, es roch modrig. ‚Der Oheim könnte auch mal wieder lüften!', dachte Malte bevor er lautstark an die Tür klopfte. Lange geschah nichts. Auf erneutes Klopfen hin, erklang drinnen ein heiseres Husten, Schritte schlurften. „Wer da?", erklang die wohlbekannte Fistelstimme. „Ich bin's Oheim! Dein Neffe!", rief Malte. Stille. „Oheim?" Nichts geschah. Dann, nach einer kleinen Ewigkeit, rührte sich etwas an der Tür. Knirschend öffnete sie sich. Vor Malte stand Gustav Gugel, in einen Morgenmantel gehüllt, Filzpantinen an den Füßen. Das Haupt war von einer Zipfelmütze gekrönt. „Was willst!?", keifte der Alte. „Erlaubt Ihr mir einzutreten?" Malte drehte verlegen die Mütze in den Händen. Als er seines Oheims so ansichtig wurde, überkam ihn Mitleid mit dem alten Manne. Die Fenster waren vernagelt, auf den Dielen lag der Staub daumendick. Nichtsdestotrotz standen die bekannten Ordner penibel angeordnet in den uralten Regalen. Schweigend bedeutete der Oheim einzutreten. Gebückt trippelte er vor Malte her auf seinen Korbsessel zu. Ächzend ließ sich Gustav Gugel nieder. „Was führt Dich zu mir?", fragte er mit drohendem Unterton. Malte schluckte. Wieder war er von unfassbarer Scheu vor diesem schwächlichen Greis erfüllt. „Oheim, unser Hof, es geht bergab. Ich wollt fragen …" Mit einem Ruck erhob sich der Alte. Keine Spur mehr von Hinfälligkeit, dagegen ging Gugel aufrecht zum Regal, öffnete ein verborgenes Fach und begann seine Pfeife zu stopfen. Der genau beobachtende Malte bemerkte den goldglänzenden Pfeifenkopf, ihn überkam eine beispiellose Ahnung. Dieser gerissene Gauner mimte nur den debilen Greis! Darum das verwahrloste Anwesen, der lächerliche Aufzug. Der Oheim entzündete einen Fidibus, blaue Tabakwolken umwallten ihn. „Nun kriechst zu Kreuze, hast mich schnöde im Stich gelassen!", schimpfte Gugel weiter. Dann setzte er sich wieder. Diesmal hoheitsvoll. „In der Bucht, beim nächsten Vollmond! Droben unter Hohenkirchen bei Beckerwitz!", schnarrte der Oheim. „Was?", wunderte sich Malte. Er war fassungslos, dass der Alte sofort zur Sache kam. „Ein schwedischer Schoner, sie landen dort Kaffee und Färbehölzer!", fuhr Gugel unbewegt fort. „Was soll ich dabei besehen?", fragte Malte. Es war fast wie früher. Gustav spitzte die Lippen, der Tabakrauch bildete Ringe. „Du und Westphal, dazu mein Kompagnon Sven Törens. Ihr bringt die Ware nach Proseken, in die alte Scheune links abseits vom Fahrweg. Das Weitere wird sich ergeben." Als der Alte den Namen seines angehenden Kumpans nannte, zuckte Malte unwillkürlich zusammen. Dieser Kerl hatte einen üblen Leumund, galt als wüster Trunkenbold und Schläger. „Mit dem?", fragte er unwillig. „Mit Törens oder Du lässt es", antwortete Gugel spitz. Dann lehnte er sich zurück, bemerkte, dass für jeden hundert Taler anhingen. Malte pfiff unwillkürlich. Damit hätte er einen Großteil der Verluste aus dem geplatzten Getreidehandel ausgeglichen. „Hand drauf!", sagte Malte und bot dem Oheim die Rechte. Jener hielt es jetzt für angebracht, wieder gebrechlich zu wirken, kichernd schlug er ein.

Wieder auf der Straße machte sich Unbehagen breit. „Worauf lass ich mich ein?", schoss es Malte in den Sinn. Als Fine ihn auf dem Hof liebevoll begrüßte überkamen ihn weitere Zweifel. „Was ist Dir, mein

Liebster?", fragte Fine. Malte winkte ab. „Das Korn aus Mecklenburg, es liegt hier fest! Wir dürfen es nicht verschiffen!", sagte er betrübt. „Und? Dann verkaufen wir es als Fourage an die Franzosen!", wandte Fine ein. Finster winkte Malte ab: „Mit deren Obligationen kann man sich den Hintern abwischen! Der olle Schuster von gegenüber trabt Woche für Woche zum Rathaus, um seine Rechnungen von 1808 einzutreiben. Stets kommt er bedeppert ohne klingende Münze wieder."

„Besser Schuldverschreibungen als nichts!", beharrte Fine. „Malte!", lärmte es von oben. „Komm auf der Stelle rauf!" Der Gerufene verdrehte die Augen. „Ich könnt den Alten an den Mast eines Fischerbootes binden und bei straffem Südwest auf die Ostsee schicken. Soll er doch die Schweden oder Dänen triezen!", maulte er. Fine warf ihm nachfühlend scherzend einen Handkuss zu.

Just in dem Augenblick als Malte im Domizil seines alten Herrn verschwand, betrat ein erlesen gekleideter junger Herr den Hof. „Hannes! Bei allen Heiligen! Wie siehst Du denn aus!", staunte Fine. „Hast in der Lotterie gewonnen?"

„Mitnichten!", sprach Hannes geschwellt. Fine stemmte die Arme in die Seiten. „Was dann?" Hannes, bestrebt Haltung zu wahren, antwortete: „Ich, Johannes Westphal aus Wismar, habe heute meine Bereitschaft bekundet, in der Marine seiner Majestät zu dienen." Fine stand reglos, es hatte ihr die Worte verschlagen. „Du hast, Du bist …" Nun gab Hannes sein vornehmes Gebaren auf. „Ja Kleine, im Nebelung zieh ich ein. Nach San Maló. Glaub mir, es ist das Beste, für alle", sagte er stockend. Fine schimpfte los: „Bist von allen guten Geistern verlassen!? Kann man Euch Lausebengel nicht einen Augenblick aus den Augen lassen?" Hannes wünschte, im Erdboden zu versinken. Dennoch stand er aufrecht. „Ich wollt' mich verabschieden", sagte er kalt. Nun gab auch Fine ihre abwehrende Haltung auf, sie fiel dem Burschen um den Hals. „Ach Hannes!", schluchzte sie. Zur Unzeit erschien Malte auf der Treppe. „Was geht denn hier vor?", erkundigte er sich befremdet. Er sah jedoch sogleich Fines tränenüberströmtes Antlitz, dann Hannes' edle Kleidung. „Du hast doch nicht …", sagte er tonlos, obwohl er sehr wohl wusste, was Hannes angestellt hatte. Schon zu lange bekundete sein Freund diese verhängnisvolle Absicht. Niemals wollte Malte daran glauben, doch seit Hannes auf verschlungenen Wegen aus Stralsund zurückgekehrt war, gab es für diesen keine Ruhe mehr. Und Malte erkannte noch mehr: Hannes war um keinen Preis der Welt mehr umzustimmen. „Ich wünsch Dir Glück." Das war alles was Malte hervorbrachte. Er drückte dem Freund wortlos die Hand, als ihm urplötzlich der alte Gustav Gugel in den Sinn kam.

„Wann ziehst aus?", fragte er. Die Antwort fiel zufrieden stellend aus: in zwei Wochen. „Hannes wir müssen reden", sagte Malte bestimmt. Fine warf beiden Jungen fragende Blicke zu, doch das Vorhaben musste unter vier Augen erörtert werden. Ahnungsvoll warf das Mädchen ein, dass der Liebste doch wohl nicht wiederum mit dunklen Kreisen kungelte. „Nimmer mein Schatz", versicherte Malte und zwinkerte unmerklich Hannes zu. Er war sich sicher, dass sein Freund dabei sein werde.

„Ich hab hier nichts mehr zu verlieren", stellte Hannes nüchtern fest, als ihm Malte spät in der Nacht von seinem Besuch bei Gustav Gugel berichtete. „Aber Du!", wandte Hannes ein. „Willst alles aufs Spiel setzen, den Hof, Deine Josefine!? Malte nickte mit gesenktem Blick. „Noch einmal kann Dir der Kantor Haupt nicht zur Seite stehen." Es war merkwürdig, dass gerade der leichtsinnige Freund Malte ins Gewissen redete. Jener stand auf, ging im Raum auf und ab. „Es muss sein, wir brauchen das Zubrot. Ansonsten ist der Hof verloren." Auch Hannes erhob sich. „Dann wird es sein!", sagte er bestimmt.

Drei Tage später rundete sich der Mond. Die beiden waren schon am Vormittag nach Mecklenburg aufgebrochen. Hier stieß der feiste Törens mit einem Pferdefuhrwerk zu ihnen. Er verbreitete einen scheußlichen Geruch von billigem Tabak und selbst gebranntem Schnaps. „Hoch mit Euch, Deerns!", lallte er zur Begrüßung. Nachdem sie auf dem Fuhrwerk Platz genommen hatten, zeigte Hannes durch eine viel sagende Geste an, was er von ihrem neuen Kumpan hielt. Törens wurde indes nicht müde, auf Gustav Gugel zu schimpfen. Unflätige Flüche begleiteten die Fahrt. „Dieser Schurke, er schuldet mir an die zweihundert Taler!", wiederholte Törens fortwährend. Malte, er lauschte schweigend den Tiraden, konnte sich keinen Reim darauf machen, warum sein Oheim gerade diesen Übelwollenden mit der heiklen Mission betraute.

Mit dem letzten Tageslicht erreichten sie die Höhen beim Weiler Wieschendorf. Vor ihnen erstreckte sich die Wismarbucht. Schemenhaft zeichnete sich die gegenüberliegende Küste mit der Insel Poel ab. Es herrschte Flaute. Kein Lüftchen regte sich. Törens sog geräuschvoll die Luft ein. „Ein gut' Nacht, das Beutel aufzubessern!", röhrte er lauthals. „Geht's auch leiser?", ließ sich Hannes dumpf vernehmen. Maltes Augen suchten den Horizont ab, aber nirgends zeichnete sich die Silhouette eines Schiffes ab. „Sie werden schon abgelandet haben!", brüllte Törens in seinem unvergleichlichen Undeutsch. Er trieb die Zugtiere, zwei alterschwache Schindmähren, zur Eile. Es war jetzt stockdunkel, hohe Schleierwolken wie vor einem Wetterwechsel verhüllten den Himmel. Dennoch war im Osten diffus der aufgehende Mond zu erkennen. Der Erdtrabant verbreitete gespenstisches Licht. Einmal fiel Malte ein metallisches Blitzen am Ufer auf, aber er vermutete eine Sinnestäuschung. „Wo sind sie?" Hannes bemühte sich eifrig, irgendwas zu erkennen. Die Wellen plätscherten leise. „Da!", rief Malte und zeigte auf einen dunklen Haufen am steinigen Strand. „Sie waren schon hier!", lachte Törens dröhnend. „Los bringt das Zeugs her!", kommandierte er. „Du hilfst mit!", sagte Hannes drohend, während er mit Schwung auf ebene Erde sprang. Statt einer Antwort machte Törens Anstalten die Peitsche zu schwingen, als ein donnerndes Krachen die Luft erfüllte. Vom Ufer stiegen schreiend Möwen auf. Törens krümmte sich, fiel rücklings vom Bock. Hannes und Malte duckten sich, sahen in vierhundert Ellen Entfernung eine Pulverwolke aufsteigen. Dunkle Gestalten rannten von beiden Seiten auf das Fuhrwerk zu. „Verrat!", keuchte Malte. Weitere Schüsse hallten. Widerlich pfiffen die Kugeln. „Komm!", schrie Hannes geistesgegenwärtig. Er hatte erkannt, es gab nur Rettung in der See. Auch diese letzte Option war aufgrund des eisigen Wassers ein Hasard mit dem Tode. Mit dem Mut der Verzweiflung stürzten die Jungen ins eisige Ostseewasser. Malte glaubte vor Kälte zu erstarren, mit Todesverachtung watete er weiter. Wie ein Schatten blieb Hannes neben ihm. „Le fraudeur retourne! Immédiatement bandits! ", schallte es hinter ihnen her. Weitere Schüsse, diesmal etwas dünner, krachten. „Das sind ihre Pistolen!", japste Hannes. „Nu kummt trüch! Ehr werdet Euch verchöhlen!", erklangen weitere Rufe. Das mussten herzogliche Büttel sein. Da war also der gesamte Segen beisammen. Malte wandte sich um, sah in fünfhundert Ellen Entfernung den steinigen Strand von Zöllnern und Gendarmen mit Fackeln und Laternen wimmeln. Pulverdampf stieg auf. Die Uniformierten schienen das eisige Wasser zu meiden. Gott sei's gedankt! Da, der dort mit dem Zylinder, Malte glaubte zu erstarren, das war er, der Commissarius Wenz! Die Wasser der Bucht reichten mittlerweile bis zur Brust. Kälte kroch den Körper hoch. Hannes fasste ihn am Arm, zog Malte nach rechts. „Zum Schiffersarg!", flüsterte er schlotternd. Das war die letzte Chance. Der Schiffersarg war ein mächtiger sargförmiger Findling vor der Küste, der bei Niedrigwasser einige Fuß aus der See ragte. Der Sage nach spukten dort die Seelen von ertrunkenen Seeleuten, auch sei zuweilen in ruhigen Nächten ein rätselhaftes Leuchten zu sehen. Malte und Hannes waren aber jetzt die Seelen der Abgeschiedenen und sämtliche Höllengestalten gleich. Sie wussten genau, nur auf dem Stein gab es Rettung. Vor ihnen tauchte ein dunkler Schatten auf. Das war er! Mit letzter Kraft schafften es beide, sich auf den mit glitschigen Algen behafteten Felsblock zu ziehen. „Mist!", entfuhr es Malte. Sein Freund lag mit ausgebreiteten Armen auf ihm. „Hannes!?" Keine Antwort. „Hannes, sag doch was!" Malte wälzte sich herum, bemerkte die warme klebrige Flüssigkeit. Kein Zweifel, der Freund war getroffen. So gut es ging bettete Malte den Bewusstlosen auf den harten Fels, schob ihm sein einzig trockenes Kleidungsstück unter den Kopf: die Mütze. Während am Strand die Schergen auf und ab liefen und versuchten etwas zu erkennen, untersuchte Malte seinen Freund. Erleichtert stellte er fest, Brustkorb und Bauch waren unversehrt. Aus einer langen Wunde an der linken Schulter sickerte das Blut. Ein Streifschuss. Bedenklich war der Blutverlust. Und wie sollte er den Freund von hier wegbekommen? Am Ufer kehrte Ruhe ein. Malte hörte die bruchstückhaften Worte: „abgesoffen ..." Hannes regte sich wieder, die Ohnmacht war vorbei. „Alles klar?", stöhnte er überflüssigerweise. Dann spitzten beide die Ohren. Die Häscher schienen abzurücken. Am Ufer konnte man auch keine glimmenden Fackeln mehr ausmachen. Jene glaubten die beiden Schmuggler erledigt. Woher sollten sie auch vom Schiffersarg wissen? Der flache Basaltfindling war bei Dunkelheit vom Strand her kaum auszumachen.

In der Ferne wieherten Pferde. „Du Malte, mich deucht, die sind weg!", sagte Hannes mit schwacher Stimme. Er fügte dann rotzig hinzu, dass hier alles Heulen und Zähneklappern sei. Ohne etwas zu sagen strich ihm Malte über die Stirn. „Wir warten noch", sagte er entschlossen. Dann beugte er sich zum auf dem Rücken liegenden Freund herüber. „Wirst es schaffen?", fragte er besorgt. Hannes richtete sich auf, nickte wortlos. Sie warteten. Keiner konnte sagen, ob sich nicht weitere Häscher am Strand verbargen. „Die Sache ist verraten worden", stellte Malte fest. Er zitterte am ganzen Körper. Ob vor Wut oder Kälte, er vermochte es nicht zu sagen. In Maltes Kopf spukten Gedanken, wie sie infernalischer nicht vorstellbar waren. Und ein diffuser Verdacht keimte in ihm auf. Neben dem jungen Volontär des Handelshauses Gugel ächzte dessen verwunderter Freund. Hannes war krampfhaft bemüht, sich nichts anmerken zu lassen. Aber der blessierte Arm schmerzte ungeheuer. Und zu allem wanderten leise die langen Wellen der Ostsee in Richtung Festland. Weit hinten, nach Poel hin, konnte man weiße Schaumkämme im Mondlicht ausmachen. So kündigte sich gewöhnlich stürmisches Wetter an!

„Hannes! Jetzt oder nie!" Maltes Stimme überschlug sich. Es konnte kommen was wollte, aber auf diesem Leichenstein konnten, durften sie nicht länger verweilen. Er umfasste den Kumpan, achtete darauf, dass der verletzte Arm frei blieb, und schleppte den kraftlosen Körper mit sich. Sekunden streckten sich zu Stunden. Der Strand schien sich zu verlagern. Immer weiter entfernt erschien der rettende Steinstreifen des Strandes. Es war mittlerweile einerlei, ob dort Franzosen oder Herzogliche lauerten. Nur bis zu den Gestaden musste man gelangen. Hannes stöhnte auf. Malte spürte nicht die beißende Kälte des Wassers, nicht den schneidenden Wind. Dieser hatte aufgefrischt, eine steife Brise blies von Nordost. Die Wellen brachen sich. Noch fünfzig Ellen. Eine Woge überspülte beide. Es wurde tiefer. Das Wasser stand fast bis zum Hals. Wie immer an flachen Meeresufern. Malte umklammerte seinen Freund. Es erschien ihm, Hannes würde wieder ohnmächtig. Endlich war das rettende Ufer erreicht. Mit letzter Kraft schleppte Malte seinen leblosen Freund zur Uferböschung. Hier war man vor unliebsamen Blicken geschützt. „Besten Dank fürs Tragen!", stöhnte Hannes. Er konnte den Schalk einfach nicht abstreifen. Malte deutete einen Faustschlag an. „Für Dein Simulieren!", sagte er mühsam scherzend. Er war fertig. Trotzdem sie unbehelligt an den Strand gelangt waren, wie sollten sie heimkommen?

Malte ließ den Freund eine Weile ruhen, bevor sie sich unter Aufbietung der letzten Kräfte aufmachten.

Zur selben Zeit schaute sich Wenz triumphierend um. Er sprang in seine dunkle Kalesche, die bei Hoben gewartet hatte. Er rief dem Gendarmerieleutnant Krause noch letzte Instruktionen zu und bedeutete dem Kutscher die Peitsche zu schwingen. Während die Kalesche nach Wismar raste, streckte sich der Commissarius auf dem gepolsterten Sitz wohlig aus. Das lange Warten lohnte sich. Die Dummköpfe waren auf frischer Tat ertappt. Gut, dass sie sich daselbst in ihr Schicksal ergeben. Dem Schmugglerunwesen in und um Wismar hatte er mit dieser Aktion den Todesstoß bereitet. Er würde in frühester Morgenstunde den städtischen Ausrufer mit der Kunde vom Ende der Bande in die Straßen schicken. Die Leiche des erschossenen Törens würde man als abschreckendes Exempel auf dem Markt zur Schau stellen. Wenz wusste genau, dass solch grauenhafte Demonstrationen mehr als jedes noch so eindringliche Pamphlet bewirken vermochte. „Ich kriege jeden! Früher oder später!", feixte der Elsässer selbstzufrieden. Er holte einen zerknitterten Kassiber aus der Tasche. Wer mochte ihm den Hinweis vor zwei Tagen gesandt haben? Wie dem auch sei, der unbekannte Zuträger hatte ganze Arbeit geleistet. Und wenn Der unbekannt blieb, umso besser. Die ausgesetzte Prämie für jeden ergriffenen Schmuggler konnte auch Wenz daselbst gut brauchen. Als seine Chaise das Lübische Tor passierte, erfuhren es bereits die dort Dienst tuenden

Soldaten. Wenz konnte sich nämlich nicht enthalten, sich aus dem schmalen Zugangsfenster der Droschke zu lehnen und den Wachenden die frohe Neuigkeit zuzubrüllen. In seinen tief liegenden Augen spiegelte sich Triumph. Morgen würde er einige Stadtknechte mit dem Gebot ausschicken, nach den Ertrunkenen zu suchen.

Die vermeintlichen Ertrunkenen machten zwar äußerlich den Eindruck Wasserleichen zu sein, waren ansonsten aber noch quicklebendig. Sie tasteten sich gerade auf einem Schleichweg nach Hoben voran. Malte stützte nach wie vor Hannes, der zu seiner Erleichterung feststellte, dass sein Blut nicht mehr den Arm herab rann. Endlich wurden sie im alten Gehöft am Dorfrand eines Lichtes ansichtig. Hier lebte der alte Schmeck, ein weitläufiger Verwandter Maltes. Der Großvater war ein wunderlicher Kauz, der hier allein mit einer Schar Katzen sein Leben fristete. Aus irgendwelchen Gründen wurde der Alte von allen gemieden, selbst Malte hatte seinen Verwandten seit Jahren nicht mehr gesehen. „Der muss uns helfen!", flüsterte Malte. Hannes, dem mittlerweile alles gleich war, den es nur etwas Wärme oder zumindest Trockenheit verlangte, nickte zustimmend. „Gevatter Schmeck!", rief Malte möglichst leise während er an die Hofpforte klopfte. Drinnen wurde Gemurmel hörbar. Ob der Alte nicht allein war, gar mit grauslichen Gespenstern paktierte? Nicht umsonst bekreuzigten sich die Marktfrauen, wenn der vom Alter gebückte Mann gelegentlich ihre Stände besuchte. „Welch Beelzebub stört meinen Frieden!?", erklang eine dumpfe Stimme. Sie kam vom Erker her. Hannes und Malte schauten nach oben. Dort schob sich ein wirrer Haarschopf aus einer Fensteröffnung. Der Alte fuchtelte mit einer Sense. „Goht dahin von wo Ihr gekomme! Hier gibt's nichts zu holen! Verfluchte welsche Brut!", keifte Schmeck. „Gevatter, wir sind keine Franzosen! Ich bin's, Dein Großneffe Malte Gugel aus Wismar!"

„Ho, entschwindet, bevor ich runter komm!", belferte der in seiner Ruhe Gestörte weiter. „Wir brauchen Hilfe, mein Freund ist blessiert!", rief Malte kläglich. Er machte zwei Schritte rückwärts, worauf abrupt ein grelles Kreischen erfolgte. Eine der Katzen des Alten hatte sich hinterrücks angeschlichen, macht jetzt unvermittelt Bekanntschaft mit Maltes triefenden Langschäftern. „Willst meine Tiere quälen! Lass mei Murle in Ruh!", zeterte oben der wunderliche Katzenfreund. Hannes raunte Malte zu, sie sollten möglichst schnell das Weite suchen, der Olle würde den gesamten Weiler zusammen schreien. Aber jetzt war Malte alles gleich, er ergriff die schon wieder forsch seine Beine umstreifende Katze und rief leise aber bestimmt, dass er das Biest auf offenem Feuer rösten werde, wenn der Alte nicht auf der Stelle öffnete.

Diese rüde, kaum tierfreundliche Ankündigung zeigte zur Überraschung aller Wirkung. Der Kopf verschwand aus der Erkeröffnung. Augenblicke später konnte man den Alten an der Tür rumoren hören. Malte hatte den kratzenden und fauchenden Kater schon wieder auf ebene Erde entlassen, als Schmeck mit Laterne und Sense bewehrt im niedrigen Türrahmen erschien. „Du bist es wirklich!", schnauzte er. „Ja, wenn's nicht so dringlich wäre! Wir brauchen Deinen Beistand, Gevatter!", sprach Malte versöhnlich. Der Alte musterte mit schiefem Blick die wässrigen Figuren vor seiner Pforte. Er hatte die Schüsse vernommen, auch die ausziehenden Schergen bemerkt. Und so weltfremd war August Schmeck nimmer, als dass er nicht begriff, worum es den Häschern ging. Da stellte man den Schmugglern nach. „Habt Euch aufschnappen lassen!", brummte Schmeck ohne Regung. Malte schob Hannes nach vorn, wies auf das bereits geronnene Blut. Der trübe Blick des Alten hellte sich auf: „Hat's Dich erwischt!?" Es war mehr Feststellung als Frage. Sich misstrauisch umschauend gestattete der Hausherr und Gebieter über vierzig Katzen den nächtlichen Besuchern einzutreten. Obwohl es nicht gerade nach Rosenblüten duftete, waren Hannes und Malte froh, vorerst in Sicherheit zu sein.

10. Kapitel

Fine hatte in dieser Nacht kaum geschlafen. Böse Ahnungen plagten sie. Obwohl ihr Liebster versprochen hatte, seine Finger aus dem schwarzen Handel zu lassen, sie traute ihm nicht. Und warum musste ihr Malte gerade in dieser Nacht so lange in Mecklenburg bleiben? Am Morgen stellte sich heraus, dass ihre düsteren Befürchtungen mehr als begründet waren. Die dicke Tilsen stürmte in frühester Morgenstunde auf den Hof und schrie Zeter und Mordio. Der schlaftrunkene Vater und seine Schwiegertochter in spe hörten die Kunde von einer wüsten Schießerei an den Gestaden der Bucht. Drei Schmuggler sollten auf der Strecke geblieben sein. „Einer war der Törens! Der junge Westphal soll auch dabei gewesen sein", sagte die Frau bestimmt. Fine war einer Ohnmacht nahe. Wenn Hannes, dann war auch … Dem Mädchen wurde schwarz vor Augen. Maltes Vater trug das Mädchen kopfschüttelnd ins Haus, wo ihr der zugeeilte Capitän Menou mit Riechsalz zurück ins Leben half. „Contenance mon enfant!", redete ihr der Offizier mitfühlend zu. Fine lehnte sich schluchzend an seine Schulter. Der galante Franzose ließ es gern geschehen. Er strich der verzweifelten Fine über den Scheitel. „Ich reite zum Fürstenhof. Dort wird's sicher Klarheit

geben!", erbot er sich. Fine sah mit verweinten Augen zum Capitän auf: „Das würdet Ihr tun, Monsieur?"
„Naturellement!", entgegnete dieser, verbeugte sich und rief nach seinem Burschen. Innerhalb von Minuten war der edle Schimmel Menous bereit.

Nachdem der Capitän vom Hof geritten war, blieben eine bangende Josefine und ihr mal wieder verstörter Schwiegervater zurück. Was war mit Malte geschehen? War wirklich Hannes Westphal an den Vorgängen in der Bucht beteiligt? Die beiden sollten bald Gewissheit bekommen. Die Stadt war in Aufregung, man hörte erregte Stimmen in den Gassen. „Schwester! Wo bist Du?" Fine wischte die Tränen ab, lief wieder auf den Hof. Sie hatte die Stimme ihres Bruders erkannt. Anton Johann Haupt stand mit Schiefertafel, Griffel und einem Packen Büchern beladen auf dem Hof. „Musst nicht in der Schule sein?", fragte sie, tapfer die Tränen zurückhaltend. Was ihr kleiner Bruder aber mitzuteilen hatte, ließ sie wieder einer Ohnmacht nahe kommen. Aufgeregt berichtete der Junge von einem Menschenauflauf auf dem Markt, wo der berüchtigte Commissarius Wenz eine makabre Vorstellung gegeben hatte. Der Geheimpolizist hatte vor dem übel zugerichteten Leichnam eines Mannes verlesen, dass sich zwei weitere Schleichhändler dem Zugriff der Obrigkeit durch Flucht in die Ostsee entzogen hätten. „Beide sind auf der Flucht zu Tode gekommen. Es handelte sich eindeutig um …" Der Elsässer machte eine Kunstpause, während dutzende Köpfe wie gebannt an seinen Lippen hingen. „Um die dahier ansässigen Malte Gugel und Johannes Westphal." So berichtete Anton Johann. Bei den letzten Worten von Schluchzen übermannt, fiel der Junge seiner Schwester um den Hals. Reglos stand Maltes Vater daneben. Nach geraumer Zeit fasste er sich, führte die willenlose Josefine ins Haus. Ihr kleiner Bruder folgte. In der guten Stube entzündete der Vater schweigend eine Kerze.

Bald kehrte auch Menou vom Fürstenhof wieder. Sein Bericht bestätigte das bereits Bekannte. Trauer um Sohn und Liebsten erfüllte die Räume.

Der Totgeglaubte saß indessen auf Schmecks Anwesen fest. „Was machen wir nur?", fragte er wieder und wieder ratlos seinen zusammengekauerten Freund. „Die Katzen rösten", entgegnete dieser finster. In der Tat strichen die Tiere um die Beine, versuchten auf den Schoß zu springen, waren ansonsten schier allgegenwärtig. Schmeck hatte Hannes einen Verband aus Leinen angelegt, etwas Rum auf der Wunde sollte dem Wundbrand vorbeugen. Hannes hatte den brennenden Schmerz mannhaft ertragen. „Gevatter, könntest Du Dich nicht nach

Wismar begeben, Vater und meiner Liebsten Bescheid geben?", bat Hannes den Alten. Schmeck spielte mit einer seiner Katzen, einer rotbraunen Mieze, die scheinbar sein Liebling war. „Sull ick den Postillion speelen?", knurrte er giftig. „Wir können doch nicht zurück!", sagte Malte verzweifelt. Plötzlich erhob sich der Alte murrend, zog eine uralte Joppe über. „Wenn ich euch dann loswerde", knurrte er. Schmeck bewegte sich schlurfend auf die Tür zu. Dann drehte er sich um, drohte jedem Tod und Verderben an, der sich an seinen Katzen vergreife. „Das gilt besonders für Dich, Nichtsnutz!", belferte er auf Hannes zeigend. Die feste Tür krachte zu und die beiden vermeintlichen Staatsfeinde des Empire de Francais waren mitsamt einer impertinenten Horde von Katzen sich selbst überlassen.

Aus dem Anwesen der Gugels in der GroßschmiedeStraße war jede Freude gewichen. Der Commissarius Wenz hatte es sich nicht nehmen lassen, persönlich zu erscheinen. Mit satanischer Freude überbrachte er dem Vater die Kunde vom „tragischen Ableben" des Sohnes. Seine Schergen unterzogen währenddessen den Hof einer gründlichen Besichtigung. Kisten wurden aufgestemmt, Speicher durchwühlt. Es fand sich keine Konterbande. Kurz nachdem Wenz gegangen war, erschien Capitän Menou. Der Offizier überblickte erschüttert die Konfusion. „Alles im Namen des Kaisers", entfuhr es ihm.

Menou sollte nicht der letzte Ankömmling des Tages bleiben. Gegen Abend begehrte ein abgerissener Landstreicher Einlass. Vater Gugel wollte den Alten bereits vom Hof treiben, hielt jedoch überrascht inne, den kannte er! Das war Gevatter Schmeck aus Hoben! Was wollte dieser schrullige Beutelschneider hier? Vater Gugel musterte den Gast abweisend. Es stimmte, was die Leute hinter vorgehaltener Hand sagten: Wo immer sich Unheil zutrug, war dieser Unheimliche nicht weit. „Was führt Dich her Unglücksrabe?" Die Frage klang nicht gerade liebenswürdig. Der Alte tat geheimnisvoll. „Elender! Ich komm von Deinem missratenen Sohn!", nuschelte er. Vater Gugel verstand nichts mehr. War dieser Alte in der Hölle gewesen, hatte gar mit dem Geist des Verstorbenen verkehrt? Während sich beide ratlos gegenüberstanden erschien Fine auf dem Hof. Trotz allem Kümmernis musste Kochwasser von der Wasserkunst am Markt geholt werden. „Wer ist das?", fragte sie den Vater Gugel. „Ein Verwirrter aus einem der Flecken hinter dem Lübschen Tor." Schmeck schien die offensichtliche Verachtung nicht zu kümmern. Er trat auf Fine zu, die vor der unheimlichen Gestalt unwillkürlich zurückwich. „Ich soll Dir bringen Empfehlungen von Deinem Teuersten!", sagte er mit eigentümlichen Tonfall. Fine lies den Bottich fallen, fasste sich an die Brust. Sie schwankte. „Er lebt!?", stammelte sie kraftlos. „So ist's. Er und sein Kumpan sitzen auf meinen Hof." Mehr konnte der Alte nicht sagen, entschlossen zog ihn das Mädchen ins Haus. Der noch nichts begreifende Vater folgte, wobei er gegen die Anwesenheit des schmutzigen Greises lautstark protestierte. Es dauerte denn auch geraume Zeit, bis auch der Hausherr den Zweck des Besuches begriff. Was tun wir jetzt? Darüber grübelten alle, während sich Schmeck an einer Bouteille Selbstgebranntem gütlich tat. Dann sprang Fine auf: „Ich geh zum Capitän, er wird Rat wissen!" Vater Gugel wandte ein, dass der Franzose kaiserlicher Offizier sei. „Und wenn, er half uns immer!", sagte Fine entschlossen.

Menou war nicht wenig überrascht, als spät abends Fine in seinem Domizil auftauchte. Aber die Kunde, die sie überbrachte, ließ ihn verschmitzt lächeln. Diese Jungen! Und der Capitän seiner Majestät des Kaisers wusste in der Tat Rat. „Um den Westphal mach ich mir die wenigsten Sorgen", referierte Menou. „Der soll doch zur Marine einrücken. Meines Wissens hat sich bisher niemand außer ihm eingeschrieben. Die herzogliche Rekrutierungsadministration wird Himmel und Hölle in Bewegung setzen, ihren unersetzbaren Besitz zu hüten", offenbarte Menou. „Aber Dein Malte …" Fine hielt den Atem an, während der Offizier am Griff seines Degens hantierte. Dann schaute Menou auf, zwinkerte vertraulich. „Ich könnte beeiden, er habe die fragliche Zeit mit mir verbracht. Wir legten Patiencen." Ungläubig forschte Fine: „Das würdet Ihr tun, Monsieur?"

„Es ist an der Zeit, das Ansehen der Grande Nation ein wenig aufzubessern. Wir wissen sehr wohl, dass Frankreichs Soldaten im hiesigen Herzogtum nicht gern gesehen sind." Fine vermochte nicht zu glauben, was sie vernahm. Gab es wirklich eine Gerechtigkeit auf dieser Welt? Ob die Rechtfertigung eines nachweislich schuldigen Gesetzesbrechers dagegen rechtmäßig war, mochte die Geschichte beurteilen. Wichtig war: Das Liebste auf Erden blieb Josefine Haupt erhalten. „Wie kann ich Euch danken! Mein Dank wird Euch auf ewig begleiten!", sagte das Mädchen mit niedergeschlagenen Augen. „So ist's Kleine. Deine Dankbarkeit wird mir auf der Ferse folgen, aber mich nie einholen!", lächelte Menou hintergründig. Dann erhob er sich: „Wohlan, richte Deinem Malte aus, er solle sich gefälligst unerkannt hierher begeben. Morgen in der Frühe muss er hier sein. Eile geschwind, mein Mädchen." Josefine kehrte in die gute Stube der Gugels zurück, wo Vater Gugel inzwischen dem Beispiel Schmecks gefolgt war. Die Bouteille war leer, beide Schnapsdrosseln schnarchten im Gleichklang. Fine blieb nichts anderes übrig, als sich selbst auf den

Weg zu machen. Sie huschte durch dunkle Gassen, wäre einmal fast einer Streife in die Arme gelaufen. Am Lübschen Tor mimte sie das tumbe Bauernmädchen, das sich verspätete. Die Posten ließen sie unter Zoten passieren. „La rapidité suffit probablement endormiement avec ton Galan!", riefen sie ihr nach. Fine, die sich bisher stets über die Anzüglichkeiten der Büttel maßlos geärgert hatte, ließ die Sprüche mit Gleichmut über sich ergehen. Mochten die reden! Die Dunkelheit verschluckte sie. Das Tuch vor dem Gesicht eilte Fine vorgebeugt im Nieselregen. Sie dachte an die Gestalten der Nacht, die sie erwarten könnten. Der bucklige Troll oder ein Kobold, vielleicht ein Irrlicht. Fines Lippen formten ein Stoßgebet. „Vater unser, der Du bist im Himmel ..." Sie wiederholte beharrlich die Fürbitte. Nur vage war der Fahrweg zu erkennen. Was war das dort? In hundert Ellen erhob sich ein mannshoher Schatten. Bei allen Heiligen, da stand einer! Fine hielt inne. „Geh weg, Du!", rief sie tapfer. Der Andere rührte sich nicht. Dem Mädchen fielen die uralten Geschichten von Wegelagerern und furchtbaren Manen ein. Und die Worte ihrer längst verstorbenen Muhme Klara: „Wenn Du en Jespenst sühst Kinnes, dann jeh drauf zu und schrei es an!" Fine murmelte, dass es doch hoffentlich kein Räuber sei, der dort verharrte. Mit dem Mute der Verzweiflung ging das einsame Mädchen entschlossen auf das fremde Wesen zu. „He Troll, oder was immer bist! Jetzt kommt Josefine Haupt!", schrie sie aus Leibenskräften. Um dann in ein glucksendes Lachen auszubrechen. Das sie nicht gleich daran gedacht hatte! Fine hatte die alte Postsäule am Fahrweg nach Lübeck angeschnauzt. Der Obelisk stand ungerührt, aber das Mädchen hatte vor sich selbst ihren Mut bewiesen. Bedeutend couragierter schritt sie aus. Nach zwei Stunden, in der Ferne schlug die Turmuhr elf, erreichte Fine die Katen von Hoben. Gleich Drachenbuckeln duckten sich die reetgedeckten Dächer an die Küste. Aber welches Gehöft gehörte diesem merkwürdigen Schmeck? Fine hatte keine Ahnung. Oder halt! Malte sagte einmal, der Olle wäre doch in diese Katzen vernarrt. Also den Stubentigern nach! Aber selbst Katzen waren an diesem gottverlassenen Ort nächtens nicht zugange. Die ungewisse Spur verlor sich. So ging denn das Mädchen entschlossen auf das erstbeste Anwesen zu und begann energisch zu klopfen. Wenn es nicht Schmecks Gehöft war, konnten ihr die Bewohner doch sicher entsprechende Auskunft geben. War es nun Zufall, Fügung oder unbeschreibliches Glück? In jedem Falle pochte das Mädchen an die rechte Pforte, wo zwei entmutigte Burschen plötzlich heftig zusammenschraken. Erst rührten sie sich nicht, aber das Klopfen erwies sich als hartnäckig. „Niemand da!", rief Hannes mit verstellter Stimme, worauf sich Malte an die Stirn tippte. „Wie kann man so etwas von sich geben Du Narr?", flüsterte er wütend, dann horchte er auf. Die Stimme da draußen, das war Fine! Jene hatte Hannes' Organ sogleich erkannt, machte nun auch durch Rufe auf sich aufmerksam. „Malte, Liebster, ich bin's!", rief sie. Der Gerufene stürzte zur Tür, dann lagen sie sich in den Armen. Lange währte die Umarmung, dann löste sich Fine sanft von ihrem Malte. Peng, einmal links. Klatsch, von rechts das Ganze noch einmal. „Was hast Dir dabei gedacht Du Strohkopf?", schimpfte Fine los, schrie sich den gesamten Kummer des vergangenen Tages von der Seele, während sich auf Maltes Wangen die geröteten Abdrücke ihrer Finger zeigten. Auch der unvermittelt dazukommende Hannes bekam sein Fett weg. Dann entdeckte die halbwüchsige Furie den verbundenen Arm. Augenblicklich lammfromm, streichelte sie seine Schulter. „Ist's schlimm?", fragte sie sanft. „Ein Streifschuss", entgegnete Hannes einsilbig. Er verübelte es Fine, dass sie ihn als Urheber des vertrackten Unternehmens betrachtete. Denn wer hier schuldig war, lag auf der Hand. „Frag doch mal Deinen Malte, wer's eingerührt hat!", schmollte Hannes. „Wirklich!?", Fines Blick wanderte zu Malte, der schuldbewusst die Augen senkte. „Es ist an dem …", gestand er schuldbewusst. „Ich bin zu Meister Gugel geeilt, der gab mir den Auftrag. Hannes wäscht seine Hände in Unschuld."

„Nicht nur gewaschen! Eigentlich hab ich in Unschuld, sprich eiskaltem Meereswasser, gebadet!", warf Hannes ein. Er schüttelte sich. Fine winkte ab. „Es ist unerheblich, wer hier schuldig ist. Malte, Menou lässt euch ausrichten, ihr müsst morgen in der Frühe in Wismar sein! Er will sich für euch verwenden!" Verblüfft schaute Malte auf. Der Capitän? Dann gab es doch noch Hoffnung! Denn ein kaiserlich französischer Capitän war nicht irgendwer. Aber ob er gegen den infamen Wenz ankam? Noch wusste der Bursche nicht, wie Menou das anstellen wollte. „Es wäre fürwahr doch besser nach Lauenburg zu gehen", bemerkte er zurückhaltend. Das hätte er nicht sagen sollen, denn Fine plusterte sich auf, um ihn erneut gewaltig zu schelten: „Was denkst, warum ich mich nächtens auf den Weg zu Deinem Schlupfwinkel begebe, um Dir Lebewohl zu sagen!?" Beide Übeltäter zogen es vor, zu schweigen. Der eine aus Reue, der andere weil sein Kumpan nicht muckste. Man grübelte, wie sie unerkannt in den Mauerring der Hansestadt gelangen sollten. Einmal mehr oblag es dem Mädchen, die Lösung für die verzwickte Angelegenheit zu finden. „Am Altwismartor, links ist doch die Notpforte", begann sie. Die Jungen hörten mit wachsendem Interesse zu. Diese Pforte in der Mauer entstammte der alten Hansezeit, als Wismar noch eine tragende Rolle im Baltischen

Raum spielte. Sie war fast in Vergessenheit geraten und Buschwerk wucherte hier mannshoch vor der Stadtmauer. Die Wehrgänge waren an diesem Mauerabschnitt marode, es würde sich kaum eine Streife nächtens über die morschen Holzkonstrukte wagen. „Fine, dieser Weg ist sicher gangbar, aber bedenke: Der Hof Kögens schmiegt sich dort an die Mauer!", wandte Hannes ein. „Außerdem …" Er wies wortlos auf seinen verwundeten Arm. Fines Augen wurden zum Spalt. Da wagte sie sich des nachts allein in Nebel und Wind und diese Memmen trauten sich nicht dorthin! Obwohl, auch Fine kannte das Risiko, das hier nicht einmal in der Präsenz der Franzosen begründet war. Denn der Metzger Kögen war berüchtigt ob seiner Meute an Bluthunden. Mindestens vier der struppigen Bestien trieben dort ihr Unwesen. Bei Vollmond hatte ganz Wismar Kögens Hunde schon heulen gehört. Malte erhob sich. „Es muss sein!", sagte er fest, wofür er mit lobenden Blicken seiner Josefine belohnt wurde. Durch das rühmliche Beispiel beflügelt, sprang nun auch Hannes auf die Beine. Und er wusste ein probates Mittel, die gefährlichen Hunde abzuhalten. Grinsend wies er auf ihre Stubengenossen. „Der alte Schmeck hat doch zur Genüge", stellte er fest. Ein beherzter Griff und eine Katze hing duldsam am kundigen Bälgergriff des Jungen. „Nicht die Rotbraune, das ist seine Lieblingstier", stellte sich Malte halbherzig dem frevelhaften Vorhaben entgegen. „Wenn Du meinst!", murrte Hannes. Er lies die Katze achtlos fallen. Sie fauchte bösartig, was ihr keiner verdenken konnte, und verschwand blitzschnell unter dem Tisch. Allen nicht vorhandenen Skrupeln zum Trotze ergriff er wahllos eine andere. „Heut' kannst Dich beweisen!", sagte Hannes zu seinem hilflosen Opfer. „Los geht's!", kommandierte er, schon ganz ein kaiserlicher Korsar. Nachdem sie sorgsam Licht und Kamin gelöscht hatten, verließen die drei leise die Heimstatt. Hannes schleppte unverdrossen einen alten Leinensack mit zappelndem Inhalt. Es war weit bis zur Hansestadt. Und es war noch weiter bis zum Altwismartor. Nichts regte sich in diesen dunklen Stunden. Wismar lag in Düsterkeit gehüllt. Nur an den Toren glommen Fackeln. Sicher waren auch die dortigen Posten nicht mehr munter. Man konnte den Glockenschlag vom Marienturm her vernehmen, die Nachtwächter riefen im Folgenden die Stunde aus: „Hürts Ihr Lüt, lasst Euch seggen, de Turmuhr hett veer slaaen!" Den Drei vor den Wällen fielen vor Müdigkeit die Augen zu. Besonders Fine, hatte sie doch den Weg bereits zweimal vollbracht, sackten mehr als einmal die Knie weg. „Schlag Vier", sagte Hannes. „Hundswache!" So nannte man auf den Schiffen die besonders widerliche, weil ermüdende Wache in den Stunden vor der Morgendämmerung. Das Altwismartor war in der Ferne zu sehen. Auch die drohenden Silhouetten der Posten. In respektvoller Entfernung schlichen die drei an diesem fährnisträchtigen Ort vorbei. Sie kämpften sich sodann durch Gestrüpp zur Notpforte voran. Mehr als einmal stieg ein lästerlicher Fluch zum Himmel. Zumeist dann, wenn ein trockener Zweig wie eine Peitsche ins Gesicht fuhr. Tapfer verbissen alle die Pein. Malte fragte sich, wie seine Fine diese Tortur wohl ertrage. Endlich waren sie am Mauerfuß angelangt. Zu aller Kummer zehn Ellen zu weit links. Und vor der kleinen Pforte in der Mauer wucherte ein dichter Brombeerbusch. Obwohl dieses Gewächs sehr wohlschmeckende Früchte trug, zeichnete es eine recht anstößige Eigenschaft aus: Ebenso zahlreiche wie beständige Dornen. Lautlos fluchend schnitt sich Malte mühsam mit seinem kurzen Messer durch die Ranken. „Wenn diese Schneise bloß nicht den Posten auffällt", flüsterte Hannes. Genauso leise antwortete das Mädchen, dass es frühestens am nächsten Morgen ruchbar würde. „Und dann ist es nebensächlich!", beharrte Fine. „Fertig", ließ sich Malte vernehmen. Die beiden krochen heran. „Bist der geborene Heger! Taugst wahrlich zum Förster", lästerte Hannes. Malte schluckte eine giftige Entgegnung herunter, trieb zur Eile an. Er versuchte, die Pforte aufzustemmen. Merde! Das massive Tor bewegte sich nicht. Ein letzter verzweifelter Versuch. Kein Erfolg. Die schwere Pforte blieb verschlossen. Ernüchterung machte sich allenthalben breit. Zwei Augenpaare sandten strafende Blicke zu Fine, war sie es doch, die den unseligen Vorschlag machte. Dem Mädchen war bereits vor Müdigkeit schwindlig, dennoch spürte sie die unausgesprochenen Vorwürfe. „Vielleicht geht sie nach außen auf", sagte sie ohne Hoffnung. Hannes schüttelte das Haupt, sprang dennoch auf die Füße. Und siehe da, mit Leichtigkeit öffnete sich das unüberwindliche Hindernis auf dem Weg ins Paradies, das im Falle der verhinderten Schmuggler Wismar hieß. „Kerle!", murmelte Fine kopfschüttelnd, während Malte ungläubig die frisch geschmierten Angeln der Pforte in Augenschein nahm. „Der durchtriebene Kögen nutzt die Pfort' als ureigenen Schmugglerpfad!", erkannte Hannes sachkundig. Er wies auf korbgeflochtene Schilde, die bei Bedarf offensichtlich über das Brombeergebüsch gelegt wurden. Schweigend schlichen die drei auf den gepflasterten Hof. Aber wenn man die alte Hansestadt als Paradies betrachtete, dann musste man zerknirscht zur Kenntnis nehmen, dass es auch einen Wächter vor dem Elysium gab. Genauer existierten derer zwei. Mit schreckgeweiteten Augen fanden sich Malte, seine Liebste und Hannes vor zwei immens großen Bluthunden mit gebleckten Zähnen wieder. Drohend knurrend jagten die riesigen Wachhunde des Metzgers Kögen auf ihre verängstigten Opfer zu. „Brav, Brav", hieß Malte beruhigend. Ob er fuchtige Wachhunde oder die verschüchterten Eindringlinge beruhigen wollte, war so nicht einfach auszumachen. Es klang auch nicht zwingend. Immer dichter kamen die grimmigen Köter ihrer sicheren Beute. Malte bot endlich wieder ein achtbares Bild, er stellte sich schützend vor Fine. Aber auch die Hunde duckten sich zum Sprung. Muskeln spannten sich, die Tiere hechelten. Gefletschte Reißzähne glänzten im Funzelschein. Wenn man jetzt floh, Hunde waren schnell, zu schnell. Nur noch Augenblicke blieben den drei Unglücklichen.

Dann kam Hannes' große Stunde, er öffnete blitzschnell seinen Tragesack und ein graues Bündel purzelte auf das Pflaster. Ein Fauchen erklang, dem dumpfes Gebell folgte. Das Kätzchen stand mit gesträubtem Fell und hochaufragendem Buckel vor seinen tierischen Erzfeinden. Es dauerte nur die Bruchteile eines Augenblicks. Dann wieselte das tapfere Geschöpf zwischen beiden Hunden hindurch, sprang in Todesangst mit einem gewaltigen Satz auf einen Stapel Brennholz, von dort weiter auf das Dach eines Schuppens. In den Hunden erwachte allem anerzogenem Pflichtbewusstsein zum Trotz der uralte Jagdinstinkt des Wolfes. Ihre hilflosen menschlichen Opfer außer Acht lassend, stürzten sie umgehend der Katze nach. Ob diese Haltung einem Wachhund Ehre machte, musste notgedrungen dahingestellt bleiben. „Jetzt oder nie!", rief Malte. Alle hasteten zur rettenden Pforte zur Straße hin. Sie war unverschlossen, Gott sei's gedankt! Als hinter Hannes die Pforte wieder ins Schloss fiel, standen alle drei schwer atmend ans kalte Mauerwerk gepresst. „Teufel, war das knapp!", war alles was Malte hervorbrachte. Vom Hof her hörten sie überlautes Hundegebell, dann die verschlafene Stimme des Metzgers. „Hades, Hector! Wat hebbt Ihr? Ne Katt? Ihr hirnlosen Tölen, wejen ner Katt so een Jetöse!"

Während aber die Katze glücklich über den Giebel dem Verhängnis entrann, war das Abenteuer von Malte und den Seinen noch lange nicht beendet. Zwar gelang es, glücklich den Handelshof mit dem noch immer schlafenden Hausherrn zu erreichen. Den mochte ebenso wie den grunzenden Schmeck niemand wecken. Aber daheim wusste man nicht, was jetzt zu tun war. Menou pflegte noch der Ruhe, ein nachahmenswertes Beispiel. Mit Fine im Arm streckte sich Malte aus. Hannes prüfte derweil den Inhalt diverser Bouteillen. Verdrießlich musste er feststellen, dass Schmeck in trautem Verein mit Vater Gugel am Vorabend ganze Arbeit geleistet hatte.

Sehr früh erschien Capitän Menou. Der Offizier war herrlich anzusehen: bunte Federn auf dem Zweispitz, der blaue Rock gebürstet. Die goldenen Knöpfe blinkten poliert. Auf der weißen Hose kein Fleck, die hohen Stiefel mit den Sporen glänzten, dass man sich darin spiegeln konnte. Sein Bursche hatte brav gewirkt. Am bewundernswertesten war der große Orden, den er auf dem Revers trug. Solch imposante Ehrenzeichen hatte man zu Wismar selten zu Gesicht bekommen. „Along enfants de la Patrie! ", rief Menou fröhlich den schlaftrunkenen Wismarern zu. „Einiges auf der Nordlandfahrt vermasselt?", fragte Menou mit kaum verhohlener Ironie den sich rekelnden Malte. Dann bemerkte er den verbundenen Arm von Hannes. Augenblicklich verlor der Franzose seinen Charme. „Du bist verwundet!?"

„Nur ein Streifschuss!", versicherte Hannes. Ernsthaft fragte Menou nach, ob der Bursche die Wunde denn würde verbergen können. Denn für eine Schusswunde in Friedenszeiten wusste auch der gerissene Menou keine Erklärung. Großspurig erklärte sich Hannes bereit. „Und die Schergen wissen nicht, dass sie Dich getroffen haben?", hakte der Capitän nach. „Nimmer!", meinte der Blessierte und hob die Schwurhand. „Maintenant bien!", meinte der Capitän, ließ sich von seinem Burschen zwei betagte französische Militärmäntel reichen. „Ich meine, wir brauchen kein Aufsehen!", äußerte er erklärend. Josefine musste auf sein Geheiß hin daheim bleiben. So zogen zwei noch immer unwissende Übeltäter zum Fürstenhof. Menou strebte hoch zu Ross voran. Noch hatte er nicht verraten, was er vorhatte. Die Jungen beschlich ein mulmiges Gefühl als sie vor dem Tor den kurzen Disput mit dem Doppelposten verfolgten. Wollte der Franzose sie gar ausliefern, um eine Kopfprämie zu beziehen? Ob sie die Reliefs an der Außenfront des Bauwerks je wieder sehen würden, wenn sie den dunklen Torbogen erst einmal durchschritten hatten? „Möge der Schutzheilige der Schmuggler mit uns sein!", flüsterte Hannes. Keiner von beiden wusste, ob es einen himmlischen Fürsprecher für Schleichhändler gab. Aber wenn er existierte, dann müsste er augenblicklich bereit sein.

Wenz saß in seinem Amtzimmer, auf dem Tisch stand eine Büste Napoleons, an der Wand hing einen Porträt des Joseph Fouché, dem bewunderten Idol des Geheimpolizisten. Wie dieser Polizeiminister es verstand, über alles und jeden im engsten Machtzirkel des Kaiserreichs Bescheid zu wissen, es nötigte Wenz eine Menge Respekt ab. Am meisten imponierte Wenz aber die Fähigkeit seines Dienstherrn, sich den jeweiligen Verhältnissen anzupassen. So war der jetzige Herzog von Otranto aus einem ungestümen Jakobiner, dann willigem Gehilfen des Direktoriums, nach dem Brumaire zum unentbehrlichen Sekundanten Bonapartes mutiert.

Sogar beim Staatsstreich vom 18. Brumaire 1799, bei dem sich Napoleon an die Macht putschte, war Fouché wie eine Fata Morgana präsent gewesen.

„Den Monsieur Minister wird's Vergnügen bereiten, meinen Rapport zu lesen!", freute sich Wenz, als er mit gespitztem Gänsekiel schilderte, wie er den Erschossenen als warnendes Exempel auf dem Markt dieser Stadt zur Schau gestellt hatte. Denn Fouché war damals während der Terrorherrschaft Robbespieres ebenso verfahren. Noch heute erschauerten die Bürger Lyons, wenn sie den Namen des Polizeiministers auch nur flüsternd vernahmen. Gerade beschrieb Wenz anschaulich die gnadenlose Verfolgung der flüchtigen Spießgesellen des Toten, als an die Tür geklopft wurde. Der alte Stadtdiener begehrte Einlass. „Was gibt's?", erkundigte sich Wenz leutselig. Er war wahrlich bester Laune. Denn es hatte wie ein Pfahl im Fleische seines selbstgerechten Gemüts gesteckt, diesen Malte Gugel und dessen Kumpan trotz derer bewiesenen Missetaten in Freiheit zu sehen. Damit war's nun, Gott sei's gedankt, vorbei. „Ein Capitän der Grande Armée wünscht Sie zu sprechen!", meldete der betagte Dienstbote. Es bereite ihm sichtlich Mühe, das Französische richtig auszusprechen. Mit hochgezogenen Brauen schaute Wenz auf. Da wollte ihm sogar das sonst so reservierte Offizierskorps der Armee Respekt zollen! Was für ein Tag! „Bitte den Monsieur herein, bring Wein, aber einen edlen Tropfen!", befahl Wenz triumphierend.

In der Tür erschien ein eleganter Offizier, er war Wenz flüchtig bekannt. Neidvoll blieb sein Blick auf dem Kreuz der Ehrenlegion haften. „Bon jour!", schnarrte Menou. „Setzt Euch, was kann ich für einen Offizier der Legion d' Honeur tun?", tat Wenz beflissen. Er bot dem Capitän einen Sessel an. Lässig den obligaten Degen nach vorn schiebend nahm jener Platz. Nach den üblichen Artigkeiten kam Menou zur Sache. „Ich hörte, Ihr habt einen Schmugglerring ausgehoben!" Strahlend nickte der Geheimpolizist. „Weiter kam mir zu Ohren, zwei Jüngere der hier Ansässigen wären bei der Aktion zu Tode gekommen." Noch immer strahlte Wenz: „So ist es! Wer sich dem Auge des Gesetzes nicht freiwillig stellt, der zieht eben das schwarze Los des Schicksals", teilte der Gesetzeshüter seiner Majestät feinsinnig mit. Er lächelte auch weiterhin. „Etwas kann aber bei Ihrer Aussage nicht recht stimmig sein!", plauderte Menou arglos weiter. Das Lächeln seines Gegenübers erstarb. Instinktiv spürte Wenz, dass dieser Offizier nicht erschienen war, um ihm die Referenz zu erweisen. „Wie meint Ihr das?", fragte er, krampfhaft um verbindlichen Ton bemüht. Die Unterhaltung wurde jäh unterbrochen, als der Diener mit dem geforderten

Wein erschien. Skeptisch musterte Wenz den Offizier, während dieser prüfend an der Karaffe roch. Aufwendig prüfte jener den Wein, um nach geraumer Zeit festzustellen, der Trunk munde ausgezeichnet.

Wenz saß währenddessen wie auf Kohlen. Erregt rutschte er auf seinem Sessel hin und her. Menou vermerkte die Beunruhigung des Geheimpolizisten sehr wohl, sie nötigte ihm jedoch keinerlei Eile ab. Genüsslich schmeckte er den Traubensaft, der wahrhaftig erlesen war. „Was sagte ich eben?", fragte der Capitän mit gespieltem Gleichmut. „Sie meinten, an meinem Bericht Unstimmigkeiten bemerkt zu haben!", entgegnete Wenz scharf. „Richtig!", bestätigte Menou gleichgültig. „Deshalb beehre ich Sie ja auch, mein verehrtester Kämpfer an der Blockadefront!" Wenz streckte unwillkürlich das Kinn vor, ihm schwante Böses. „Worum handelt es sich?", fragte er hastig nach. Gemütlich streckte Menou die Beine aus, war dabei, den rechten polierten Reitstiefel auf dem Pult abzulegen, besann sich noch eines Besseren. Wenz steckte den Affront unkommentiert weg, seine Augen klebten an den Lippen des Offiziers. „Es geht darum …", begann jener aufreizend bedächtig. „Ihr behauptet, den Gugel und Westphal auf frischer Tat ertappt und in die See getrieben zu haben." Die düsteren Ahnungen des Elsässers begannen Gestalt anzunehmen. „So war es, ist etwas an diesem Sachverhalt nicht korrekt? Wissen Sie mehr, Monsieur?", stieß er durch die Zähne. Menou hob den Kopf, sah den Polizisten offen ins Antlitz. „Heut' morgen erschienen zwei schlotternde Gestalten bei mir, baten mich um Hilfe!"

„Ha, sind sie doch davongekommen!" Wenz sprang auf, machte Anstalten, den Mantel vom Kleiderständer zu zerren. „Wo sind sie?", forschte er keuchend, seinen Gehstock an sich reißend. „Sie warten draußen!" Ohne weitere Worte, wollte Wenz zur Tür eilen, der eiserne Griff des Offiziers gebot Einhalt. „Contenance Gendarm!", sprach er tadelnd. „Ich bin noch nicht zu Ende, gewähren Sie mir die Ehre, setzen Sie sich!" Der befehlsgewohnte Tonfall ließ den Elsässer wie einen Primaner niedersinken. „Haben Sie Zweifel an deren Schuld? Nach Ihrer Aussage sind die Übeltäter heute Morgen bei Ihnen erschienen. Ich vermein, da fehlt ein handfestes Alibi!" Menou, sah den aufgebrachten Gendarmen groß an, genehmigte sich erst einmal einen weiteren Schoppen von dessen ausgezeichneten Weinvorräten. „Ich residiere auf dem Hof der Gugels. Diese sind bisher nicht als renitent gegen das Empire de Francais aufgefallen!", erklärte der Offizier großartig. „Das ist übelstes Gelichter! Schon seit Jahren verstoßen diese Schurken gegen die Direktiven seiner Majestät des Kaisers! Wollen Sie außerhalb des Gesetzes Stehende verteidigen!?", ereiferte sich Wenz, unwillkürlich in die auch in Frankreich missliebige Revolutionsterminologie verfallend. Das hätte er besser lassen sollen, denn nun fühlte sich Menou genötigt, gereizt aufzuspringen! „Wollt Ihr einem vom Kaiser selbst ausgezeichneten Offizier anheim stellen, mit Feinden des Empires gemeinsame Sache zu machen? Ich schicke Euch baldigst meine Sekundanten!" Der herrische Ton bewegte den sonst so dünkelhaften Wenz, kleinlaut zurückzurudern. Er mochte sich keinesfalls mit einem erfahrenen Soldaten duellieren. „Monsieur le Capitan, Ihr habt mich missverstanden. Es liegt mir fern, Ihnen Unsagbares zu unterstellen. Aber seht: Ihr seid hierher befohlen, wacht über die Sicherheit der Grande Nation! Mir hingegen obliegt, hinter die lächelnden Masken der Mecklenburger zu schauen, ihnen ihre Renitenz auszutreiben!" Das klang versöhnlich. Menou setzte sich wieder, ein weiterer Schoppen füllte sein Glas. Er wusste, dass er gewonnen hatte. Der Gendarmen fürchtete sich, dessen Schneid war nur gespielt. „Ihr könnt austreiben, wann und wo Ihr wollt. Nicht bei Gugel und dem Jean Westphal!", sagte er bestimmt. Jetzt war der Commissar hin und her gerissen. Er könnte den Offizier nach dem Code Napoleon der bewussten Verdeckung von Straftaten zeihen. Wenz bezwang sich, gab sich konziliant: „Monsieur, Sie sind kaiserlicher Offizier! Sie können es nicht zulassen, dass unter ihren Augen das Gesetz gebrochen wird! Und die Kontinentalsperre ist kriegswichtig!" Darauf hatte Menou nur gewartet. Jetzt würde der schlaue Gascogner dem Elsässer den Zahn endgültig ziehen! „Eben darum bin ich erschienen!", wetterte er. Wenz schaute verdutzt drein. Er war sprachlos.

Die Erklärung folgte, war soldatisch knapp. Und sie verdarb dem konsternierten Wenz endgültig die Laune. „Ich habe in der fraglichen Nacht sowohl mit Gugel als auch Westphal bei Wein und Karten gesessen. Die Jungen vertragen den Branntwein nicht, haben im Folgenden den Rausch ausgeschlafen. Als sie erwachten, erfuhren sie, dass sie angeblich von Euren Leuten erlegt worden seien. Verständlich, dass sie nicht aus noch ein wussten. Voller Angst wandten sie sich an mich!" Wenz schaute finster auf den Capitän herab. Er war wieder aufgesprungen. „Das, das ist nicht Euer Ernst!", stammelte er. „So wie ich's sagte …", beharrte Menou. „ Ein Capitän der Grande Armée vergnügt sich mit Halbwüchsigen!", höhnte Wenz hilflos. „Ich hab Quartier auf deren Hof! Außerdem verfügte der Handelshof über nicht unerhebliche Vorräte rheinischen Tropfens nebst gutem Branntwein!"

„Und die Tochter des Kantors Haupt!", keifte Wenz. Jetzt hielt es auch der Capitän für angebracht, sich zu erheben. Er fasste den plötzlich zusammenfahrenden Elsässer am Revers, knirschte mit Grabesstimme, dass jener mit seinen Mutmaßungen nicht zu weit zu gehen habe. Wenz überkam jäh eine unangenehme Empfindung. Ihm schien, er blicke schon in den dunklen Lauf der Duellpistole. „Der Westphal ist bereit, für des Kaisers Marine zu fechten, sollte der Schmuggel treiben?" Gerade in diese knisternde Spannung klöpfelte es erneut. Ein von Menous Burschen verständigter herzoglicher Beamter verlangte den ehrenwerten Commissarius Wenz zu sprechen. Der Beamte, ein kleines nervöses Männlein mit Ziegenbart, begann nach kurzem Prolog auf Wenz einzureden, bloß den Westphal nicht zu verdächtigen! „Er ist der einzig Hiesige, der in Treue fest zu den glorreichen Bannern Ihres Kaisers hält! Er wird doch kommenden Dienstag einrücken!", barmte er. Wenz hatte sich wieder auf seinen Sitz fallen lassen, sah endgültig seine Felle davonschwimmen. Menou widmete sich wieder des merklich geschrumpften Karaffeninhaltes. „Mon Dieu! Was diskutieren wir hier. Die Delinquenten warten doch vor Ort. Lasst sie doch hereinbitten!", murrte er. Der erregt redende herzogliche Beamte nickte bestätigend. Finsteren Gesichtes läutete der nun vollends überrumpelte Wenz das Glöckchen. Der dienstfertig zueilende Dienstbote erhielt entsprechende Weisungen.

Die beiden Ursachen, des über Wenz hereinbrechenden Unbills saßen in einem der langen Gänge des Fürstenhof und hingen düsteren Gedanken an. Ein in Öl gemalter Herzog Friedrich Franz I.. blickte unbeteiligt auf seine argwöhnischen Landeskinder herab. Obwohl es keiner aussprach, sie haderten damit, sich dem Capitän Menou ohne Wenn und Aber ausgeliefert zu haben. Sie erschauten hastig vorbeieilende herzogliche Beamte, selbst der dicke Vizekonsul Lafalue schob sich hoheitsvoll mit zwei Sekretären vorbei. Keiner beachtete die Jungen. Wenn man sich jetzt verdrückte? Es konnte die letzte Gelegenheit sein. Schon zu lange konferierte der Capitän mit dem Schnüffler. Da lief schnellen Schrittes ein kleinwüchsiger Beamter mit Kinnbart über den Flur, und, man höre und staune, er winkte den beiden Verdächtigen zu. Der Merkwürdige entschwand. „Was war denn das?", fragte Malte. Er erhoffte sich bei seiner Frage keine Erklärung des Phänomens, als Hannes plötzlich laut auflachte. „Das ist der herzogliche Emissär für die Mobilisierung der Seeleute zum Kaperkrieg!", grinste er erklärend. „Der ist meinetwegen hier!", bekannte Hannes zuversichtlich. Der Optimismus wirkte ansteckend, beide sahen in der Folge hoffnungsvoller in die ungewisse Zukunft. Der Weisung des unwirschen Dienstboten, der sie in Wenz' Domizil beorderte, kamen beide aber dennoch nur mit gehörigem Magengrimmen nach.

Schüchtern betraten beide das Amtszimmer des Gefürchteten, der jedoch merklich angeschlagen hinter seinem Pult hockte. Malte blickte auf die martialische Büste Napoleons, sah das Porträt eines blassen Unbekannten an der Wand. Und er sah einen sich gelassen rekelnden Menou, dessen Wangen merklich gerötet waren. Es musste hier gewaltige Kontroverse stattgefunden haben. In der Ecke wurzelte gebückt ebenjenes Männlein mit dem lächerlichen Ziegenbart. Hannes hatte Recht gehabt! „Wo seid ihr in der Nacht vom sechsten auf den siebten November gewesen!?", ermittelte Wenz mit herrischer Modulation. Malte brachte kein Wort heraus. Hannes entgegnete trocken, dass man mit dem ehrenwerten Capitän Menou getafelt habe. Der Commissar erhob sich, trat nahe an seine beiden, bereits sicher geglaubten, Opfer heran. Durchdringlich musterte er beide, scheinbar eine Ewigkeit. Die Mecklenburger hielten dem Blick stand. Sie spürten instinktiv, es war der entscheidende Augenblick. „Warum schüchtern Sie die Burschen ein, ich teilte Ihnen bereits mit …", ließ sich Menou vernehmen. Hannes wollte dem beipflichten, hatte bereits auf der Zunge, dass kaum jemand zwei geschlagene Stunden in der eiskalten See verbringen könne. Im letzten Moment verkniff er sich das törichte Gefasel, denn derartige Einzelheiten über die Affäre konnte er bekanntlich gar nicht kennen. Es sollte aber noch nicht die letzte Marter für Hannes sein, denn es folgte die große Stunde des herzoglichen Rekruteninspektors. Der kleine Mann bekundete, nicht den geringsten Zweifel an der Unschuld der Jungen zu haben, legte dabei die Hand auf Hannes Schulter. Den überkam ein stechender Schmerz. Die Schusswunde. Menou bemerkte den Schweiß auf der Stirn des betreten Schweigenden. Er wusste, wenn die Blessur offenbar würde, dann … „Es reicht", sagte er trocken. „Ihre grotesken Verdächtigungen, beruhend auf ungenügender Ermittlung, sind eine Schande für die Gendarmerie des Kaisers. Die beiden sind hier, unversehrt und damit genug." Er erhob sich, schob seinen Degen in die rechte Position und machte Anstalten, die muffige Amtstube zu verlassen. „Kommt Jungs!", befahl er und schon waren Hannes und Malte aus der Höhle des Löwen entfleucht. Zurück blieb ein finster blickender Wenz, der in einem Anfall von Tobsucht den fast fertig geschriebenen Report an seinen Minister auf den Boden schleuderte, sodann Tintenfässchen nebst Feder folgen ließ und sich in hilfloser Wut mit vors Gesicht geschlagenen Händen an sein Pult setzte. Ein Knirschen ließ ihn auffahren. Der herzogliche Beamte befand sich noch im Raume. Auf das hilflose Männchen ergoss sich ein Schwall französischer Schimpfworte, dass dieses am Geisteszustand des Elsässers zweifelte. „Verschwinden Sie, auch so ein perfider Geselle!", entfuhr es dem zornigen Commissarius. Der unschuldig Gescholtene trippelte kopfschüttelnd zur Tür.

„Mon Dieu! Ihr seid Mir Einiges schuldig!", sagte Menou vor dem Fürstenhof zu den ihm ergeben folgenden Burschen. „Wie können wir Ihnen danken?", flüsterte Malte. „Betet für den Kaiser", entgegnete Menou lapidar von der Höhe seines Rosses. Er ließ den Schimmel tänzeln. Bewundernde Blicke der weiblichen Passanten streiften den eleganten Offizier seiner Majestät. Malte schlich nunmehr allein hinter dem Berittenen her. Hannes hatte sich in der Sargmachergasse verabschiedet. Malte Gugel verspürte eine unendliche Müdigkeit, wollte nur noch schlafen. Dazu sollte es vorerst nicht kommen. Josefine, mit ihr Bruder und Vater, dazu Maltes blass aussehender Vater mit einem sich neugierig umtuenden Gevatter Schmeck, harrten im Handelshof.

„Da habt ihr Euren verlorenen Sohn wieder!", rief Menou, gab seinem Ross die Sporen und überlies den verdatterten Übeltäter seinen Anverwandten. Er wusste was er tat. Fine lief auf ihren Liebsten zu, tausend Küsse schenkte sie ihm. Die strafenden Blicke von Vater und Schwiegervater sprachen allerdings Bände. Dazu der hämisch grinsende Schmeck. Zu allem Überfluss bemerkte der kleine Anton Johann Haupt altklug: „Siehst Napoleon, Verbrechen lohnt sich nicht." Schmeck hatte alles ausgeplaudert. Der Kantor, man sah es ihm an, dass er liebend gern die Gerte geschwungen hätte, strafte seinen Eidam demonstrativ mit Missachtung. Genauso mochte es Vater Gugel ergehen. Malte schwor sich, nimmermehr den Pfad der Tugend zu verlassen.

Wo aber in den bewegten Jahren um 1810 herum der Pfad der Tugend verlief, war allerdings nicht so einfach auszumachen.

11. Kapitel

Malte machte nach einigen Tagen Oheim Gustav seine Aufwartung. Er wurde den Verdacht nicht los, von diesem gezinkt worden zu sein. Aber sicher war er sich auch nicht. Der Oheim gab sich zerknirscht, verfluchte die dreiste Obrigkeit. Dem finster dreinschauenden Malte bot sich wieder ein Bild des greisenhaften Debilen. „Die Schergen haben vor Ort gewartet Oheim, das ging nicht mit rechten Dingen zu", stellte er sachlich fest. „Zweitausend Taler! Alles dahin!", ächzte der Oheim. Es klang wahrlich unerträglich. Schade, dass Malte nichts vom Kassiber ins Wenz' Schreibpult wusste. So aber zog er es vor, dem Alten zu bescheinigen, ihn nie wieder mit seinen Schiebereien zu belästigen. Er vergaß dabei, wer vor kurzem zum Oheim gekommen war. Nachdem die Tür geräuschvoll in die Angel geflogen war, schaute

Gustav Gugel auf. „Dein Pech, das Du mit Törens zugange warst! Der feiste Simpel war reif ... und Du auch, Neffe!", zischte er gar nicht mehr willfährig.

Malte nahm sich vor, bestimmt nicht mehr mit dem Alten zu verkehren. Indes schickte in Mecklenburg-Schwerin eine handfeste Agrarkrise ihre düsteren Zeichen voraus. Und wenn die Feldwirtschaft daniederlag, dann war der Güterkreislauf nur noch einen Hauch von der wirtschaftlichen Rezession entfernt. So kam es, wie es kommen musste. Das Korn lag in den Speichern, die Landbevölkerung bot ihre Naturalien wohlfeil am Markte an, fand kaum noch Abnehmer. Klingende Münze war damit nicht mehr zu verdienen. Dem Kaiser sei's gedankt! Der Schiffbau war mangelnden Abnehmern geschuldet zum Erliegen gekommen. Der Kaiser sei gepriesen!

Hunderte Elende lungerten in Gassen und Spelunken herum. Man lebte von der Hand in den Mund. Es ging mit der alten Handelsmetropole vor der Mecklenburg zusehends bergab. Der Kaiser sei gelobt!

Auch Gugels Handelshof blieb von der allgemeinen Krise nicht verschont. Man hielt sich fortan notdürftig durch die Veräußerung von Gebrauchtwaren über Wasser.

Schwer fiel Malte der Abschied von Hannes. Der Freund zog eine Woche nach der gemeinsamen Affäre im Fürstenhof scheinbar wohlgemut in eine ungewisse Zukunft. Er war tatsächlich der einzige Wismarer, der dem Aufruf des Landesvaters zum Kaperkrieg gegen den englischen Löwen gefolgt war. Obwohl sich der Bursche unbewegt zeigte, als er in einer Kalesche das Tor passierte, war ihm zum Heulen zumute. Ob er die Stadt seiner Kindheit je wieder erschauen würde? Malte, mit ihm Fine und ihr kleiner Bruder, gaben dem Freund bis vor die Wälle Geleit. Tränenüberströmt winkte Fine dem besten Kameraden Maltes hinterher. Den dreien schien es, der unbarmherzige schwarze Würger habe bereits auf dem Bock der Droschke Platz genommen. „Weine nicht, mein Schatz. Ich bin sicher, er kommt bestimmt wieder", sagte Malte mit belegter Stimme. Er selbst glaubte nicht daran.

Die Stadtkasse wurde im folgenden Dezember der Todesstoß verpasst, die Franzosen schienen sich für die Ewigkeit einzurichten, es gingen Gerüchte, man wolle ein Lazarett erbauen. Ein General mit dem wohlklingenden Namen d'Alton zog großartig in Wismar ein und besichtigte geeignete Lokalitäten. Nebenbei vom barmenden Kämmerer 24000 Taler einfordernd, erkannte der General mit sicherem Blick das bestgeeignete Objekt. Die Wahl fiel auf den Fürstenhof, was der hier ansässige Vizekonsul mit Unbehagen zur Kenntnis nahm. Die französischen und herzoglichen Behörden mussten sich wohl oder übel andere Domizile suchen. Auch für Wenz galt es, fortan in der Douanerie der Franzosen im Hafendistrikt zu walten. Der verbitterte Beamte machte von hier aus beiden Hafenmeistern und den Bemannungen der spärlich genug einlaufenden Schiffe das Leben zur Hölle. Für Wismars Bürgerschaft galt fürderhin, Strohsäcke, wollene Decken, Leinwand, Bandagen und Bruchbänder bereitzustellen. Ein Militärlazarett wollte nicht nur errichtet, sondern auch unterhalten werden. So eine Stätte der Barmherzigkeit war eben nicht billig.

Dem Kämmerer konnte nur ein tiefer Schluck aus der im Gehrock verborgenen flachen Flasche weiterhelfen. „Entweder, wir erschließen neue Einnahmequellen, oder die Stadt kann den Bettelstab nehmen", konstatierte der schwer Geprüfte. Seine Assistenten grübelten fortan über das Gesagte. Bald schon erreichte ein Vorschlag das geneigte Ohr des Kämmerers. „Man könnt' die parkenden Droschken und Fuhrwerke auf Markt und Straßen zur Kasse bitten!", ereiferte sich ein findiges Bürschlein aus den Reihen der Volontäre. „Schwachkopf! Stehende Verkehrsmittel werden nicht geschröpft! Das ist Wucher und damit gottlos!", wies der pekuniäre Prokurator Wismars den Vorschlag einstweilen ab. Kopfschüttelnd über so viel Einfalt genehmigte er sich eine weitere selbst gebrannte Stärkung, dabei beharrlich betonend, der Ratsapotheker Heise hätte es ihm verschrieben.

Ebenfalls im Dezember benötigte im Schloss zu Schwerin Herzog Friedrich Franz die Hilfe seiner Mediziner. Mit zitternden Händen las er die Berichte über den mangelnden Eifer seiner maritim bewanderten Landeskinder, dem Kaiser von Frankreich zur Seite zu stehen. In Rostock meldeten sich ganze zwanzig Seeleute, aus Wismar, dieser widerspenstigen Schwedenbastion, kam gar nur einer! Der Herzog vermeinte, die Absetzungsurkunde Napoleons bereits in den Händen zu halten. Aufstöhnend sank er ohnmächtig nieder. Bewährtes Riechsalz half dem Erlauchten ins Leben zurück. „Schickt Militär in die aufmüpfige Stadt an der Bucht! Wer nicht aus freien Stücken zuhauf strömt, wird mit Bajonetten geholt!", schrie der Herzog hysterisch. Seine Justitiare sahen sich vielsagend an. Bald erschien ein polternder Obrist, der mit entsprechenden Direktiven versehen umgehend zum Sammeln blasen lies. Ende Januar rückte ein herzogliches Bataillon mit Ziel Wismar aus.

Hier ging das Leben seinen gewohnten, sprich gebeugten Gang. Eine nie zuvor erduldete Verknappung kam über die schwer geprüfte Stadt, Kontrollen auf offener Straße waren alltäglich. Speicher und Lagerhäuser wurden wieder und wieder durchwühlt. Gugels Hof war schon zum vierten Male Ziel der Schergen des allgegenwärtigen

Commissarius Wenz geworden. Nun rückte zu allem Überfluss auch noch eigenes Militär ein.

„Was mögen die eigentlich hier wollen?", fragte Fine ihren Malte, als die Kolonne der Grenadiere in mustergültiger Ordnung auf dem Umweg über die BliedenStraße zum Markt zog. Malte konnte sich auch nichts rechtes unter dem militärischen Pomp vorstellen. Er murmelte etwas von „Kriegsmanöver". Es war auch ein Manöver, aber eins mit besonders arglistigem Hintergrund. Das eröffnete der Obrist den entsetzten Ratsherren. Zum Schweigen verpflichtet, verließen die Stadtväter den behelfsmäßigen Saal im Eckhaus an der KrämerStraße. Ihre fassungslosen Mienen sprachen hingegen Bände.

Malte und Josephine Haupt erhielten die unglaubliche Kunde vom ebenfalls anwesenden Capitän Menou. Er teilte unter dem Siegel der Verschwiegenheit mit, dass in der Nacht zum 8. Februar 1811 ein Inferno über die beschauliche Stadt hereinbrechen werde. Was genau geschehen werde, behielt der Offizier wohlweislich für sich. „Haltet das Tor geschlossen, sperrt die Flügel der Fenster zu, muckst euch nicht!", gab Menou den erschauernden Gugels mit auf den Weg.

Der 7. Februar war trotz der getroffenen Maßnahmen zur Verheimlichung von knisternder Spannung erfüllt. Es lag etwas in der klaren Winterluft. Nichts Ersprießliches. Was geschehen sollte, wussten nur die Offiziere.

Die Turmuhr schlug sieben, als vom Hafengebiet her die Signaltrompeten ertönten. Von dort wurde dumpfer Lärm hörbar. Trampeln vieler Füße, dazwischen Pferdegetrappel, drangen bis zum Markt hinauf. Dann und wann donnerten Schüsse. Entlang der Faulen Grube ging das Militär systematisch vor. Vor der Kirche von Sankt Nikolai, der alten Gildekirche der Schiffer, wurden die Asylsuchenden vorerst zusammen getrieben. Einige retteten sich ins Innere des Gotteshauses. Die Häscher folgten unbarmherzig. Selbst im Angesicht Gottes gab es keine Nachsicht, sich Verbergende wurden mit roher Gewalt aus den Winkeln der Kirche gejagt. Dann ging die Hatz über die Schweinsbrücke weiter. Mit aufgepflanztem Bajonett durchsuchten Soldaten Häuser und Speicher. Kommandos hallten, Schreie gellten. Die verängstigten Einwohner vermuteten einen Überfall der Engländer von See her, gleich dem auf Kopenhagen fünf Sommer zuvor. Bald aber ertönten auch in den Gassen um den Markt herum Schreien und abgehackte Befehle. Die Türen barsten vom Kolbenschlag, Soldaten stürmten in die guten Stuben der Bürger, jeden mit sich nehmend, der irgendwie nach Fahrensmann aussah. Auf dem Markt wurden die Unglücklichen endgültig zusammen getrieben. Der herzogliche Oberst hielt hier mit seinen Offizieren nebst französischen Amtsträgern und blickte zufrieden auf die anwachsende Schar von Aufgegriffenen. Ein Postenkordon umrahmte die zum Teil halbnackten und frierenden Männer.

„Du Fine, dass ist keine Razzia nach Konterbande! Die Herzoglichen ergreifen die Seeleute!", stellte Malte fest, als er vom Giebelfenster auf die Straße linste. „Möge Gott mit den Armen sein!", sagte das Mädchen, die Hände faltend.

In dieser furchtbaren Nacht wurde Malte Gugel wieder versucht, vom Pfad der Tugend abzuweichen. Diesmal war die Anstifterin aber seine liebste Josefine daselbst. Ein Trupp Grenadiere forderte nachdrücklich Einlass. Der Hof wurde gründlich gefilzt und einmal mehr mit Bajonetten in den Stapelwaren gestochert. Dem danach die Pforten schließenden Mädchen fiel eine dunkle Gestalt im Schatten des gegenüberliegenden Giebels auf. Ein älterer Schiffer war den Häschern entronnen, verbarg sich stöhnend im Dunkel. Ohne Worte griff die couragierte Kantorstochter den Hilflosen, schleifte ihn ins Haus. Dem anfänglich Vorhaltungen machenden Malte und besonders dessen Vater wurde gehörig der Marsch geblasen. „Helfen ist eines Christenmenschen Pflicht!", sagte Fine bissig und ging daran, ihrem späten Gast einen Kräutertee zu bereiten. Mit dankbaren Blicken nahm der Entkräftete den labenden Trunk entgegen. „Sie haben etliche von uns ergriffen! Wir sollen Kanonenfutter des Korsen werden", stammelte er.

Tatsächlich wurden in dieser Nacht Hunderte von Männern zusammen getrieben. Die Soldaten nahmen ohne Rücksicht auf Person und Ansehen jeden Verdächtigen mit. Sogar der lautere Ratsherr Blidenköpf, er war zufällig in seinem Speicher neben dem Zeughaus zugange, wurde widerstrebend zum Sammelplatz geschleift. Es half dem angesehenen Honoratioren gar nichts, Zeter und Mordio zu schreien. Er fand sich neben seinem emsigen Verwalter Schmulsen in eisiger Nacht auf dem Platz vor der Rathausruine wieder. Erst als am Morgen alle Eingeführten registriert wurden, stellte sich der Irrtum heraus. Ein verschnupfter Ratsherr schlurfte prustend zu seinem feudalen Besitztum heim. Der Obrist hielt es nicht einmal für nötig, sich beim Rat zu exkulpieren.

Wer sich allerdings als Fahrensmann entpuppte, wurde entschlossen auf bereitgestellte Fuhrwerke verfrachtet. Kompromisslos karrte man die Seeleute aus der Stadt. Ziel waren französische und holländische Häfen. Den strikten Weisungen des furchtlosen Herzogs Friedrich Franz war damit Folge geleistet. Seine Durchlaucht glaubte sich damit der Gunst Bonapartes versichert.

Wismars Straßen machten den Eindruck einer Walstatt. Zersplittertes Holz und verlorene Kleidungsstücke säumten die Gassen. Es war als sei ein Orkan über die Hansestadt gefegt. Die erschütterten Bürger gingen daran, Ordnung zu schaffen. Weitere Streifen mecklenburgischen Militärs pirschten durch die Häuserzeilen. Wismar befand sich im Ausnahmezustand. Militär beherrschte das Stadtbild. Und mit den Grenadieren des Herzogs zogen die französischen Amtswalter. Wenz bewegte sich wie ein Fürst durch die Straßen, auf dieses und jenes Gehöft zeigend, woraufhin seine Gendarmen und Douaniers ausschwärmten. Man spürte fortan sowohl Seeleute als auch Konterbande auf.

„Du Fine, der Wenz kommt! Klausen muss weg!", rief Malte aufgeregt, als der Elsässer mit seinen Trabanten in die GroßschmiedeStraße einbog. Eilig weckte das Mädchen den schlafenden Schiffer. „Komm Klausen, sonst geht's Dir an den Kragen!", sprach sie leise. Eilig sprang der Gesuchte auf, verschwand durch die Hinterpforte. Keinen Augenblick zu spät, denn vorn kündete lautes Klopfen von der Ankunft des Commissars. „Hab Dank Deern, möge es Gott Dir vergelten!", hatte der Schiffer zum Abschied gesagt. Wenz' persönliche Razzia ergab nichts. Maltes Vater hingegen bemängelte abends das Fehlen einer Wolldecke. Der Flüchtige hatte sie mitgenommen.

Tage später kehrte Menou zurück. Er hatte mit seinen Soldaten die Festgesetzten nach Schwerin eskortiert. „Ihr habt einmal gesagt, wir sollen für den Kaiser beten! Wie kann es angehen, dass heutzutage schon aufgrund der Art des Broterwerbs arretiert wird!?", stellte ihn Fine respektlos zur Rede. Menou brummte entschuldigend, dass es schließlich auf Weisung des Landesherrn geschehen sei. „Das Empire hat so etwas nicht nötig. Es sind Eure eigenen Fürstenhäuser, die zuweilen über die Stränge schlagen. Man kann mit gepressten Söldnern eh' keinen rechten Krieg führen", bekannte der Capitän versiert.

Trotzdem wuchs der Hass auf die Franzosen und ihr Regiment ins Unermessliche. Nachdem im Mai eine weitere Razzia in wohlbekanntem Muster nach verbliebenen Seeleuten stattfand, war die alte Seestadt an der Wismarbucht feindfrei. So bezeichnete es Wenz, wenn er meinte, dass sämtliche Angehörige der traditionsreichen Schiffergilden entweder das Weite gesucht hätten oder auf die fährnisträchtigen Decks der kaiserlichen Marine verbannt worden seien. Das letzte Schiff unter dem Wismarschen Stierkopf machte für immer am alten Hafen fest. Die zwei Herkulesköpfe an der Hafeneinfahrt starrten von nun an in eine leere Bucht. Nicht einmal Fischerboote durften den Hafen verlassen. Nach dem Schiffbau lag auch die Ostseefahrt danieder. Den unglücklichen Einwohnern gingen die Erwerbsquellen aus. So konnte es nicht weitergehen.

12. Kapitel

Aber schon in den ersten Sommertagen des Jahres 1811 erschienen erste dunkle Vorzeichen am Horizont. Nicht nur, dass unvermittelt der nächtliche Himmel von unheimlichen Lichterscheinungen geprägt wurde. „Aurora borealis", so nannte es Fines Vater. Auch wurde wieder und wieder von einem neuen Krieg gemunkelt. Gegen das riesige Russland sollte es gehen. Neben den üblichen machtpolitischen Plänkeleien gab es noch einen schier unfassbaren Grund für die stete Verschlechterung der Beziehungen zum Zarenreich. So unglaublich es klingen mag: Napoleon, der fast ganz Europa unter seinen Stiefeln knechtete, langweilte sich vermutlich in seiner glanzvollen Residenz. Die erlesene Pracht der Tuilerien und sein Schloss Fontainebleau bei Paris bereitete dem Soldaten im Kaisermantel immer weniger Freude. Des Kaisers Naturell entsprach aber nur ein Feldzug, endlose Eroberung sowie weiterer Ruhm, haftend an den Adlerstandarten der eisernen Regimenter. Zum Verdruss der Marschälle und eigentlich Napoleons daselbst blieb nur das zaristische Russland als ernstzunehmender Gegner übrig. Denn die britischen Inseln blieben unerreichbar. Wenn man nach einem Waffengang gierte, waren auch vermeintlich gewichtige Argumente schnell gefunden. Immer mehr empörte sich die Presse über tatsächliche oder vorgebliche Demütigungen Frankreichs seitens des Zaren. Auch verübelte Napoleon seinem russischen Pendant den unverdrossen fortgesetzten Handel mit England. Diverse Zollquerelen taten ein Übriges.

Aber noch geschah nichts. Nur wer aufmerksam die Druckschriften aus Schwerin oder gar den französischen „Moniteur" studierte, fand Hinweise auf zunehmende Vereisung der französisch-russischen Beziehungen. Das einstmals so hofierte Zarenreich wurde so zu einem Hort der Reaktion und des Rückstandes. Vorbei die begeisterten Dessins über die Opernaufführungen in Petersburg. Vorbei die von eigentümlichem Glanz in den Augen begleiteten Schilderungen der Pracht Moskaus. Genüsslich wurde verbreitet, dass es in Russland noch üblich sei, nach dem in Europa seit Jahrhunderten abgeschafften Julianischen Kalender zu leben. Asiatische Hinterwäldler! Der französische Botschafter, Graf Caulaincourt, ein Intimus des Kaisers, wurde abberufen und durch einen subalternen Stellvertreter, immerhin auch General, ersetzt.

In Wismar begriff kaum jemand, was sich dort zusammenbraute. Man war froh von einem Tag zum anderen etwas Handfestes zwischen die Zähne zu bekommen. Die Stadt lag zwischen Baum und Borke. Das, was Wismar groß gemacht, der Handel nämlich, war fast zur Gänze unterbunden. Mit ihm das gerühmte Handwerk und die Feldbestellung im Umland. Der Mangel wurde schier unerträglich. Vor allem, wenn man etwas Besonderes plante. Malte fühlte sich ins finstere Mittelalter zurückversetzt, als er im Oktober 1811 die gesamte Sippschaft zu seiner offiziellen Verlobung mit dem Fräulein Josefine Amalie Haupt zu freudigem Umtrunk bat. Allein die ausersehenen Speisen zu beschaffen, kostete ungemeinen Aufwand an Beziehungen und Zeit. Und so etwas in einem von Landwirtschaft und Fischfang geprägten Landesteil! Es gelang dem eilfertigen Bräutigam in spe, ein halbwegs wohltuendes Ensemble an Spezereien zu organisisieren. Dafür schuldete er allerdings dem noch immer in Gugels Hof residierenden Menou innigsten Dank. Der Offizier seiner Majestät hatte folglich auch den Ehrenplatz inne, was von unkundigen Anwesenden allerdings als übler Affront gewertet wurde. Nur die Wenigsten hatten Kenntnis um die Verdienste Menous betreffs der Verbindung beider Verlobter. Denn ohne ihn säße Malte Gugel kaum hier. Angewidert wandte man sich auch von Gevatter Schmeck ab, den der dankbare Malte ebenfalls nicht vergessen hatte. „Lass die Dünkelhaften, sie bilden sich ein, etwas Besseres zu sein. Dafür sind wir beide dem Alten so viel schuldig!", raunte Fine, als Malte missmutig auf die langen Gesichter der neben Schmeck sitzenden Anverwandten blickte. Ihr Schatz schaute indes zweiflerisch auf seinen Oheim. Jenen Gustav Gugel, der sich gerade an einem Tonkrug mit Honigwein gütlich hielt. Malte konnte sich nicht helfen, seit der gescheiterten Aktion unter Wieschendorf misstraute er dem zwielichtigen Verwandten. Warum hatte Törens kurz vor seinem gewaltsamen Tod so auf Gugel geschimpft? Weshalb mussten er und Hannes damals unbedingt mit dem übelbeleumdeten Törens ziehen? Hatten nicht er und Hannes den Oheim ebenfalls gekränkt? Gab der alte Tunichtgut gar den entscheidenden Tipp an die Obrigkeit? Fragen über Fragen. Malte war nicht geneigt, den Abend mit Grübeleien zu verbringen. Neben sich befand sich die seiner Meinung nach schönste Maid der Welt und das Leben konnte jählings enden. Wie bereits erlebt. Die Gedanken schweiften zu Hannes. Was mochte der jetzt tun, gar in die rauchende Mündung einer britischen Kanone schauen!? Wie schön wäre es, wenn der beste Freund hier wäre! ‚Blöder Krieg, verdammter Bonaparte!', flüsterte Malte. Dass Britanniens unbeugsames Kabinett an der endlosen Auseinandersetzung auf den Weltmeeren ebenso schuldig war, konnte der Bursche nicht wissen. Maltes Schwager, den kleinen Anton Johann, zog es zu Menou. In vollkommenem

Französisch unterhielt sich der Knabe, was seinem Vater die Brust vor Stolz schwellen ließ. Was der Junge mit dem Franzosen zu besprechen hatte, verschloss sich allerdings den meisten der Anwesenden. Dabei war's von höchster Wichtigkeit. Dem staunenden Menou legte der Knabe dar, dass Napoleon wenn er schon Russland angreifen wolle, auch ein freies Polen deklarieren müsse. „Das Herzogtum Warschau ist doch bloß Augenwischerei!", sagte Anton Johan zwinkernd. „Das gebe aber nachhaltigen Zwist mit Österreich und Preußen!", gab Menou zu bedenken. „Und? Die polnischen Korps unter dem Marschall Poniatowski dienen dem Kaiser mit Inbrunst. Ich finde, dass jedes Volk souverän über sein Wohlergehen entscheiden sollte. Das sollte auch Bonaparte zur Kenntnis nehmen", entgegnete der junge Haupt. Die schönen Illusionen der französischen Revolution ließen grüßen. Fine mischte sich arglos ein: „Kleiner, diskutier mit unserem Ehrengast nicht über Deine Hirngespinste! Denk daran, es ist mein Ehrentag!" Ein wenig verstimmt verstummte der Junge. Aber er konnte der geliebten Schwester nicht gram sein. Schweigend löffelte er fortan seine pikant gewürzte Fischsuppe. „Euer Sohn hat eine große Zukunft!", bestätigte Menou dem Kantor Haupt, als sie sich spät verabschiedeten. Der Kantor strich seinem Sprössling sanft übers Haar. Das war bei ihm ein Zeichen höchster Wertschätzung. „Vater, ich glaub, die wollen wirklich nach Russland ziehen!", sagte Anton Johann auf dem Heimweg. „Sohn, so aberwitzig ist selbst der Bonaparte nimmer!", entgegnete der Kantor nachdenklich. „Aber der Capitän! Er hatte …" Unwillig wedelte Friedrich Haupt mit seinem Gehstock. „Schweig still. Was geht uns der Cäsarenwahn eines Mittelmeerinsulaners an?", sprach er eisig. Sein Sprössling sah ein, der Vater wollte nichts mehr davon hören. Stumm ging er mit der Mutter am Arm neben dem Herrn Vater her.

Auf dem Gugelschen Hof war man bereits zur Ruhe gegangen. Erstmals teilte Malte offiziell seine Kammer mit Fine. „Es war eine liebreizende Lustbarkeit", sagte Fine spät in der Nacht. Sie setzte sich auf. „Findest nicht auch, mein Liebster?" Der Angesprochene schien bereits zu schlafen. „Malte?", fragte Fine. Keine Antwort. Der Kopf des Verlobten war zur Seite geneigt, der Atem ging gleichmäßig. Dieser Banause schlief wirklich! Enttäuscht schaute Fine nochmals zu ihrem Verlobten hinüber, dann löschte sie leise das Kerzenlicht. Als sie sich sachte niederlegte und die Beine anzog, kam urplötzlich Bewegung in die Sache. Wie ein nächtlicher Alp richtete sich Malte auf: „Hast wohl gedacht, Dein Vagabund würd' der Ruhe pflegen?" Er riss ihr die Decke weg, schmiegte sich an sie. „Malte nicht!", kicherte das Mädchen. Ihr Liebster schien an diesem Abend nicht auf sie zu hören. Der Deckel des Nachttopfes unter dem Bett schepperte dezent im Takt mit.

Die Freuden der Liebe blieben auch beinahe das Einzige, was den jungen Leuten blieb. Mangels auswärtiger Abnehmer fielen die Getreidepreise ins Bodenlose, was zum Ruin vieler Pächter und sogar Gutsbesitzern führte. Folge war eine rasante Abnahme des Anbaus von Feldfrüchten. Die Äcker verödeten. Unkraut wucherte selbst auf den Fluren im nahen Umland der Hansestadt. Die wenigen trotz dem Unbill nicht den Frohsinn verlierenden Wismarer nannten den Sommer 1811 den „Distelsommer". Nichtsdestotrotz sah sich der Herzog bemüßigt, einen Sonderzins auf alle veräußerten Waren einzuführen. Eines Tages im September kam Malte aus Schwerin heim, streckte die Beine unter den Tisch und teilte verbittert mit, das er von Stund an gar nichts mehr tun würde. „Vater, der Handel wirft nichts mehr ab. Wovon sollen wir leben!?", begehrte er auf. Einmal mehr war's Fine, die Rat wusste: „Wie wär's mit Pferdehandel?", sagte sie schlicht. Sowohl Malte als auch dessen Vater schauten auf die Maid wie auf eine Geisteskranke. „Davon verstehen wir nichts!", lehnte der Vater den Vorschlag rigoros ab. Aber Fine hatte es gründlich durchdacht. Außerdem war die Idee nicht ihr gekommen. Der kürzlich beförderte Major Menou hatte sie darauf gebracht. Er teilte ihr vertraulich mit, dass in absehbarer Zeit der Krieg im Osten beginnen würde. „Eine Armee braucht stets Remonten!" Fine überlegte, fand den Vorschlag erwägenswert. Denn das Einzige, was Bauern und Gutspächter noch zur Genüge besaßen, waren eben Pferde. Die Tiere waren günstig zu haben und leicht abzusetzen. Zumal ihr Menou versicherte, die Aufkäufer der Grande Armée würden in klingender Münze zahlen. Das alles erläuterte das Mädchen geduldig ihrem bärbeißigen Malte. Obwohl Zweifel blieben, hielt er den Vorschlag für durchführbar. „Aber die Kürassiere und Husaren brauchen Reitpferde, edle Rosse! Die Klepper der Hiesigen taugen zu so etwas nicht!" Fine erfasste, ihr Liebster war heute etwas langsam von Begriff. „Denk an die holländische Artillerie vor zwei Lenzen! Die schweren Kanonen werden kaum von feurigen Rossen bewegt." Malte erhob sich, ging erregt auf und ab. Das konnte in der Tat der rettende Ausweg sein!

Gegen den Willen des alten Gugel betrieb der Handelshof fortan den übel beleumdeten Rosshandel. Für die eng gestockten Ehrbegriffe der stolzen hanseatischen Kaufmannschaft war es allerdings ein Sündenfall. Denn einem Pferdehändler hing seit alters her der unrühmliche Leumund eines Betrügers an. Nicht umsonst fand vermutlich das Schimpfwort eines „Rossfälschers" Eingang in den deutschen Sprachgebrauch. Damit nun hielt Malte sich und die Seinen über Wasser. Trotz dem Schmollens und der ständig wiederkehrenden Vorhaltungen seitens des Vaters und des Oheims.

Der Bedarf an Pferden war tatsächlich immens und wurde im ausklingenden Jahr 1811 immer größer. Die Franzosen kauften, was sie kriegen konnten. Mit Genugtuung nahm Malte zur Kenntnis, dass selbst der hoch angesehene Ratsmann Blidenköpf diesen zwielichtigen Erwerbszweig betrieb.

Der Jahreswechsel zum Schicksalsjahr 1812 wurde in Wismar wie in vielen Teilen der unter der Fremdherrschaft leidenden deutschen Territorien sehr still begangen. Keine ausgelassenen Lustbarkeiten begrüßten das neue Jahr, versprach es doch nur weitere Demütigungen und Lasten. Napoleons Macht stand im Zenit, erschien unerschütterlich. Vom Atlantik bis zur Memel, von Grenada über Sizilien bis nach Skagen hinauf war der Wille des Kaisers Gesetz.

Aber auch Napoleon beging den Jahreswechsel keineswegs glanzvoll, obwohl ihn seine junge Gemahlin, die lebenslustige Maria Luise von Österreich zum Maskenball gebeten hatte. Der Imperator arbeitete, scheuchte seine Adjutanten von einem Archiv ins nächste. Vor sich hatte er eine riesige Karte Europas ausgebreitet. In gottverlassenen ostpreußischen Provinzstädtchen wie Gumbinnen oder Goldap steckten bunte Fähnchen. Sie markierten den Aufmarschraum der französischen und verbündeten Divisionen. Als die Glocke der Kathedrale von Notre Dame zwölf schlug, betätigte auch der Kaiser ein kleines goldenes Glöckchen. Sein Leibmameluck Roustam, der ihn seit dem Ägyptenfeldzug treu begleitete, trat respektvoll ein. „M'apporte le roi de Rome!", befahl der Kaiser scharf. Er wollte sofort seinen Sohn, den König von Rom sehen. Der Lakai tat wie ihm geheißen. Mit einem in feines Tuch geschlagenen schlafenden Säugling kehrte er wieder. „Votre fils, Sire!" Der Kaiser nahm das Bündel mit dem jetzt unwillig schreienden Kind und trug es ans Fenster. „Mein Sohn!", flüsterte Bonaparte. Er hielt das Wickelkind dicht an das Promenadenfenster zum Garten, wo ein grandioses Feuerwerk zum Firmament aufstieg. Während im Park feurige Kaskaden niederbrannten, flüsterte der Kaiser seinem kleinen Sohn und Erben ins Ohr, das jener zum nächsten Jahreswechsel der Großfürst von Moskau sein werde. Der aus dem Schlaf gerissene Säugling begann wieder zu weinen.

Ende des Jänner erhielt Franz Wenz eine Depesche seines Ministers. Der Ungutes vermutende Beamte schloss sich in seiner zugigen Amtsstube ein, erbrach das Siegel. Was er aber zu lesen bekam, ließ ihn aufspringen und schnellen Schrittes den Raum vermessen. Der Commissarius glaubte zu träumen. Wieder und wieder überflog er das Schreiben. Es stimmte, stand dort blau auf weiß. Und der Namenszug Fouchés prangte unter dem Anschreiben. Wenz riss das Fenster auf, schrie wie berauscht in die Nacht: „Adieu, du tristes Kaff!" Er hatte soeben seine Bestallung zum Polizeipräfekten von Moskau erhalten. Franz Wenz aus Colmar als höchster Repräsentant der Gendarmerie des Kaisers in der russischen Metropole! Welch Ehre, was für Perspektiven! Obwohl der unfertige Operationsplan des Kaisers eine Besetzung Moskaus nur im Notfall vorsah, hatte der alles bedenkende Fouché, Herzog von Otranto, auch dieses in Betracht gezogen. Weil er gerade zufällig einen Bericht des emsigen Amtswalters in dieser fernen Provinzstadt in die Hand bekam, hatte der Polizeiminister diesen kurzerhand nach Gumbinnen an der preußisch-russischen Grenze beordert.

Nicht nur Wenz erhielt den Marschbefehl nach Ostpreußen. Auch die in und um Wismar stationierten Bataillone der Grande Armée machten sich bereit für den Ausmarsch. Fourage wurde gefasst, die Speicher ein weiteres Mal geleert. Gegen Kontributionsscheine versteht sich. Bezahlbar zu Sankt Nimmerlein. Um die Soldaten bei Laune zu halten, drückten die Offiziere bei Übergriffen gegen die Gastgeber schon mal ein Auge zu. Dabei wäre um ein Haar das Anwesen des Kantors Haupt ein Raub der Flammen geworden. Auch waren die ehrbaren Töchter der Bürger und Tagelöhner keineswegs mehr sicher. Die rauen Krieger des Kaisers wussten nicht, was sie erwartete, so nahmen sie das Begehrte auch ohne Einverständnis. Kantor Haupt war heilfroh, seine Josefine bei Gugels zu wissen. Denn hier wachte noch immer der Major Menou. Aber auch er war viel unterwegs, sichtete seine Kompanien, konferierte mit den Kameraden des Stabes. Der lange Marsch nach Friedland am Fluss Neman wollte gut vorbereitet sein. Fine und Malte sahen dem Auszug der Franzosen mit einem lachenden und weinenden Auge entgegen. Einerseits war man allgemein über den Abzug der fremden Truppen heilfroh, doch der Abschied von einem so anständigen Monsieur, wie Jaques Menou es war, fiel beiden schwer. Hatte der Offizier doch fast zwei Jahre auf Gugels Hof verbracht.

Wenz grübelte während dieser bewegten Tage, wie er sich den renitenten Wismarern unvergesslich machen könnte. Dann, als er seinen Blick über den Hafen schweifen ließ, kam ihm die Erkenntnis. Dort dümpelten die Schiffe und Boote unter dem Stierwappen. Im Geiste zitierte der Commissarius seine Direktiven: „… ist sicherzustellen, dass der Einfuhr von Konterbande auch weiterhin kein Vorschub geleistet werde." Und wie konnte man trotz abwesender Machtmittel wie den kriegsstarken Bataillonen und mit Verlaub, seiner selbst, den hiesigen schwachköpfige Gedanken austreiben? Indem man deren wurmstichige Kähne an der Ausfahrt hinderte! Wenz lies den Hafenmeister rufen. Der alte Harms, im Grunde ohne rechte Beschäftigung, aber von langjährigem Pflichtbewusstsein getrieben, wachte wie stets im baufälligen Hafenamt. Der unfreundlichen Aufforderung eines französischen Zöllners kam er freilich umgehend nach. ‚Was mögen diese welschen Finsterlinge denn jetzt wieder wollen?', dachte er, während er zur Douanerie hetzte. Hier erwartete ihn der berüchtigte Commissarius mit den stechenden Augen. Ohne ein Wort der Begrüßung hob er an zu referieren. Noch verschwieg Wenz seine Versetzung. Er sprach unverfänglich über Belange der Schifffahrt. Unauffällig erkundigte er sich über die Kähne, und was wohl unbedingt benötigt werde. „Wir haben gar keine Besatzungen und Steuerleute mehr", teilte Harms unbedarft mit. „Ich weiß, aber der Kaiser befahl, die vorhandenen Schiffe umgehend neu auszustatten. Zahlungsmittel spielen keine Rolle. Sagt mir, was dringend benötigt wird!" Bedächtig wiegte der in Ehren ergraute Fahrensmann das Haupt. Endlich einmal gute Neuigkeiten! Man wollte die Ostseefahrt wieder beleben! Hatte der Napoleum doch noch ein Einsehen. „Man muss die Masten prüfen, Segel ausbessern, dann vor allem die rechte Funktion der Ruder kontrollieren", teilte der Hafenmeister glücklich mit. Ohne Regung nahm Wenz die Auskünfte zur Kenntnis. Er erlaubte dem Alten, sich zu entfernen. Froh trottete der Hafenmeister zurück in sein Domizil. Hätte er bereits gewusst, was er mit seinen arglosen Auskünften angerichtet hatte, er würde sein Pfeifchen weit weniger gemütlich schmauchen.

Wenz rieb sich indessen die Hände. Auf Segel und Masten wäre er selbst gekommen, aber die Erwähnung der Ruder ließ ihn heimtückisch grinsen. Von hier würde bis zur Niederwerfung Englands kein Schiff mehr auslaufen.

Der folgende Morgen sah einen geschäftigen Wenz zur Kommandantur unweit des Fürstenhofes eilen. Dem Oberst Darthé, übermittelte er seine Bitte um Amtshilfe der besonderen Art. „Sie brauchen zwei Kompanien?", fragte der Offizier unwillig. „Zweihundert Mann, für zwei Tage!", bestätigte Wenz unterwürfig. „Wofür?", wunderte sich der Oberst. Nachdem ihm der Commissarius den Zweck mitgeteilt hatte, rieb sich Darthé zweifelnd das Kinn. „Es findet Billigung von höchster Stelle?", vergewisserte er sich. „Untrüglich!", entgegnete Wenz.

An einem klirrend kalten Februartag erwachten die Einwohner in Hafennähe von dumpfen Hammerschlägen. Die sich verwundert aus den Fenstern Lehnenden bekamen ein Bild des Schreckens zu sehen. Auf den Schiffen waren ameisenhaft französische Soldaten zugange. Die Masten der vor Anker liegenden Schoner wurden gekappt, deren Takelage heruntergerissen. Andere machten sich von Schaluppen aus an den gewaltigen Rudern zu schaffen. Des weiteren wurden sogar die Steuerräder demontiert. Mit kundigem Blick wies Wenz an, aus jedem Schiff den Kompass auszubauen. Wie Trophäen verbrachten die Soldaten ihre Beute in den geräumigen Lagerschuppen hinter der Douanerie. Auch vor den Fischerbooten wurde nicht halt gemacht. Hier schaffte man Masten und Segel als Ganzes zur Lagerhalle. Die Handruder dienten den Soldaten als Feuerholz für ihre Lagerfeuer. Als zwei Tage später die Soldaten abrückten, gab es bis auf das im Haffeld verborgene Boot des seligen Jenke kein einziges seetüchtiges Schiff im Hafen der Hansestadt mehr. Wenz hatte seinen Namen in der Tat unvergesslich gemacht.

Am fünfzehnten Februar zogen die letzten Kompanien der Grande Armée unter Paukenschlag und Trommelwirbel durchs Altwismartor. Wenz war schon Tage zuvor in einer feinen Kalesche abgereist. Zurück blieben ein skeptischer Lafalue nebst einiger Zöllner und Gendarmen. Die massive Macht der Franzosen war gewichen, dennoch verblieb der Schatten Bonapartes wie ein drohendes Gespenst über der Stadt. Fine und Malte hatten dem Kommandeur der Nachhut einen bewegenden Abschied bereitet, wünschten dem Offizier auch im weiteren von Herzen Glück. Nachdenklich murmelte Menou, dass er das auch gut brauchen könne. Er schaute lange von der Höhe seines Rosses auf die beiden jungen Wismarer herab. Dann war er wieder der furchtlose Streiter, schwenkte seinen Hut und gab seinem Schimmel die Sporen. „Ich schreibe euch!", rief der Major und ritt im Galopp davon. „Ich werd' ihn missen!", flüsterte Fine, warf sich um Maltes Hals. „Er kommt wieder!", sagte jener. „Hast von Hannes auch gesagt! Der ist schon über ein Jahr weg und kein Lebenszeichen kam jemals zu uns zurück!", heulte Fine hemmungslos. „Du mochtest Menou sehr?", fragte Malte, was aus seinem Munde ein wenig merkwürdig klang. „Und, er hat Dich mir erhalten als Wenz ...", schluchzte Fine. Maltes Vater bemerkte trocken, dass der Krieg gewiss nicht lange dauern würde. „Die Russen werden laufen wie die Hasen!", fügte er hinzu. Schlurfend verschwand Maltes Vater im Haus. So konnte sein Sohn nicht hören, wie er leise vor sich hin fluchte, dass die Franzosen dann noch anmaßender, herrischer und arroganter auftreten würden. „Seit der verwünschte Savary hier einzog, wurde es schließlich von Feldzug zu Feldzug schlimmer", schimpfte der Alte. Er wusste, keiner würde ihn hören und das unverblümt Gesagte in unbefugte Ohren tragen.

Trotz des Abzuges der Truppen stöhnte Wismar nach wie vor unter den Lasten der Besatzung. Vizekonsul Lafalue ließ die Bürger spüren, dass sich ein neuer Krieg ankündigte. Kontributionen hieß das Zauberwort. Da aus dem Stadtsäckel kaum noch etwas zu holen war, griffen die Douaniers des Kaisers den braven Citoyens der Wissmaria in die Taschen, flöhten dazu obendrein den Brustlatz.

In Ostpreußen formierte sich in diesem Lenz die vermutlich gewaltigste Heerschar, die je unter der Sonne zugange war. Die beschaulichen Städtchen quollen über von Truppen. Scharen aus fast ganz Europa gaben sich in Gumbinnen, Memel oder Ragneta ein Stelldichein. Neben Franzosen und den Kontingenten des Rheinbundes marschierten Polen, Niederländer, Flamen, Wallonen, Italiener, Spanier Portugiesen sowie selbst dreißigtausend Österreicher und das preußische Hilfskorps unter dem General von York. Ende Mai war die Blüte der französischen Marschälle am Neman versammelt, der Kaiser selbst folgte mit dem König von Neapel und seinem Stiefsohn, dem Vizekönig Italiens nach. Die Zeitungen überboten sich bei den begeisterten Schilderungen des Durchzugs der Alten Garde mit dem Imperator an der Spitze durch Sachsens Metropole Dresden.

Bevor er den Wortlaut wiedergab, entrüstete sich Malte: „Da lies, meine Liebste! Wort für Wort steht es im Wismarschen Herold!"

„Die gewaltige Gestalt des Kaisers überragte die strahlenden Gesichter seiner Grenadiere und eine unübersehbare begeisterte Menge hinter den gleißenden Adlerstandarten der sieghaften Regimenter."

„So ein Aberwitz", rief Gugel und warf das journalistische Machwerk angewidert von sich. „Dabei ist Bonaparte doch nur 5 ¼ Fuß groß und hinter vorgehaltener Hand sagt man, er sei ein miserabler Reiter!", stimmte ihm Fine spöttisch bei. „Unsere Schreiberlinge dagegen übertreffen sich in Lobhudeleien! Als befinde sich Wismar inmitten Frankreichs …", schimpfte Malte über diese willfährigen Liebediener von Gazettenmachern. Fine bückte sich, hob die Zeitung auf, dann las sie die fette Schlagzeile auf dem Revers. „Neunhunderttausend tapfere Herzen gegen den finsteren Bären!" Kopfschüttelnd las das Mädchen weiter. „Diese armen Muschkoten in Russlands Wildnis!", sagte sie mitfühlend. Malte striegelte währenddessen einen Wallach. Das Tier sollte am Nachmittag einem potenziellen Käufer vorgestellt werden.

Seit dem Abzug der Armee lief auch der Pferdehandel nur mittelprächtig. Malte tröstete sich, dass nach dem Feldzug sicher die Verluste an Pferden ausgeglichen werden müssten, bis dahin würde man schon durchkommen.

13. Kapitel

An einem der langen Tage um Johanni herum erschien auf Gugels Hof der Vater Josefines, Friedrich Haupt. Die sonst so gerade Haltung des Kantors war einem leicht gebückten Gang gewichen. Er umarmte seine Tochter innig, grüßte seinen Schwiegersohn mit einem müden Wink. „Meine Tochter!", sagte er leise. „Dein Bruder, er ist sehr krank!" Unwillkürlich fuhr das Mädchen mit der Linken zum Munde. „Was!?", fragte sie erschrocken. „Ja meine Kleine, Diphtherie, der alte Feldscher Schulz sagt, es steht schlecht."
„Vater!", schluchzte Fine, sie klammerte sich an die starken Schultern des Kantors. „Es gibt keine Essenzen", sagte Friedrich Haupt ratlos. „Weshalb keine Medizin?", mischte sich Malte ein. „Weil alle Heilerde und Kaffeekohle nach dem Osten zu den Invasionstruppen Napoleons gebracht wurde!", fuhr Haupt seinen Schwiegersohn an. „Gibt's denn nichts im Lazarett?", vergewisserte sich Malte. „Die welschen Krankenwärter rücken doch nichts an Heimische raus!", wütete der Kantor. Hinter Maltes betretener Miene arbeitete es. Das war sie die Gelegenheit, dem alten Haupt seinen Fürspruch beim Rat zu vergelten. Mal ganz abgesehen davon, dass der Nutznießer Josefines geliebter Bruder Anton Johann war. Das war's denn mal wieder mit dem Pfad der Tugend. Seine verstörte Josefine umarmend, bedeutete er, sie solle mit ihrem Vater gehen, Anton Johann bräuchte jede erdenkliche Pflege. Diese folgte gern dem Erbieten, wandte sich aber dennoch um, drohte ihrem Malte unmissverständlich. „Enthalte Dich Liebster!" Der präventiv Zurückgepfiffene überlegte. Zum Oheim? Dessen weitreichende Verbindungen garantierten das Gesuchte. Aber diesem gewissenlosen Halunken pflichtig zu sein, das passte Malte überhaupt nicht. Warum nicht einmal zum Fürstenhof, das Lazarett hatte die Stadt Unsummen gekostet, warum sollten die dortigen Militärärzte nicht … Gedacht, getan. Der Bursche, bat seinen Vater auf dem Hof zu walten, machte sich auf den Weg.

Nur ein paar betagte Feldscher lungerten im verwaisten Spital. „Pack Dich, Unseliger!", wurde Malte angeblafft, als er unversehens in die Heiligen Hallen des medizinischen Personals der Französischen

Armee eindrang. „Langsam Monsieurs!", erwiderte dieser tapfer. Dann verlangte er energisch, den Docteur de Stabe zu sprechen. Hohnlachen. „Nun, wir werden sehen, was der Herzog von Auerstedt dazu bemerken wird", sagte Malte gelassen. Er wusste von Menou, dass dieser Name in der Armee mehr als der Leibhaftige gefürchtet wurde. Und tatsächlich, diese Subalternen waren wie verwandelt, sie bedeuteten servil dem Unbekannten ihnen zu folgen. Im Unterschied zu seinen Untergebenen erwies sich der Médecin de militaires als recht zugänglich. Als Malte ihm umständlich den Zweck seines Kommens erläuterte, raffte sich der Herr wahrlich auf, wollte den Kranken sehen.

Beim Anwesen des Kantors Haupt angekommen, zügelte der Franzose sein Ross, selbstverständlich war man beritten, und drängte ohne weiteres Palaver in Haus. Mit einem „Bon soir!" setzte sich der Franzose ans Krankenbett und begann ohne weitere Worte den röchelnden Jungen zu untersuchen. Kantor Haupt, seine Frau Margarete und Fine standen starr vor Erstaunen. Dann notierte der Docteur etwas auf einem Kassiber, setzte geschwungen seinen Namenszug darunter und bedeutete Josefine näher zu treten. „Das holen Du aus dem Cour de Prince!" Der Mutter zugewandt erklärte der Franzose in gebrochenem Deutsch, was zu tun sei. Mundspülung, täglich ein Klistier, und die genaue Anwendung der avisierten Arzneien. „Morgen komme isch wiedér!", verabschiedete sich der Arzt, nickte Malte ermutigend zu und schwang sich aufs Pferd. Man schrieb den zweiundzwanzigsten Juni 1812.

An diesem Tage wurde das 18. Bulletin der Grandé Armée herausgegeben. Es beinhaltete, die gewaltige Streitmacht schickte sich an, den Krieg in die Weiten des russischen Zarenreiches zu tragen. „Soldaten, ich rechne wie stets mit Eurer gewohnten Tapferkeit bei der Zerschlagung des russischen Heeres! Der Waffengang ist unerlässlich für einen unzerstörbaren Frieden in Europa", schrieb Napoleon zynisch und entsandte seine Truppen ohne Gemütsbewegung in ein nie dagewesenes Gemetzel. Am 24. Juni setzten die ersten Bataillone über den Neman.

In Wismar ging auch nach dem Mittsommer das Leben weiter. Man nahm den Fortgang des Krieges ungerührt zur Kenntnis. Der Feldzug fand weder hier noch sonst irgendwo das mindeste Interesse. Bonaparte führte im Osten sein Heer, würde früher oder später siegen, der Zar würde um Waffenstillstand ersuchen und die Regimenter würden ruhmbedeckt zurückkehren. Die Offiziere würden einige Orden mehr zur Schau tragen, während die Soldaten sich noch raubeiniger gaben. Nichts würde sich ändern. Nur die Wissbegierigsten lasen die ruhmredigen Bulletins der Grandé Armée. Was sie dabei erfuhren, verhieß

Merkwürdiges: Namen von Orten, nie vorher gehört, drangen über die kargen Mitteilungen des französischen Militärs in Wismarer Stuben: Wilna, Witebsk, Smolensk. Immer weiter drang der Heerwurm Napoleons ins Innere Russlands vor, dabei die Russischen Armeen unter einem gewissen Fürsten Bagration und dem Generalissimus Barclay de Tolly gnadenlos vor sich hertreibend. Aber Zar Alexander blieb starrsinnig. Die Russen kämpften weiter.

Anton Johann genas langsam, sehr langsam. Dank der Essenzen und den Bemühungen des Arztes aus dem Garnisonslazarett war der Sprössling Friedrich Haupts gerade noch einmal davongekommen. Am 16. Juli erhob er sich erstmals vom Krankenlager. Sehr geschwächt ließ er sich von seiner Schwester ans Fenster geleiten. „Die Sonne scheint so wunderschön!", sagte der Junge mit schwacher Stimme. „Bald sind die Kirschen reif!", flüsterte Fine und zeigte auf den Kirschbaum im Garten. „Es wird ein gutes Obstjahr!", fügte sie hinzu. Zu ihrer Verwunderung schaute sich ihr Bruder fragend um und fragte: „Welchen Tag haben wir?"

„Mitte Juli!", entgegnete Fine. Mit glühendem Gesicht schaute ihr Anton Johann ins Gesicht. „Schon Juli?", fragte er ungläubig. „Bei Gott, Du lagst so lange danieder!"

„Wie steht's in Russland?", begehrte der wissbegierige Junge stracks zu erfahren. „Die Franzosen treiben die Russen vor sich her. Sie sollen über Smolensk hinaus sein!"

„Wirklich?" Fine zuckte mit den Schultern: „Ich glaub schon. Komm leg Dich wieder hin!" Sie bot ihrem Bruder den Arm. „Gib mir was zu lesen!", bat Anton Johann noch. Fine ergriff aus Vaters Arbeitszimmer wahllos einige Glossars und brachte sie ihrem Bruder, um sodann flink ihrer Mutter von den Genesungsfortschritten Anton Johanns zu berichten. Margarete Haupt bekreuzigte sich erleichtert. „Dein Vater hätte den Verlust unseres Sohnes kaum verwunden!"

„Haben wir aber auch Malte zu verdanken!", gab Fine zu bedenken. „Schließlich holte er den ausgezeichneten Arzt!"

„Vater weiß ob der Verdienste Deines Verlobten! Sei also unbesorgt", lächelte Mutter Haupt, als oben das Notglöckchen des Rekonvaleszenten ertönte. Beide Frauen hasteten die Treppen hinauf. Anton Johann saß mit hochrotem Antlitz im Bett, schaute aber wachen Auges auf seine weibliche Anverwandtschaft. „Ist Vater daheim?", wollte er wissen. „Nein Kleiner, der Herr Kantor geht seinen Referaten in der Stadtschule nach!" Der Junge sank zurück ins Kopfkissen. „Schade!", murrte er. „Mama, Vaters Depeschen besagen, es gibt ein immenses Pferdesterben in Russland!", ertönte es vom Bette des Jungen her. „Ist doch gut für Deinen Schwager!", entgegnete Mutter Haupt leichthin. „Ihr versteht nicht", sagte der scharfsinnige Knabe. „Wenn den Truppen jetzt im Sommer schon die Gäule krepieren, dann finden die dort keinen Nachschub mehr. Gleichwohl gehen die Armeen weiter vor. Der Bonaparte spielt Vabanque, Josefine", fuhr Anton Johann fort. Liebevoll gab ihm Fine einen Kuss auf die Stirn. „Schlaf mein Kleiner!", hauchte sie. Sie dachte nicht weiter über die Vorausdeutung ihres Bruders nach.

Im Laufe des Augustes wurden die Meldungen aus dem Osten spärlicher, der Krieg rückte endgültig aus dem Focus des Interesses. Man hatte daheim wahrlich daselbst genug Sorgen. Nur Anton Johann harrte begierig jeder Meldung vom Kriegsschauplatz.

In Mecklenburg gab es kaum noch etwas zu beißen, alles wartete auf das Einbringen der Ernte. Die wogenden Getreidefelder verhießen baldige Besserung. Aber wer sollte die Viktualien noch bezahlen? Eine aus dem Wegfall der einträglichen Handelsverbindungen resultierende katastrophale Erwerbslage im Handwerk zeitigte ein Heer von Almosenempfängern. Immer mehr Handwerksmeister mussten ihren Betrieb schließen. Gesellen, Handlanger und Laufburschen wurden auf die Straße geschickt, der Not gehorchend einem ungewissen Schicksal überlassen. Deren Sippen fehlte dann der einzige Ernährer. Die vielköpfige städtische Unterschicht darbte. Mütter schickten ihre zerlumpten Kinder ohne einen Bissen in die Gassen. Um Krumen flehende Kinder umlagerten die Marktstände. Die beschäftigungslosen Männer lungerten auf öffentlichen Plätzen, hier und dort gab es Krawall. Die Sicherheit war kaum mehr zu gewährleisten, das städtische Gefängnis in der Hauptwache, Kaak genannt, erfreute sich regen Besuchs. Die städtischen Ordnungshüter, von alters her Kohlenmesser genannt, wurden der Lage nicht Herr. Der Rat sah sich genötigt, herzogliche Gendarmerie anzufordern. Der Bitte um die Entsendung weiterer Uniformierter wurde bereitwillig entsprochen, das Flehen um Zuwendung pekuniärer Art fand bei den herzoglichen Kammern kein Gehör. Spenden Vermögender und ein Bodensatz aus der einst reich gefüllten Kasse der Stadt sicherten noch bis Oktober Almosenverteilungen an Bedürftige. Derer wurden immer mehr. Und noch immer war kein Licht am Ende des Tunnels auszumachen.

Ende September kehrte Malte einmal mehr aus dem Umland zurück, am Zügel führte er zwei widerwillige Stuten. Was aus dem Handelshaus der Gugels ohne den einträglichen Umschlag mit Zugpferden geworden wäre, war leicht zu erdenken. Denn fast jeder Wismarer, der mit dem Handel sein Brot verdiente, nagte am Hungertuch. Einer nicht:

Gustav Gugel. Der Oheim hatte ein Arrangement mit dem Vizekonsul geschlossen. Er belieferte den kulinarisch anspruchsvollen Lafalue mit erlesenen und seltenen Spezereien. Wo er sie beschaffte, war wie immer geheimnisumwoben.

Malte brachte seine Tiere in den zum Stall umgebauten Warenspeicher und begrüßte seine Fine mit einem Kuss. Schon seit Wochen sah sie bleich und übernächtigt aus. Bisher nahm das Malte kaum wahr, selbst wenn, dann schob er es auf die steten Wirrnisse und Belastungen. Aber heute wirkte das Mädchen besonders angeschlagen. Ihr Bräutigam begann, sich Sorgen zu machen. „Liebste, was schadet Dir?", fragte er fürsorglich. „Nichts!", wehrte sie ab. Dennoch war Malte nicht zu beruhigen. Entschlossen griff er ihre Hand. „Wir gehen", sagte er bestimmt. Der Weg führte zur Apotheke hinter dem noch immer destruierten Rathaus. Deren Eigner stand im Ruf, heilkundlerisch gebildet zu sein. Hatte der alte Heise doch einige Semester Medizin in Salerno studiert. Dessen Diagnose war gleichsam simpel und nachhaltig: Josefine Haupt war guter Hoffnung. Etwas Ärgeres war derzeit nicht auszudenken. Schluchzend warf sich das Mädchen Malte an die Brust, während Heise verlegen grinsend daneben stand. Malte dachte jetzt an diese verwünschte laue Sommernacht Ende Juli, als sich beide so leidenschaftlich geliebt hatten. Schön war's ja! Dann erstand Friedrich Haupts strenges Antlitz vor seinem geistigen Auge. Der würde natürlich toben. Aus gutem Grunde. Mal ganz abgesehen vom eigenen Senior. Sanft führte Malte seine unglückliche Verlobte auf die Straße. Sie schluchzte herzzerreißend. Die Passanten sahen sich fragend um. Einige lungernde Nichtsnutze riefen Anzügliches. Sie ahnten gar nicht, wie Recht sie hatten. „Finchen, ich führ Dich heim! Unverzüglich!", raunte Malte entschlossen. Das klang eigentlich unverfänglich, war aber ein folgenreicher Entschluss. Fine hatte jedoch wohlverstanden. „Vor den Altar treten? So von heute auf morgen?", vergewisserte sie sich. Das wollte sie nicht. Schon von klein auf hatte das Mädchen von ihrer glanzvollen Vermählung in Sankt Georgen geträumt. Fine presste Maltes Hand. „Ich geh zur Witwe Schmusse!", sagte sie. Malte hielt jäh inne. „Das tust Du nicht!", sagte er bedrückt. Er würde seine Fine keinesfalls dem Walten dieser Hökerschen überlassen. „Bevor wir unseren Bund vor Gott schließen, machen wir das weltlich!", verkündete Malte entschlossen. Mit den Franzosen hatte nämlich ein anderer Typus der Eheschließung Einzug gehalten: Die standesamtliche, also weltliche Trauung. In den Augen eines gottesfürchtigen Menschen allerdings ein Sakrileg. Selten genug wurde davon in Wismar Gebrauch gemacht. Hatte doch auch der Herr Pfarrer gegen diese welsche Teufelei gewettert. Ausnahmsweise mal gegen die Gebräuche der Franzosen. Trotzdem war Malte entschlossen, diesen Weg zu gehen. Irgendwann würde man die kirchliche Trauung nachholen. Hauptsache, das Kind unter Fines Herzen war kein Bastard.

Nachdem er Fine in Obhut ihrer aufgeklärt schauenden Mutter zurückgelassen hatte, eilte Malte zum provisorischen Amt, er wollte hier das Aufgebot bestellen. Und auf diesem Wege hörte er erstmals jenes Unwort: Borodino. Es klang eigentlich recht drollig, aber dahinter verbarg sich hunderttausendfaches Sterben. Auf den Feldern um dieses russischen Dörfchens hatte am 7. September die gewaltigste Bataille der Menschheitsgeschichte stattgefunden.

Trotz seiner begründeten Eile reihte sich der Bursche in die Menge der Sensationsgierigen ein. Denn dort in den Steppen Russlands entschied sich die Zukunft Europas. Das begannen die Ersten unwillkürlich zu spüren. Mitten auf dem Markt hielt also eine Droschke. Auf deren Trittbrett als behelfsmäßigem Podest stand ein französischer Leutnant, der lauthals ein Armeebulletin verlas. Erst im Original, dann auf Hochdeutsch. Die mit erwartungsvoll geöffneten Mündern wartenden Wismarer erfuhren Unsagbares.

Auf den Feldern eines Dorfes unweit Moskaus war die Große Armee bei ihrem Vormarsch gegen die russische Hauptstadt auf die sich endlich stellende russische Armee unter dem jüngst ernannten Feldherrn Kutusow geprallt. Die russischen Korps wollten ihre Hauptstadt auf Gedeih und Verderb verteidigen. So drückte es das Bulletin aus. In Wirklichkeit war Kutusow gegen seinen erklärten Willen vom Zaren Alexander zur Schlacht gezwungen worden. Der kluge Feldherr plädierte dagegen für die Aufgabe Moskaus, um die Franzosen erst zu gegebener Zeit anzugreifen. Wann das geschehen sollte, teilte er allerdings wohlweislich nicht mit. Der ungeduldige russische Monarch beharrte auf seinem Standpunkt. War doch das gewaltige Heer der Reußen seit Juni unentwegt zurückgewichen. So stellte denn der murrende Kutusow seine Armeen siebzig Meilen vor Moskau in Schlachtordnung auf. Hier erwartete man die Franzosen.

Nachsetzende polnische Ulanenschwadronen sahen sich unverhofft einer gewaltigen Phalanx aus russischen Linienregimentern gegenüber. Die wenigen Entkommenen überbrachten Napoleon die Kunde von der mit Kanonen gespickten Stellung des Feindes. Bonaparte rieb sich triumphierend die Hände. Endlich, endlich hatte er die Russen gepackt, zur Entscheidungsschlacht gezwungen. Die Grande Armee und ihre Verbündeten bereiteten ihrerseits zwei Tage lang die „Bataille de Moskova" vor. Diese Tatsachen waren der Bekanntmachung allerdings nicht zu entnehmen. Vielmehr vernahmen die andächtig Lauschenden Kunde von heroisch angreifender französischer Kavallerie, mutig vorrückenden Grenadieren und tapfer streitenden aber letztlich weichenden Feinden. Der Weg ins Herz Russland war frei.

Kein Wort über die brutalen Kämpfe um die Batterie Rajewskis, die furchtbaren Verluste beider Seiten, und die ärgerlichen Attacken der Kosaken Platows.

Dennoch schwieg das Auditorium, instinktiv fühlte man, irgendetwas war dort nicht nach Plan gelaufen. Keiner vermerkte es, dem Bulletin fehlten begeisterte Schilderungen über erbeutete Fahnen oder Geschütze. Ebenso musste man die sonst unvermeidliche triumphale Meldung über die Anzahl der eingebrachten Gefangenen. Die konnte es auch nicht geben, denn es lebten keine mehr! Dem nimmersatten Todesschlund von Borodino entkamen nur todmüde, verzagte Menschen.

„Bürger von Wismar! In dieser Stunde marschiert die ruhmreiche Armee, voraus die Avantgarde unter Marschall Murat, auf die russische Hauptstadt! Vive l'Empereur!", verkündete der Offizier bevor er in der Kalesche verschwand. Der Kutscher ließ die Peitsche knallen, die Pferde zogen an. Drinnen tupfte sich Leutnant Morand mit einem blütenweißen Taschentuch den Schweiß von der Stirn.

Der Auflauf auf dem Markt löste sich ohne weitere Worte auf. Desinteressiert gingen die Leute ihrer Wege. Malte eilte weiter zur Behörde, seine bevorstehende zivile Trauung beschäftigte auch ihn mehr als die imminente Eroberung Moskaus. Ein unwirscher städtischer Beamter, dessen Magen hörbar knurrte, nahm das Ansinnen des Burschen entgegen. Zerknirscht musste Malte erfahren, er brauchte die unmöglichsten Unterlagen, sogar das kirchliche Taufregister müsse bemüht werden. Zu Haus wartete neues Unheil. Friedrich Haupt wurde von seiner Gattin denkbar schonend eingerichtet, dass er im kommenden Wonnemond Großvater würde. Trotzdem traf es den Vater wie ein Schlag. In erster Erregung stürmte der Kantor aufgebracht zu Gugels Hof, wo er seinen ahnungslosen Gugelschen Widerpart antraf. Beide alten Herren überboten sich daraufhin in ihren Ergüssen über die Verkommenheit der Jugend. „Ich werd' dem Hallodri helfen, Jungfern zu schwängern!", schimpfte Vater Gugel seinen Stecken schwingend. „Darum hab' ich meine Tochter nimmer hergeschickt!", bekräftigte Haupt in einer für seinen Anspruch trivialen Terminologie. Der angestaute Unmut entlud sich prompt auf dem eintreffenden Übeltäter. Vater Gugel schrie wüst herum, Haupt fuchtelte erregt mit seinem Gehstock. „Es ist geschehen, nun muss man damit leben!", parierte Malte einsilbig die Vorhaltungen. „Das wirst auch müssen!", donnerte

Friedrich Haupt. „Ich werd' sie zum Weibe nehmen, noch vor der Christnacht!", murmelte Malte verlegen. Gleichwohl war er ja bereits seit nahezu einem Jahr Fines Versprochener. Warum nahmen die Alten denn diesen Unfall bloß so tragisch? Es lag doch in der Natur! Sicher war's kein günstiger Zeitpunkt, Nachwuchs in die Welt zu setzen, aber wann passte es schon? Schließlich lebten er und Josefine wie Mann und Weib auf dem Hof.

Das mochte den beiden erregten Vätern aber nicht einzuleuchten. Sie sahen nur die allgegenwärtige Not, dann die wirre Lage nebst unwägbaren Belastungen. Malte baute sich vor Friedrich Haupt auf: „Ihre Tochter wollte zur Alten in der Hundegasse. Ich hab sie zurückgehalten. Soll sie denn unter deren Händen verbluten, wie die Jungfer Johanna vom alten Frenz?" Es war eine Anspielung auf ein Vorkommnis vor zwei Lenzen.

Damals wurde eine Magd von zwei Soldaten notgezüchtigt. Die Peiniger wurden zwar gemaßregelt, ihr Tun war aber nicht ohne Folgen geblieben. Die verzweifelte Jungfer ging zur wissenden Witwe. Dabei war leider Gottes etwas schief gegangen. Um Haaresbreite entrann seinerzeit die alte Schmusse dem Schafott.

Der Kantor hielt jäh inne. „Du bist dennoch schuld!", beharrte er giftig. Es war schon immer schwierig mit den Generationen. Da erschien unverhoffte Hilfe. Anton Johann spurtete auf den Hof, er hatte daheim von der Misere und dem wutentbrannten Vater erfahren. „Papa, wollt Ihr meinen Retter demütigen?", fragte er außer Atem. Die schlichte Frage brachte Haupt zur Besinnung. Nicht jedoch Vater Gugel. Der schimpfte fleißig weiter. Es war Friedrich Haupt, der einschritt: „Lasst es Gugel, das Gezeter bringt uns keiner Lösung näher." Es klang resignierend. Der Einzige, der jetzt überhaupt nichts mehr begriff, war Malte daselbst. Haupt war erst beim Erscheinen seines Filius wieder aufgegangen, was er seinem Eidam schuldete. Die familiäre Tragödie wurde abrupt durch lautes Geschrei in der Straße unterbrochen. Ein Junge aus der Nachbarschaft lugte durchs Tor, sah die Versammelten und rief laut: „Er hat Moskau genommen!" Schon war der Knabe wieder verschwunden. Die Anwesenden sahen sich an. ‚Das war's dann mit dem Zaren.' Malte hatte genug andere Sorgen. Aber, dass Napoleon am Ziel war, es verhieß das baldige Ende des Krieges. Und das wiederum bedeutete gutes Geschäft. „Nun denn!", hob Malte an. Er kam endlich wieder zu Wort. „Wenn mit den wiederkehrenden Truppen der Handel floriert, mach ich mir um meinen kleinen Friedrich keine Sorgen." So, da hatten es die widerborstigen Großväter; Friedrich würde der Stammhalter heißen! Es stand genauso felsenfest, wie die militärischen Triumphe der Franzosen. In der Tat hatte sich ein jeder im Laufe der Zeit so daran gewöhnt, Napoleon siegen zu sehen, dass es nur als eine Frage der Zeit angesehen wurde, wann der Feind aufgab. Und jetzt war also Moskau gefallen. Die Väter beschäftigte derweil weder der Fall einer fernen Metropole noch die günstige Geschäftsprognose eines jungen Pferdehändlers. Dem einen ging es um die Schande seiner Tochter, den anderen wurmte der Verdruss des angesehenen Brautvaters. Toff, das war die treffende plattdeutsche Umschreibung der Lage. „Egal!", hob Malte mit fester Stimme an. „Ich kann für alle Sorge tragen! Auch ohne Beköstigung seitens der Stadt", fuhr er mit Blick auf den schwer atmenden Haupt vor. „Und ich werde sie freien!", stieß der wütende Bursche durch die Zähne. Die Antwort war Schweigen. Bedrohliches, beharrliches Schweigen. Es war an Anton Johann, die Lage zu retten. „Ich freu mich auf das Kleine!", sagte der Kantorsohn unbedarft. Seines Vaters Miene war weiter als unwirsch zu bezeichnen, er hielt sich jedoch zurück. Der Bursche schien es ehrlich zu meinen. „Ehrenwerter Kantor, Ihr schicktet Eure Tochter zu mir. Es galt Euch, die Ehre Fines zu bewahren! Sie ist mein!", sprach Malte fest. Und nichts war ihm ernster als das. „Wann bestellst das Aufgebot?", wollte Haupt wissen. „Bäldest möglich", war die Antwort. Das Josefine einverstanden war, stand für Malte außer Zweifel.

Die grimmige Stimmung blieb auch, als Kantor Haupt unter eisigem Schweigen entschwunden war. Der Vater würdigte seinen Filius keines Blickes, stapfte finster in sein Refugium. Nur Anton Johann schlug seinem Schwager freundschaftlich auf die Schulter. „Alter Schwerenöter!", grinste er lausbübisch. Auch der Junge ging bald seiner Wege. Und so geschah es an diesem Abend zum ersten Mal, dass sich Malte eine der teuren Bouteillen rheinischen Rebsaftes gönnte. Allein frönte er dem Weine. Denn Fine war nicht zurückgekehrt. Ihr Vater ließ sie wahrscheinlich nicht gewähren. „Merde das alles, ob französische Dragoner oder wild gewordene Väter …", sinnierte er weinselig. Was die diesmal ausnahmsweise unschuldigen Kavalleristen des Kaisers mit den Querelen des werdenden Kindsvaters Malte Gugel zu schaffen hatten, das blieb Geheimnis des Besäuselten. ‚Schade um den Wein!', dachte Malte als er die leere Flasche unschlüssig in der Rechten hielt.

Am folgenden Morgen konnte man einen recht konsternierten jungen Mann mit erheblicher Schlagseite durch Wismars Gassen schleichen sehen. Er strebte eigentlich zu Haupts Anwesen, traute sich aber erklärlicherweise nicht so recht. Zum einen aus Scheu vor dem Zorn des Kantors, zum anderen war ihm sein abstoßender Zustand wohl bewusst. Als die Turmuhr von Sankt Marien zum ersten Viertel schlug, da raffte sich der Sünder auf. „Bei Gott, Viertel ist's, aber welche Stunde schlägt's?", durchfuhr es Malte. Der hohe Turm des Gotteshauses war in der engen Gasse nicht zu erkennen. Eine Marktfrau zog ihren Karren zum Markt, einige Körbe mit Hering, vermutlich von Land aus gefangen, standen obenauf. „Gute Frau, vermacht mir ein oder zwei Eurer Fische!", bat Malte. Wenn er schon übel riechend bei Mutter Haupt erscheinen sollt', dann wünschte er wenigstens nach Fisch zu reisern. Und nicht nach Suff! Außerdem stand Hering im Ruf, den unangenehmen Folgen von Alkohol abzuhelfen. Wie roher Fisch das meistern sollte, hatte der verstörte Malte ebenfalls nicht bedacht. So stand er mit in feuchtes Leinen eingeschlagenen Fischen, die nebenbei gesagt hoffnungslos überteuert gewesen waren. Da war man also mit Schuppenwild bewehrt. Kopfschüttelnd über die ureigene Torheit machte sich Malte jetzt festen Schrittes auf. Da war es schon, Haupts Anwesen. Jetzt oder nie! Auf mein Recke, solange der Fisch frisch! Dennoch betrat der Tapfere zögernd das Grundstück. Der Hof wirkte verwaist, aber wenn man genau hinhörte, konnte man leise Stimmen vernehmen. Fine! Ohne Zweifel, sie war mit Muttern in der Küche zugange. Leise pochte Malte ans Fenster. Ihm schwante Böses. Die im Haus Befindlichen ließen sich nicht stören.

„Dein Liebster hätte sich längst sehen lassen können", meinte Margarete Haupt gerade vorwurfsvoll zu ihrer Tochter. „Er scheut Vaters Zorn!", entgegnete Fine bekümmert. „Und wenn, ihr beide seid Euch doch versprochen! Was unser ehrpussliger Herr Vater daran auszusetzen vermeint, es ist doch gar nicht von Belang", tröstete die Mutter warmherzig. Sie schloss ihre Kleine in die Arme. „Ihr schafft das! Der Hof läuft doch gut!"

„Könnte besser sein!", sagte Fine mit niedergeschlagenen Augen. Sie strich sich über den Bauch. „Ist noch nichts zu sehen!", sagte die Mutter. Wieder pochte es. „Ist dort jemand auf dem Hof?", meinte Fine aufhorchend. „Glaube kaum!", antwortete Margarete. Dann sahen beide den Schatten. „Doch! Da steht irgendwer!", rief Fine. Sie lief zum Fenster. „Malte!", rief sie froh, als sie ihres Verlobten ansichtig wurde. Dann bemerkte sie seine dicken Klüsen. „Was hast getrieben, warst mit den Trunkenbolden vom Markt zugange?", erkundigte sich Fine ohne ihre Schadenfreude zu verhehlen. „Nee", murmelte der prompt Ertappte zurückhaltend. Dann fiel Fines Blick auf das silberglänzende Mitbringsel. „Hast uns Fisch gebracht! Prima! Komm doch herein!", rief das Mädchen. Bemüht, seinen eigenartigen Atem zu zügeln, betrat Malte die Küche. Das Bestreben nützte natürlich gar nichts, man sah dem Sünder seinen Weinmissbrauch auf einige Meilen an. Mutter Haupt schüttelte betont empört den Kopf. „Jej, Jej, muss sagen, dass Du Deine Pflichten arg vernachlässigst!", schimpfte sie, um Malte versöhnlich aufzufordern, sich zu setzen. Endlich begriff der Gast, dass er nach wie vor willkommen war. Fine setzte sich auf seinen Schoß, strich ihm übers Haar. „Das machst aber nie wieder!", raunte sie. „Wo ist Dein Vater?", fragte Malte ängstlich. „Wo soll ein Kantor an einem Freitagvormittag weilen!?", ereiferte sich die Mutter. Klar, Herr Friedrich Haupt verweilte in der Schule.

Wieder einmal stellte sich heraus, was für eine Meisterin der Kochkunst die Mutter Fines war. Die Heringe mundeten ausgezeichnet. „Willst Fine mitnehmen, oder soll sie vorerst in meiner Obhut bleiben?", fragte Margarete. Da gab es keinen Zweifel: „Ich schlage vor, nichts soll sich ändern!", meinte Malte. „Außer, dass wir uns umgehend profan vermählen werden." Der Mutter fiel fast der Löffel aus der Hand. „Nicht vor Gott?", fragte sie erschüttert. Malte beeilte sich, zu präzisieren: „Unser Kind soll kein Bastard sein! Darum erst auf dem Amt, im kommenden Lenz dann zu Sankt Georgen!" Misstrauisch fragte die Mutter nach: „Weiß der Herr Pfarrer schon davon?"

„Ich geh sobald als möglich!", versicherte Malte.

Ob seiner persönlichen Turbulenzen blieb Malte kaum mehr Zeit, das Zeitgeschehen zu verfolgen. Die Zeitungen leierten nach wie vor abgedroschene Lobeshymnen auf die wackeren französischen Truppen, lobten das Genie Napoleons über den grünen Klee. Dabei fiel niemandem mehr auf, dass seit der Meldung über die Einnahme Moskaus nichts mehr über den Fortgang der Kämpfe verlautete. Auch seitens des Militärs breitete sich der Mantel des Schweigens über den Feldzug in Russland aus. Scheinbar war alles in Ordnung. Ende Oktober erschien eine Truppe fahrenden Volks in Wismar, sie kam dem Vernehmen nach aus Königsberg. Was diese Gaukler zu vermelden wussten, ließ die wohlfeilen Leute zu Hauff strömen. Ein bunt gekleideter Mann baute sich mit seinem Psalter auf und hob an zu singen:

„Heißa, der Napoleon hat schon Moskau eingenomm ... "
Gut, das wusste man bereits.
„Man saß bei Champagnerwein, da kam ein Offizier herein ... "
Was die Bürger jetzt erfuhren war furchterregend:
„Ganz Moskau glüht im Feuerschein! Der Qualm so dicht, Es scheut das Ross,
entsetzt entweicht der Gallier Spross!
Der stolze Kaiser wutentbrannt, selbst sein Palast ist schon entflammt.

> *„Hinaus! Hinaus! ",, rief jedermann, hinweg von diesem feurig Trümmergrab,*
> *das einstmals Russlands Hauptstadt ward.*
> *Sie zogen aus mit Ross und Wagen, Franzosen in die Flucht geschlagen!*
> *Gleich dem Brande Roms, des Nero Wahn, die Russen haben's daselbst getan!"*

Mit offenen Mäulern starrte man den Bänkelsänger an. Der Vortrag war künstlerisch so ziemlich das Letzte, aber wenn es stimmte, was dieser Gaukler dort von sich gab ... Der Ratsherr Schmude trat vor, fragte den Sänger, ob das soeben Vorgetragene denn den Tatsachen entspreche. „Ohne Zweifel! Es ist in Ostpreußen weit und breit bekannt", grinste jener. „Ist die Armee dinglich aus Moskau abgezogen?", erkundigte sich Schmude ungläubig. „Es gibt kein Moskau mehr", war die lapidare Entgegnung. Erregte Diskussionen waren die Folge. Die Herren vom Rat zogen sich zurück, man berief eine außerordentliche Sitzung ein. Als deren Ergebnis begab sich eine Delegation zum Vizekonsul. Jener hatte ordentlich gevespert, sah die Vertreter seiner Gastgeber erstaunt an. „Hier ist nichts bekannt, dass die Truppen seiner Majestät aus Moskau retiriert seien", beschied er unwirsch. Damit hatte Lafalue nicht gelogen, denn die Armee war nach dem Brand keineswegs geflohen, sondern zog in voller Ordnung aus der verbrannten Trümmerwüste nach Süden auf Kaluga. Weiteren Siegen entgegen. Keiner der Anwesenden bemerkte die feuchten Hände des kaiserlichen Beamten. Denn jener wusste aus Geheimdepeschen genau, dass dort weit hinter Moskau, bei Kaluga, die Grande Armée in eine ziemlich diffizile Lage geraten war. Die Russen lagen gut verschanzt, die Grande Armée, schon arg dezimiert, kam nicht mehr weiter. Der Nachschub stockte, Insubordination griff um sich. Bei einem Geplänkel vor einem Kaff namens Malojaroslawez wäre der Kaiser um ein Haar mitsamt dem Stabchef Berthier und dem Vizekönig Eugen Beauharnais von unbemerkt gebliebenen Kosaken verschleppt worden. Und seit dieser Kunde war nichts mehr vom russischen Kriegsschauplatz bekannt geworden. ‚Nun ja, der Kaiser wird die verfahrene Lage schon meistern ... So wie stets ... Hoffentlich ..., dachte der Vertreter des Empire de Francais, als er sich vor den unruhigen Ratsvertretern der Hansestadt aufbaute. „Es gibt nichts zu deuten. Es gab zu Moskova einige Brände, nichts von Belang. Des Kaisers ruhmreiche Truppen verfolgen die weichenden Versprengten des Fürsten Kutusow. Das ist alles, meine Herren. Gehen sie ihrer Tätigkeit nach. Vergessen Sie nicht: Ruhe ist erste Bürgerpflicht!", vergatterte der Vizekonsul die Ratsmannen. Die Hand wies zur Tür. Wismars zaudernde Räte verstanden den Wink.

Als der letzte den Saal verlassen hatte, zitierte Lafalue umgehend den jungen Leutnant Morand, derzeit ranghöchster Vertreter der Armee, zu sich. Was der Offizier berichtete, ließ den beleibten Vizekonsul noch etwas blasser aussehen: Neben Zöllnern und Gendarmen bestand die Macht Frankreichs im Distrikt zuzüglich einiger Berittenen und dem Lazarettpersonal im Cour de Prince, aus alles in allem einhundertfünfzig Köpfen. Viel zu wenig im Falle einer Empörung. Lafalue setzte sich ans Pult, setzte ein Schreiben nach Paris auf. Mit dem Vermerk „*dringlich*" versehen ging es noch in den frühen Morgenstunden des dritten November 1812 ab.

Es war nicht der einzige Hilferuf an die zögernden Konsuln des Empire. Die eleganten Herren in Paris wussten nicht, was zu tun sei. Ohne seinen Leitwolf war man gelinde gesagt hilflos. Und Napoleon operierte in Russlands Weiten.

Und genau dort entschied sich genau in diesen Tagen nicht nur das Schicksal unzähliger Namenloser, sondern der Hauch der Verwesung wehte vom Osten her über das gesamte Kaiserreich. Der gefürchtete russische Winter zog mit Unmengen Schnees und klirrendem Frost übers Land. Napoleon Bonaparte war durch Mangel an jeglicher Fourage gezwungen, den Rückzugsbefehl zu geben. Der alte Fuchs Kutusow rieb sich kichernd die Hände. Er hatte die frechen Eindringlinge dorthin manövriert wo er sie haben wollte: Zurück auf der alten Straße nach Smolensk, die ohnehin seit dem sommerlichen Vormarsch verödet war. Die Grande Armée wich, mit jedem Tage verlor sie mehr Zusammenhalt, der geordnete Rückzug wurde zur haltlosen Flucht. Kutusow proklamierte den Vaterländischen Krieg. Von nun war der Krieg in Russland ein Volkskrieg, in dem sich die spanischen Gräuel wie eine Bagatelle ausnahmen. Von allen Seiten fielen Kosaken, russische Freischärler und die vertriebene Bevölkerung über die entmutigten Truppen des Kaisers her. Die Partisane, wie die bescheidene Blankwaffe der russischen Franktireure genannt wurde, richtete sich gegen die Bajonette der in Frost und Hunger darbenden Soldaten. Wenn man einen Überfall überstand, folgte unweigerlich der nächste. Und Russlands Wege waren weit, sehr weit.

Das alles war naturgemäß in Wismar noch nicht bekannt geworden. Gugels Handelshof schlug sich mit Ach und Krach durch. Malte bemühte sich, Josefine von jedem erdenklichen Unbill fernzuhalten. Klammheimlich hatten sich beide auf dem Amt trauen lassen, lediglich Fines Eltern und Vater Gugel waren anwesend. Denn keiner wollte sich dem Geschwätz aussetzen, das diese profane Vermählung unter den gottesfürchtigen Tratschmäulern Wismars erwecken würde. Vor

Gott würde man die Vermählung zu Sankt Georgen nachholen, das war Josefines ausdrückliche Bedingung gewesen. Der Abend klang bei einem Schoppen Wein bescheiden aus. Maltes Vaters bemerkte weinselig kichernd, dass die Brautleute die Hochzeitsnacht bekanntlich schon vorgezogen hatten. Die Mimik des Brautvaters sprach Bände. Malte streichelte unter dem Tisch versonnen Fines Handrücken. Bedrückt tauschte sie Blicke mit ihrer Mutter. Diese blinzelte unmerklich, schien damit sagen zu wollen: „Nimm's leicht mein Kleines, es kommen auch noch einmal andere Zeiten!" In gedämpfter Stimmung verabschiedete man sich recht früh. Keiner konnte seine Befriedigung darüber verhehlen.

Eines Abends sagte das Mädchen: „Weißt Malte, ich sorge mich um unseren Freund Menou. Dort im Osten scheint's viel Kleinholz zu geben." Malte versicherte seiner Fine, der Major werde schon wiederkommen. „Und dann … Dann wird ihn unser kleiner Bube begrüßen!", sagte er zärtlich. Fine strich sich über ihren Leib. „Wenn's denn ein Mädchen wird?", fragte sie. „Dann begrüßt Menou eben die kleine Friederike!", lachte ihr Liebster.

An jenem Abend fuhr in Nähe des Dörfchens Monsailowo eine Kalesche in schneller Fahrt durch tief verschneiten Birkenwald. Der Kutscher trieb die erschöpften Tiere gnadenlos an. Aufgrund eines Radbruchs war man zurückgeblieben und hoffte vor Einbruch der Dunkelheit die Blockhütten mit dem Stab des 1. Regimentes de Ligne zu erreichen. Ein vermummter Schwarzgekleideter lehnte aus dem Fenster des Fuhrwerks und nötigte seinerseits den Kutscher zur Eile. „Alez! Alez!", rief Wenz und nahm mit den Augenwinkeln zurückgelassene fast eingeschneite Kanonen oder zerfledderte Pferdekadaver am Wegesrand wahr. „Eilen Sie! Es dunkelt!" Erste Sterne funkelten. Es war eisig kalt, der Atem dampfte. Der Polizeipräfekt von Moskau nestelte eine Reiterpistole hervor. Erst gestern war ein ganzes Bataillon in einen Hinterhalt der Partisanen geraten. Hunderte wurden hingemetzelt. Der grauenhafte Anblick der Gefallenen ging auch dem abgebrühten Wenz nicht aus dem Sinn. Die Kutsche raste weiter durch frostklirrende Nacht. Der Wald endete, im fahlen Mondschein konnte man die Smolensker Chaussee anhand der Unmenge zurückgelassenen Kriegsgerät und den umher liegenden Leichen Erfrorener gut erkennen. In der Ferne brannten die Biwakfeuer der Garde. Das war die Rettung! „Alez!", rief Wenz aufs Neue. Und dann geschah es. Vorn links gleißendes Mündungsfeuer, ein höllisches Krachen ertönte. Kartätschen aus einer eroberten Bombarde zerfetzten die dampfenden Pferde. Das gehackte Blei pfiff hageldicht vorbei. Der Kutscher stürzte vielfach getroffen ins Gewirr aus Pferdegedärm und schlagenden Hufen. Sein Fuhrwerk fuhr sich seitlich in einer Schneewehe fest. Wenz hatte sich an die Tür der Droschke geklammert, sein Begleiter stürzte auf ihn. Fluchend rappelte sich der Gendarm auf, dann sah er links die dunkle Gestalt: Ein wilder Reiter mit Pelzmütze, die Stoßlanze vorgestreckt, preschte auf das Gemenge von Pferdeleibern und gesplittertem Holz zu. „Kosaken!", schrie Wenz. Das hätte er nicht rufen brauchen, sein Begleiter sah in die entgegengesetzte Richtung, hob ohne Zögern die Hände. Wenz hingegen sah sich nur seinem Gegner gegenüber. Er zielte ruhig, hielt ein wenig vor, drückte den Abzugshahn. Der Stein schlug Funken, dröhnend löste sich der Schuss. Der geisterhafte Reiter vor ihm riss die Arme nach oben, stürzte rücklings aus dem Sattel. „Tu diable s'en allais!", zischte Wenz. Vielstimmiges Gebrüll ließ ihn herumfahren, von rechts stürmten Dutzende berittene Kosaken auf die havarierte Kalesche ein. Das Letzte, was Wenz erblickte, war eine im Mondlicht schimmernde Lanzenspitze, die auf ihn zuraste. Ein brennender Schmerz in der Brust. Dann breitete sich Dunkelheit aus.

Am Dorfrand von Monsailowo wachten zwei Posten, in Pferdedecken eingehüllt. Der Kanonenschuss ließ sie zusammenfahren, dann hörten die auf die Schneefelder starrenden Soldaten einen dünnen Knall und undeutliches Gebrüll. „Da haben die Kosaken wohl Nachzügler erwischt!", flüsterten die Männer und prüften das Steinschloss ihrer Gewehre.

14. Kapitel

Der Vizekonsul Lafalue las mit zitternden Gliedern die Depeschen aus Königsberg. Was von dort vertraulich verlautete ließ die Ausmaße der Katastrophe erahnen, welche die ruhmreiche Armee im Osten ereilt hatte. „Beresina, Beresina ...", murmelte der Vizekonsul. Lange konnte die Kunde nicht mehr verheimlicht werden. Und nochmals mochte Lafalue nicht wieder Hals über Kopf das Feld räumen müssen, wie es beim Überfall der Schillschen geschehen war. Wieder wurde Morand heranzitiert. „Ich begebe mich auf eine Dienstreise nach Kassel. Sie haben die Macht und Herrlichkeit Frankreichs hier zu vertreten!", wurde dem konsternierten Offizier eröffnet. Morand staunte nicht schlecht, dass er urplötzlich Geschäftsträger des Kaisers in Wismar sein würde. In dunkler Nacht bei Nieselregen verließ eine Kalesche unter Bedeckung von vier Husaren die Stadt.

Am nächsten Morgen wurde die Flucht des Vizekonsuls offenbar. Überall bildeten sich wieder einmal diskutierende Runden. Keiner der Bürger konnte sich recht erklären, was vorgefallen war. Die Gerüchteküche brodelte. Es wurde behauptet, die britische Flotte würde erscheinen oder Schweden hätte unvermittelt den Krieg erklärt. Der Leutnant Morand trat dem Treiben zwar entschlossen entgegen, konnte aber aufgrund der mangelnden Präsenz seiner Machtmittel wenig ausrichten. In diesen wirren Tagen vor Weihnachten 1812 erschien unvermittelt der Kantor Haupt auf Gugels Hof. Er küsste seine Tochter, wandte sich an seinen Schwiegersohn. „Wie viele Rosse kannst auftreiben?", fragte er. Malte traute seinen Ohren nicht, er hatte alles erwartet, nur nicht solch abwegige Frage. Was zum Teufel bezweckte der Kantor mit Pferden? „Um die zehn", murmelte Malte. „Halte die Tiere bereit, das deutsche Vaterland wird's Dir vergelten!" Haupts Stimme klang herrisch. Während der Bursche grübelte, wie das ominöse deutsche Vaterland denn die Rosse zu bezahlen gedenke, kam ein wenig Klarheit in die Sache. Denn der Kantor widmete sich einmal mehr dem Referat. Diesmal hörte aber selbst Malte interessiert zu. Die Franzosen seien in Russland vollkommen besiegt, die Grande Armée gäbe es nicht mehr. Der Kaiser hätte die Truppe verlassen, habe angeblich bereits Dresden passiert. „Wann, wenn nicht jetzt!", rief Fines Vater euphorisch. „Das Volk möge aufstehen!" So hatte Malte seinen Schwiegervater noch nie erlebt. Aber noch herrschte trügerische Ruhe an der Ostseeküste.

Die Turmuhr von Sankt Marien schlug zwölf. Dieser Stundenschlag zur Stunde Null des Jahres 1813 sollte zum Anfang vom Ende des französischen Jochs werden. Das wurde in vielen weinseligen Runden in den Hinterzimmern der Tavernen und Rauchzimmern neuerdings reinherziger Patrioten wortreich erörtert. Das neue Jahr war eine Stunde alt. Kantor Friedrich Haupt lehnte sich zurück. Er tagte mit seiner Altherrenrunde im Alten Schweden. Schmude mischte schweigend Karten. „Haben Sie vernommen, was sich in Gumbinnen zutrug?", fragte Haupt in die Runde. Schulterzucken. Der Kantor beugte sich vor, im Flüsterton berichtete er: „Es gibt dort einen Gasthof, den „Wilden Kreuzritter". Allda pflegte das höhere französische Offizierkorps zu speisen. Nun begab es sich, dass ein zerlumpter Vagabund Einlass begehrte. Der Wirt wollte den Mann mit Hilfe seiner Bedienung an die Luft setzen, als sich der Clochard aufbaute und mit drohender Stimme ausrief: „Nicht so eilig meine Herren! Erkennt mich hier niemand!?" Wer sollte schon einen Vaganten in einem guten Lokal zur Kenntnis nehmen? Die Wirtsleute warfen sich auf den Mann. Der brüllte weiter, machte Rabatz. Jener Unbekannte schüttelte seine

Peiniger ab, sprang auf den Tresen, jetzt sahen ihn alle. Er warf eine verdreckte Pferdedecke von sich, donnerte: Ich bin die Nachhut der Grande Armée! Ich bin Marschall von Frankreich, Ich bin Michel Ney! Er war's wirklich", schloss Haupt. Die Kumpane schauten auf. „Der berühmte Ney, heruntergekommen wie ein Landstreicher?", fragte Schmude ungläubig. Haupt sog an seiner Pfeife und nickte. „Meine Herren!", hob Blidenköpf zu reden an. „Wenn selbst seine Marschälle so auftreten, kann von den Truppen des erlauchten Bonaparte nicht viel übrig sein. Lafalue ist ebenfalls verschwunden. Ich hab sie gestern gesehen, die Blessierten, ein Bild zum Gotterbarmen. Der Franzmann ist am Ende!" Schmude erhob sich. „Darauf erhebe ich mein Glas!" Die anderen standen ebenfalls. „Einen Salamander!", riefen die gesetzten Herrschaften hoch gestimmt.

Die Macht der Franzosen wankte, ein jeder konnte es fast körperlich fühlen. Im Lazarett Wismars war ein erster Transport aus Memel eingetroffen. Blidenköpf hatte soeben darüber gesprochen. Bedauernswerte Geschöpfe mit furchtbaren Erfrierungen an den Gliedmaßen wurden in den Fürstenhof getragen. Das waren sie, die Reste der geschlagenen Truppen Napoleons: Fast tote, bejammernswerte Gestalten. Auch die sonst so anmaßenden Douaniers bemühten sich neuerdings um verbindlichen Tonfall. Selbst die Ausgangssperre fand keine Beachtung mehr. Die Besatzer übten sich deutlich merklich in Zurückhaltung.

Wo Zwang fehlte, lebte prompt der unvermeidliche Ungehorsam auf. Auf dem Markt gab es einen Auflauf von darbenden Tagelöhnern. Der Anlass war nichtig, ein fliegender Händler wog seine mickrigen Steckrüben mit falschen Gewichten. Was sich dann aber aus üblicher Streiterei entwickelte, wurde unvermittelt eine echte Empörung gegen die niederträchtigen Handelsrestriktionen der Franzosen. Eine Schwadron berittener Gendarmen galoppierte säbelklirrend auf den Markt. Trotz dieser verzweifelten Maßnahmen Morands strömten immer mehr ergrimmte Einwohner zusammen. Schon bald befanden sich an die dreihundert Personen auf dem Markt. Unwillkürlich begannen die berittenen Büttel zurückzuweichen. Die Säbel wurden blank gezogen, worauf sich Fäuste und auch Knüttel drohend reckten. Derbe Flüche wurden gegen die Uniformierten geschleudert. Langsam setzte sich die graue Masse in Bewegung. Die Volksmasse begann, die verhassten Besatzer förmlich zu erdrücken. Erst, als man demonstrativ aus großkalibrigen Pistolen in die Luft schoss, ließ der Druck auf Frankreichs Bastionen auf dem Marktplatz von Wismar nach. Die Leute verliefen sich. Leutnant Morand atmete tief durch. „Mon dieu!", murmelte er. So geschehen am vierten Tag des Jänner 1813.

Tage später erreichte eine weitere Nachricht den überaus nervösen Statthalter Napoleons. Morand hatte gerade das Armeebulletin vom siebzehnten Dezember gelesen, als er noch eine Depesche erhielt. Grimmig ließ der Leutnant die Depesche links liegen, las erst einmal Napoleons Sinndeutung der Dinge. Die Bekanntmachung des Kaisers kündete von geringfügigen personellen Verlusten zwischen Wilna und Kowno, räumte aber einige Einbußen an Artilleriestücken ein. Leise pfiff Morand vor sich hin. ‚Na also, so unerfreulich ist die Lage doch gar nicht!' Das andere Schreiben enthielt eine Meldung, die sich als hochbrisanter Granatentreibsatz erweisen sollte. Eigentlich klang es ganz harmlos. Da schloss ein preußischer Generalleutnant, der unter Marschall MacDonald auf Narwa hatte marschieren sollen, mit einem russischen Parlamentär eine Konvention ab. Gelangweilt knüllte der junge Leutnant das Scriptum zusammen. Es ging den Weg alles überflüssigen Papiers, wanderte in den Kamin. „Ungetreues Preußengesindel!", zischte der Leutnant leise. Schon Augenblicke später war die unscheinbare Mitteilung vergessen. Die subalterne Ordonanz, ein Korporal, wurde angewiesen, das ruhmredige Bulletin des Kaisers in der Stadt zu verlesen.

Zur selben Zeit stürmte ein aufgeregter Kantor Haupt auf Gugels Hof. Malte war einmal mehr beschäftigt, einen starken Haflinger aus Hornstorf zu striegeln. Erstaunt sah er zum atemlosen Schwiegervater auf. „Malte! Es ist soweit!", keuchte jener außer Atem. „Was …", hob der Bursche an, wurde aber von Josefine unterbrochen. Diese war außer sich vor Freude, ihren grollenden Vater wieder im Innenhof stehen zu sehen. „Papa!", rief sie und umarmte ihren Vater. Dieser strich ihr flüchtig übers Haar wendete sich zum Erstaunen seiner Tochter wieder Malte zu. „Es ist soweit!", wiederholte Haupt. Er nestelte ein Blatt Pergament hervor, deklamierte: „Frischauf mein Volk! Die Flammenzeichen rauchen …" Malte wechselte mit Fine fragende Blicke. „Sturm brich los!", endete der Kantor, erntete aber nur schnödes Kopfschütteln. „Ein junger Poet namens Körner hat's verfasst", wurden die beiden jungen Leute aufgeklärt. „Und? Wegen eines Pamphlets so ein Aufheben?", Malte konnte die Erregung des Kantors beim besten Willen nicht nachvollziehen. Er sollte sich noch erheblich mehr wundern, denn jetzt kam der Gast auf den Zweck seines Besuchs zu sprechen. „Bestimmte maßgebliche Kreise in der Stadt haben beschlossen …", er senkte die Stimme, „eine Landwehreinheit beritten und zu Fuß aufzustellen." Fine fuhr unwillkürlich mit der Hand zum Munde. Denn was ihr geliebter Vater kundtat, war nichts anderes als Hochverrat. Dagegen nahmen sich Maltes Eskapaden wie Bubenstreiche aus. „Wir brauchen Pferde und Waffen." Ein Satz wie Donnerhall. „Wer mich auszahlt soll Pferde erhalten. Aber mit Waffen handelt unser Haus nicht." Maltes Entgegnung hatte den Leumund einer knickerigen Krämerseele. Ohne Regung vernahm Friedrich Haupt die Gegenrede. „Vor zwei Wochen ist in Tauroggen eine Konvention zwischen York und Diebitsch geschlossen worden. Malte! Die Preußischen Korps sind von Napoleon abgefallen! Das bedeutet Krieg! Und Bonaparte hat östlich des Rheins keine Armee mehr. Wenn wir das welsche Fronjoch abstreifen wollen, müssen wir handeln. Jetzt oder nie!" Malte bemerkte dazu lapidar, was denn seine Durchlaucht Friedrich Franz zum auflodernden Kampfgeist seiner Landeskinder sagen werde. „Der Herzog wird ebenso wie der König von Preußen gegen die Franzosen ziehen", bekannte Haupt bestimmt. Aber hier war mit Sicherheit der Wunsch der Vater des Gedankens. Denn beide Monarchen waren nicht gerade als eifrige Jünger des kriegerischen Mars bekannt. Wobei beim Preußenkönig Friedrich Wilhelm dem Dritten noch eine geziemendes Quantum Infantilität dazukam. Unwillig brach der Kantor das nutzlose Geschwafel ab. Denn er kam bekanntlich aus einem besonderen Grunde. „Vermagst Du Waffen beschaffen?", fragte er hart. Abwehrend hob Malte die Hände. „Nimmer Herr!" Aber der Kantor war so leicht nicht abzuwimmeln. „Dein Oheim Gustav!" Fine erbleichte. Hatte ihr rational denkender Vater den Verstand verloren? Malte glaubte, seinen Ohren nicht zu trauen. Was ging hier vor? Sollte er etwa aufs Neue mit dem verrufenen Oheim kungeln? Nee, mein ehrenwerter Kantor Haupt! Aber eigentlich …? Ha, sollte der Kantor selbst mit dem Alten verhandeln. Er, Malte Gugel, würde den Herrn zum Oheim bringen. Damit hatte es sich dann. „Ich werd für Sie und Ihr Anliegen beim Oheim vorsprechen. Klären müssen Sie oder Ihre dunklen Hintermänner die Angelegenheit daselbst!", beschied Malte unwirsch. Er hatte Fines gerunzelte Stirn bemerkt. Friedrich Haupt schien zufrieden gestellt. „So soll es sein!", sagte er mit harter Stimme. Sein Schwiegersohn dagegen nahm die Angelegenheit nicht als eilig.

„Liebster, worauf lassen wir uns ein!?", sagte Fine ihren deutlich bereits evidenten Bauch streichelnd. „Ich weiß es nicht. Aber alle sind so … so hitzig! Man spürt's förmlich, wenn man durch Wismars Gassen wandelt." Er fügte hinzu, dass sich die französischen Zöllner am Hafen seit dem jüngsten Tumult kaum mehr aus ihrer Douanerie wagten. Nur die Mecklenburger Schergen suchten weiter unverdrossen nach Konterbande. „Es liegt was in der Luft Fine!", prophezeite Malte düster.

In den nächsten Wochen schon sollte die Vorhersage konkrete Formen annehmen. Die Russen nahten. Ihre Kosakentrupps streiften bereits durch Preußens östliche Provinzen. Aber auch reguläre Truppen folgten den weichenden Truppen Napoleons. Nachdem am fünften Januar Königsberg sich kampflos einem Kavalleriekorps ergab, begann am fünfzehnten die Belagerung Danzigs. Das wurde auch in den wendischen Städten bekannt. Der Zirkel um Friedrich Haupt ging daran, konkrete Gestellungspläne für die Landwehr zu erstellen. „Was ist mit den Musketen, Friedrich?", wandte sich Schmude um Rat suchend an Haupt. Der wiegte den Kopf. „Ich hab mit meinem Eidam gesprochen. Der versprach, sich einzusetzen." Schmude blickte zu Blidenköpf hinüber. „Das ist doch dieser berühmt-berüchtigte Malte Gugel. Dessen Anverwandter ist jener unredliche gleichnamige Krämer, dessen Anwesen unweit von hier in der Hegede liegt!", nuschelte der Ratsmann. „Richtig", bestätigte Haupt. „Und es gab noch keinen Bescheid?", bohrte Schmude weiter. „Ich schick meinen Anton Johann zur Tochter. Er macht sich dann kundig", versicherte Haupt. Man ging zur Tagesordnung über, die heute in der peniblen Erfassung der wehrfähigen männlichen Bevölkerung Wismars bestand.

An jenem Abend fand sich unversehens Anton Johann Haupt bei Gugels ein. „Bon jour! Wie geht's Dir und den Deinen, mein Schwesterchen?", begrüßte der Junge Josefine, um sich sogleich an seinen Schwager zu wenden. „Der Vater sendet mich. Du weißt warum." Malte wurde flau in der Magengegend. Dann war es dem Kantor wirklich ernst mit seinem Anliegen. Trotz der abwehrenden Gestik seiner Angetrauten nickte Malte wortlos. Er machte sich auf. Das Vaterland möge es ihm vergelten. Ob es fromm war? So viele, die lange nichts getan, hielten in letzter Zeit Brandreden, behaupteten, es könne so nimmermehr weitergehen. Malte betrat wieder den muffigen Flur des mehrstöckigen Geschäftshauses an der Hegede. Auf sein Klopfen hin öffnete niemand. Die Tür blieb verschlossen.

Im Fürstenhof brütete der Leutnant Morand über neuerlichen Hiobsbotschaften. Danzig wurde beschossen, Kosaken querten die Oder. Der Leutnant erwischte sich prompt dabei, nachzurechnen, wie lange die gefürchteten zottigen Reiter bis Wismar brauchen würden. Es half nichts, er musste zum Rat. Das wäre eigentlich die Mission des Vizekonsuls gewesen, mit den hiesigen Behörden die Verteidigung abzustimmen. Von seiner Exzellenz, Ferdinand de Lafalue, hatte sich jedoch jede Spur verloren. Leutnant Baptiste Morand, einundzwanzig Lenze zählend und von seinem sehr begüterten Vater mit Müh und Not sowie einschlägigen Beziehungen vor der Gestellung nach Russland bewahrt, machte sich seine Gedanken. ER würde diese Stadt halten, mit allen Mitteln. Als erste Maßgabe würde er zuverlässige Leute auf den Glockenturm von Sankt Marien schicken, die Sicht dort oben war phänomenal. Kein Kosakentrupp könnte sich unerkannt der Feste Wismar nähern. Dieses Wismar würde sein Toulon sein, so wie dort einstens Bonapartes Stern aufgegangen sei … Diese Stadt sollte zur unüberwindlichen Bastion des Empire de Francais werden. „Sergeant Monot!", rief Morand gellend. Der Gerufene erschien. „Schick zwei zuverlässige Männer auf den Turm. Falls sich der Feind nähert, dann schießen sie denen Salut!", befahl der Leutnant bevor er sich elegant den Mantel überwarf und zum eingerüsteten Rathaus stolzierte.

Im Rathaus befand sich niemand außer einem betagten Zimmermann, der verloren auf den geborstenen Dachbalken herumhämmerte. Morand musste erfahren, dass der Rat in einem Ausweichdomizil am Eckhaus der KrämerStraße tagte.

Nachdem der kampfdürstende Leutnant unvermittelt in die Ratssitzung geplatzt war, breitete sich bleiernes Schweigen aus. Der Offizier rief erregt zusammenhanglose Worte, die erst nach seinem Abgang entsprechend gedeutet wurden. „Was meint er mit unerbittlicher Defension?", fragte der Bürgermeister ratsuchend in die Runde. „Er will Wismaria um jeden Preis halten", erklärte Schmude mit steinerner Miene. „Das kann der Schnösel, seine Familie sitzt sicher in der Auvergne oder sonst irgendwo! Hier aber brennen unsere Heimstätten nieder, geraten unsere Kinder zwischen die Fronten", eiferte sich Blidenköpf erregt. Der sachliche Schmude wandte ein, dass es keineswegs sicher sei, ob russische oder andere Streifscharen an die wendische Küste gelangen würden. Der Bürgermeister beschattete die Augen. „Sie sollen bereits über die Oder hinaus sein", murmelte er.

Den wenigen verbliebenen französischen Soldaten standen hingegen hektische Tage ins Haus. Der eifrige Morand trieb seine Leute zur Eile, eine Kanone wurde hinter dem Altwismartor in Stellung gebracht. So gedachte der Leutnant seine auf der Militärschule von Brienne erworbenen Kenntnisse in die Tat umzusetzen. Allerdings sahen er und die meisten seiner Männer erstmals einem Waffengang entgegen. Man konnte nicht sagen, dass die Subalternen nach einem Kampf mit den gefürchteten Kosaken lechzten.

„Malte!", rief Fine. Sie keuchte nach dem schnellen Lauf. „Mein Bruder war wieder da, Du sollst dringend zu Meister Gugel!" Verdrießlich starrte der junge Mann zu Boden. Man ließ es einfach nicht zu, dass er ein beschauliches Leben als Gatte und Kaufmann führte. Und dieses Mal drängte der Brautvater persönlich. Was der Haupt bloß mit ein paar rostigen Musketen anstellen wollte? Man hatte doch gesehen, dass selbst eine so glänzende Schar wie Schills Husaren nicht gegen Bonaparte und seine Vasallen ankam. Dass sich die Zeiten gründlich geändert hatten, das hatte Malte wie so viele andere nicht begriffen.

Widerstrebend machte er sich auf den Weg in die Hegede. Er beobachtete einige Füsiliere, die fluchend um ein havariertes Fuhrwerk standen. Die Verdeckplane war halb von der Ladefläche gerutscht, was sich offenbarte, ließ einem das Herz klamm werden. Kleine Fässer mit der Aufschrift „Poudre de chasse" und eine Unmenge an Lunten. Man wollte scheinbar die halbe Stadt unterminieren. Unschuldig mischte sich Malte in die kleine Menge an Schaulustigen, er sah die Soldaten gestikulieren, einer machte sich auf, einen Stellmacher zu holen. Malte ritt schon wieder die Hoffart, er trat an den führenden Sergeanten heran, fragte schlicht ob er helfen könne. Überrascht schaute der Franzose auf, musterte den unvermuteten Hilfswilligen aus verkniffenen Augen. Die Soldaten waren durchweg Vertreter des gesetzteren Alters. Landsturm würde man in Mecklenburg dazu sagen. Einer ging daran, sein Pfeifchen zu stopfen, was seinen Sergeanten allerdings fast aus der Haut fahren ließ. In seinem burgundischen Kauderwelsch wies er den unvorsichtigen Streiter lautstark zurecht. Schreiend zeigte der erboste Sergeant auf die brisante Ladung. Jetzt begriff auch der Letzte, worum es sich handelte. Die Leute wichen unwillkürlich zurück. „Wohin wollt ihr mit dem Zunder?", fragte Malte unsicher, er wollte unbedingt Klarheit. „Cour de Prince", war die lapidare Entgegnung. Zum Fürstenhof also. Es bereitete Malte Mühe, seine Erregung zu verbergen. Direkt neben dem Fürstenhof erhob sich die gewaltige Georgenkirche, Sankt Marien war ebenfalls nicht weit, mal ganz abgesehen von den vielen Wohnhäusern und Speichern. Wenn tatsächlich die Russen kämen und Napoleons Söldner den Fürstenhof in die Luft jagten, dann würde die gesamte Altstadt ein Raub der Flammen. Vielleicht wollte Fines Vater gerade deshalb die Musketen vom alten Gugel. Wenn der überhaupt welche besaß. Wichtige Angelegenheiten vorschützend, machte Malte Anstalten sich zu entfernen. Der Sergeant sah ihm unbeteiligt nach. ‚Putréfié emballer!', dachte er. Das faule Pack hatte allerdings wichtige Obliegenheiten, die den Franzosen überhaupt nicht gefallen dürften. Malte Gugel machte sich nämlich aufs Neue auf den Weg zu seinem Oheim. Ohne Hoffnung jenen anzutreffen, pochte er erneut in der Hegede. Aber diesmal wurden drinnen Schritte laut. „Wer da?", wurde gefragt. „Ich, Malte. Dein Neffe", stotterte der Ankömmling. Knarrend öffnete sich die Pforte. Wieder dieser muffige Geruch. Aber vor Malte stand Gustav Gugel, auf wundersame Weise verwandelt. Dem Burchen fiel vor Staunen buchstäblich die Kinnlade herab. „Da schaust und wunderst Bauklötze!", grinste der Oheim. Er trug nämlich eine französische Gardeuniform mitsamt Orden und Ehrenzeichen. „Oheim! Ist Dir gar nichts heilig!?", rief Malte, nachdem er sich von seiner Bestürzung ein wenig erholte. „Nur so kann man heut noch profitable Geschäfte machen", sagte Gustav trocken. „Entrer!", befahl er militärisch knapp und Malte bemerkte, dass der Oheim nicht allein war. Jener Franzose, mit dem der Alte schon vor Jahren geklüngelt hatte, saß vornüber gebeugt am Tisch. „Francois, mein Neffe; mein Neffe, Francois!", machte Gugel die beiden bekannt. „Bon jour!", sagte der Franzose heiser. Er wirkte ausgezehrt und verhärmt. Keine Spur mehr vom stattlichen Wanst, den er noch im letzten Sommer mit sich trug. „Sie kommen aus Russland?", fragte Malte eifrig. „Qui", war die Antwort. Es war Malte schleierhaft, was der Oheim eigentlich damit bezweckte, wenn er seinen Gast mit dem Neffen bekannt machte. Aber was sollte es? „War's schlimm?", fragte der Bursche leise. „Unvorstellbar", stöhnte der Franzose. Er war fertig. Mit allem, mit Gott, der Armee und Napoleon. „Brauchst einen Teilhaber?", fragte Gustav Gugel urplötzlich. Aha, daher wehte der Wind! Der Alte wollte den Deserteur unauffällig einschleusen. Ihm einen Schlupfwinkel zum Verschnaufen verschaffen. Aber warum trug der alte Gugel die Montur des Kaisers? Egal, es galt über die Waffen zu reden. Das vorangegangene Ersuchen schnöde überhörend, brachte Malte sein Anliegen dar. Die Anwesenheit dieses Francois störte ihn nicht. Allerdings sparte er den Namen seines Eidams wohlweislich aus. „Man benötigt Waffen?", fragte der Oheim. Dann hüstelte er. „Ich habe sic."

„Wie viel und was? Sprecht in Gottes Namen!", rief Malte. Was er zu hören bekam, ließ ihn glauben, der Oheim habe das Arsenal eines Armeekorps geplündert.

„Das dürfte wohl für die mickerige hiesige Landwehr vollauf genügen", offenbarte der Oheim Intimwissen. „Wie wollen die meine Mühe und das nicht unerhebliche Wagnis entlohnen?", war die nächste Frage. Malte zuckte mit den Schultern. „Hat er nicht gesagt!", bekannte er ehrlich. Der kurze Satz genügte, dem Oheim zu offenbaren, wer sich hinter den ominösen Auftraggebern seines Neffen verbarg. „Haupt und seine Bagaluden sollten nicht glauben, ich schaffe für einen Gotteslohn!", sagte er kalt. „Aber Oheim, die Franzosen legen überall Sprengladungen!", entgegnete Malte. „Und?" Dem alten Gugel war es herzlich gleich. „Du kannst Dich entfernen. Wenn der Kantor Haupt etwas will, soll er selbst herkommen. Los Francois, wir müssen die Fourage entladen!", kommandierte der Oheim. Er hatte in französischer Uniform ein ganzes Fuhrwerk mit Spezereien in die Stadt gebracht.

Kopfschüttelnd fand sich Malte in der belebten Hegede wieder. Es half nichts, er musste seinem Schwiegervater Bescheid geben. Alles musste der Kantor erfahren, die sprengtechnischen Vorbereitungen der Soldaten und das Angebot des Oheims.

Er traf auf Anton Johann, der sich mit Schiefertafel und Büchern auf dem Heimweg befand. „Wo ist Dein Vater?"

„Bei Herrn Schmude", war die Antwort. Ohne Dank eilte Malte weiter, einen verblüfften Jungen zurücklassend. Haupt tagte demnach wieder in seiner Herrenrunde. Der alte Diener wollte den Burschen nicht einlassen, ohne Skrupel drängte sich Malte an dem keifenden Lakaien vorbei.

„Tettenborn liegt mit zweitausend Mann vor Berlin. In Hamburg gab's Empörung, sechs Aufwiegler wurden füsiliert!", erörterte Haupt, als die Tür aufgestoßen wurde. Schwer atmend stand Malte Gugel im Raum. „Die Franzmänner, sie unterminieren die Stadt!", japste er aufgelöst. Ungehalten erhob sich Friedrich Haupt, während seine Tischgenossen bestürzte Blicke tauschten. „Wer hat Dich eingelassen?", herrschte Haupt seinen Schwiegersohn an. Der hatte in Anbetracht der Umstände keinen Sinn für Etikette. „Des Weiteren verfügt mein Oheim über das Gesuchte! Fünfhundert Gewehre, zehntausend Schuss Munition! Ihr und die Euren sollen sich selbst an ihn wenden. Mich deucht, das wird nicht billig!" Über Haupts faltiges Antlitz fuhr ein breites Grinsen. „Wusste ich's doch!", sagte er triumphierend. „Setz Dich, Bub!", lud Schmude ein. Zögernd setzte sich Malte inmitten der erlauchten Runde wismarscher Honoratioren. Er wurde Zeuge, wie ein Plan entstand, der auf sachtem Wege den Kampfgeist des Stadtkommandanten Morand stutzen sollte.

Mit lauen Winden und ersten Frühjahrsboten kündigte sich der März an. In diesem Monat sollten sich die Ereignisse überschlagen. Es begann mit der Kunde von der russisch-preußischen Allianz. In Kalisch schlossen Preußenkönig und Zar ein Abkommen über die gemeinsame Kriegsführung gegen das napoleonische Joch. Das bedeutete Krieg gegen das napoleonische Frankreich und die mit ihm Verbündeten, kurz den Rheinbundfürsten. Also auch gegen Mecklenburg-Schwerin. Die Raben begannen zu kreisen. Dann erreichte Wismar die Kunde, Berlin sei fast kampflos von den Russen besetzt worden. Die Franzosen seien Hals über Kopf davongelaufen.

Leutnant Morand, seit Wochen ohne Direktiven, brütete über seinen Dokumenten. Immer wieder schielte er zum Marienturm hinauf. Dass die dortigen Posten nur keinen Schuss abfeuerten. Denn das verhieß das Nahen des Feindes. Ein Oberst namens Tettenborn sollte mit seinen Reitern südlich an Wismar vorbei gestoßen sein und auf Hamburg marschieren. „Diese Russen wollen sich nur im Faubourg Saint Pauli verlustieren!", tröstete sich Morand selbst. Er wusste im Gegensatz zum kommandierenden General der französischen Observationsarmee an der Elbe nicht, dass mit der Einnahme der bedeutenden Hafenstadt der englische Nachschub ins Herz Europas gelangen würde. „Wenn nur der Kaiser zurück wäre!", stöhnte Morand. Aber Napoleon stellte noch immer in Frankreich neue Armeen auf. Mit einer energischen Bewegung wischte der Leutnant die Hiobsbotschaften vom Tisch. Er würde hier stehen und fallen. Und wenn nötig, die Lunte zur Sprengung eigenhändig zünden! Es klopfte. Zwei Herren des Rates begehrten den Monsieur Stadtkommandanten zu sprechen. Unverbindlich. Sie brachten ein Fässchen edlen Weins mit. „Wir wollen dem Vertreter des Empire de Francais unserer unverbrüchlichen Loyalität versichern", begann Schmude. Erfreut lud sie der Leutnant ein, Platz zu nehmen. Endlich einmal gute Kunde von diesen renitenten Einheimischen. Nach unverbindlichen Geplauder fragte Schmude unverfänglich, ob der Herr Leutnant neueste Kunde über den schwedischen Kronprinzen erhalten habe. „No!", wunderte sich Morand. Was sollte der ehemalige Marschall Bernadotte schon im Schilde führen? „Es ist so", begann Schmude ehrlich verwundert. „Wismar und Neukloster gehörten einmal zu Schweden. Euer Marschall Bernadotte, der sich neuerdings gut schwedisch Karl Johann nennt, lenkt ja bereits die Regierungsgeschäfte. Und der Kronprinz soll im Reichstag zu Stockholm verkündet haben, er werde die vormalige Provinz um jeden Preis zurück zu Schweden holen." Morand schaute verwundert auf seine Gäste. „Davon ist hier nichts bekannt. Bernadotte ist doch Marschall von Frankreich, hat sogar des Kaisers vormalige Geliebte Desireé Clary geehelicht. Was sollten die Schweden auch hier?" Schmude hob die Schultern. „Wenn Sie meinen, Leutnant …" Er wechselte das Thema. „Haben Sie eigentlich gehört, dass die Gemahlin Marschall Augereaus einen Galan unterhält?", wurde wieder belangloser Tratsch in die Runde getragen. Es sollte für Leutnant Morand die vorerst letzte erbauliche Neuigkeit sein. Der Wachhabende stürmte in den Raum und meldete das Eintreffen von abgerissenen Truppenteilen aus Stralsund. Schnell erhob sich Morand, bat die Herren zu gehen. „Ich habe zu tun", begründete er den überstürzten Aufbruch. Vor dem Fürstenhof wurden die Herren zerlumpten Chasseurs ansichtig. „Die Franzosen ziehen aus Pommern ab", stellte Schmude fest. „Ob er es geschluckt hat?", fragte Blidenköpf leise. „Wir werden es in Bälde erfahren", murmelte Schmude.

Malte stand mit Fine am Arm am Altwismartor und beobachtete die einrückenden Kompanien. Es war keine Ordnung festzustellen, jeder kam und ging wie es ihm beliebte. Sogar zwei leichte Geschütze standen herrenlos in der AltwismarStraße herum. „Die armen Kerle!", entfuhr es Fine. In der Tat sahen die Soldaten nicht mehr so unüberwindlich wie vor einem Jahr aus. Vorwiegend alte Männer in verschlissenen Uniformen. Mit letzter Kraft schleppten sich die Infanteristen nach Wismar hinein. Und selbst hier sollten sie nicht zur Ruhe kommen. Den energischen Befehlen des aufgeregten Morand schenkte niemand Beachtung. Alle wollten nur noch eins: heim. Fine konnte sich nicht enthalten, einem auf dem Gewehrkolben Humpelnden einen labenden Trunk zu reichen. Die Vorhaltungen Maltes parierte sie mit einem schnippischen: „Sei still! Der könnte Dein Vater sein!" Der Franzose quittierte mit einem dankbaren Blick und einem leisen: „Dank Dir mein Mädchen!" Dann schleppte er sich weiter. Wenn etwas das Desaster des Kaisers dokumentierte, dann diese abgerissenen Gestalten. Die Geknechteten von der Küste bis hinauf nach Dresden fassten Mut. Verwegenen Schneid. Überall sollten sich Bürger und Landbevölkerung bewaffnen. „Jetzt oder nie! Schlagt die Hundsfötter!", schallte es durch die Gassen.

Aber gerade für Wismar war diese Stimmung alles andere als zuträglich. Denn noch ruhten Unmengen an Schießpulver in Kellern, lagen die Lunten trocken. Über allem thronte der unerbittliche Morand, in dessen Stabsquartier, dem Fürstenhof, die Zündschnüre zusammenliefen.

Zu dem jungen Heißsporn eilte in den späten Abendstunden des dreizehnten März ein Bote in Zivil. Er überbrachte dem Offizier eine versiegelte Depesche. Auf ihr prangte das königlich-dänische Siegel. Überrascht erbrach Morand die Plombe. Dann entfuhr ihm ein lästerlicher Fluch. Der Hof zu Kopenhagen teilte dem kaiserlichen Kommandanten von Wismar mit, das die gesamte schwedische Flotte in den nächsten Tagen in der Wismarbucht erscheinen würde. Mit dem Kronprinzen an der Spitze. „Vierzig Fregatten, zehn Linienschiffe; Mit zwanzigtausend Mann will er bei Wismar landen." So stand es wörtlich zu lesen. Morand riss sich den Kragen auf. Wollten die Schweden den Krieg? Wenn er aber Wismar verteidigte, es gar dem Erdboden gleichmachte, dann war der Krieg mit der nördlichen Macht unvermeidlich … Oder wollte der Kronprinz gar dem Kaiser von Frankreich zur Seite stehen? Aber was hatte dieser Schmude neulich erzählt? Gelüstete es den Schweden nicht, Wismar zurückerobern? Verfluchte Zwickmühle! Wenn der Kronprinz als Verbündeter kam, aber nicht eingelassen würde … Merde! Kam er als Eroberer und wurde freundlich begrüßt? Ebenfalls Merde! Man konnte es drehen wie man wollte, der Dumme war immer er, der Leutnant Morand. Und was seine Majestät der Kaiser bemerken würde, wenn in Mecklenburg-Schwerin ein neuer Kriegsschauplatz entstand? Nicht auszudenken!

Morands Herz raste. Was sollte er tun? Abwarten? „Merde!", brüllte der Leutnant. Kurz entschlossen ließ er sich den Mantel reichen, eilte persönlich zum Rat.

Zu seiner Überraschung tagte der Rat der späten Stunde zum Trotze noch immer. „Meine Herren! Bestimmte Nachrichten zwingen mich, Sie zu kontaktieren!", begann Morand und schaute in angespannte Gesichter. „Eine schwedische Invasionsflotte mit dem einstigen Marschall Bernadotte an der Spitze nähert sich zu dieser Stunde den hiesigen Gestaden! Im Interesse des Kaisers werden wir vor der gewaltigen Übermacht das Feld räumen!" Vielstimmiges Geschrei war die Folge. „Niemals!", riefen die Ratsherren durcheinander. Schmude erhob, bat ums Wort. „Wenn die ruhmreiche französische Armee sich außerstande sieht, diese Stadt zu verteidigen, dann tun es die Bürger selbst. Das sind wir dem Kaiser und seiner Durchlaucht dem Herzog schuldig", rief er mit fester Stimme. Zustimmendes Gemurmel. Erleichtert sah sich der ernüchterte Stadtkommandant um. Das hätte er beim besten Willen nicht erwartet, ja nicht zu träumen gewagt. Wenn die Bürger widerstanden, taten sie es aus eigenem Antrieb. Der Konflikt würde zwischen Mecklenburg-Schwerin und Schweden ausgetragen. Dann war ihm, Morand, kein Vorwurf zu machen. So einfach konnte eine zufrieden stellende Lösung sein. Der Offizier plusterte sich auf. „Ergo! Die Truppen der Grande Armee und mit ihnen die Zollbehörden ziehen sich noch in dieser Nacht aus Wismar zurück. Ich wünsche Ihnen viel Glück! Vive l'Empereur!", rief der Leutnant mit Hochachtung in der Stimme. Er verließ schleunigst das Domizil. Ihm entgingen die erleichterten Mienen der Ratsherren. „Euer Plan hat funktioniert!", gratulierte der Bürgermeister dem findigen Schmude.

Im Dunkel der Neumondnacht zogen die Franzosen schattengleich aus dem Lübschen Tor Wismars. Man beließ großzügig Kanonen und Ausrüstung in den behelfsmäßigen Arsenalen. Auch einige nicht transportfähige Kranke und Verwundete mussten in der Obhut Barmherziger zurückbleiben. Morand wendete auf der Höhe vor der Stadt das Ross, schaute zurück. ‚Was für eine tapfere Feste!', dachte er, als er zum letzten Male die schemenhaften Türme dieser Stadt erschaute. Schnalzend setzte sich Leutnant Morand an Spitze seiner Kolonne.

Wismar war erstmals seit sechs Jahren sich selbst überlassen.

Zur gleichen Stunde rekelte sich in seiner Residenz Schloss Drottningholm der schwedische Kronprinz in den Armen seiner Desireé. „Was für ein Tag!", stöhnte Jean Baptiste Bernadotte müde. „Erst diese Emissäre des Zaren, er versprach mir Norwegen! Dann die Kuriere Napoleons, der mir Finnland zusicherte! Alle wollen, dass wir zu ihnen stoßen. Aber ..." Der Kronprinz streichelte gedankenverloren das Dekolleté seiner Gattin. „Wir werden abwarten, wer triumphieren wird! Dann schlagen wir zu. Auf Seiten der Sieger." Während der Kronprinz in wohltuenden Schlummer sank, wusste er nicht, dass viele hundert Meilen entfernt ein französischer Leutnant vor ihm retirierte.

15. Kapitel

Am folgenden Morgen erschien es, als erwache die Stadt aus einem Albtraum. Erregte Bürger standen vor dem Fürstenhof, wo seit Jahren die Trikolore geweht hatte. Jetzt war der Fahnenmast leer. Vor dem Tor standen keine Franzosen mehr. Nein, ein städtischer Gendarm, ein Kohlenmesser, hielt hier die Stellung. Unten am Hafen machte sich die lange aufgestaute Erbitterung Luft. Es war die Douanerie, welche die Wut der Leute zu spüren bekam. Die herzoglichen Zöllner standen ebenso staunend wie teilnahmslos daneben, als das Domizil ihrer französischen Kameraden in Flammen aufging. Es war einigen besonnenen Wismarern zu danken, dass die daneben liegende Lagerhalle mit der beschlagnahmten maritimen Ausrüstung verschont blieb. Im Triumphzug wurden erbeutete Ruder und Masten zu den plumpen Schiffsrümpfen getragen.

„Kommt, es gilt die Freiheit zu begrüßen!", forderte Vater Gugel Sohn und Schwiegertochter auf, ihm zu folgen. Der alte Herr hatte lange hinter geschlossenen Jalousien auf die Straße gelinst, aber keine dunkelblau uniformierten Rächer ausmachen können. Wie berauscht lief der Alte auf die Straße. „Meinst, die sind wirklich weg?", fragte Fine zögernd. Sie strich über ihren hohen Leib. „Vorerst schon", entgegnete Malte. „Aber sie können jederzeit wiederkommen."

Danach sah es allerdings zumindest in naher Zukunft nicht aus. Der Rat ging daran, die Ordnung wiederherzustellen. Erfreuliche Kunde lief ein. Die Russen waren tatsächlich mit Ziel Hamburg vorbeimarschiert. Es sollte sich um berittene Kosaken, aber auch um einige Schwadronen Kürassiere gehandelt haben.

Im Schloss von Schwerin las auch ein nervöser Herzog die einlaufenden Depeschen. Friedrich Franz sah übernächtigt aus, was allerdings nur zum Teil aus der vertrackten Lage resultierte. Der Herzog flüchtete sich in seiner Not in berauschende Getränke. Er war mit seinem Latein am Ende. Da hatte er Bonaparte aus Kräften unterstützt, dieser stürzte sich in unwägbare Abenteuer und ließ seine Getreuen in hoffnungsloser Lage zurück. Seine Beamten meldeten ihm die brodelnde Gereiztheit unter seinen Landeskindern. Jetzt kam Kunde von plündernden Kosaken und flüchtenden Franzosen. Noch aber standen einige französische Detachements im gut ausgebauten Mauerring Schwerins. „Weilsen, was machen wir?", wandte sich seine Durchlaucht ratlos an den Kommerzienrat. Der Gefragte strich sich über den kahlen Schädel. „Ich wage es nicht auszusprechen ...", begann der scharfsinnige Beamte. Sein Herzog schaute fragend auf. „Die Geknechteten erheben sich. Nicht nur hier auch in Preußen brodelt es. Seit dieser York mit den Russen verhandelte ..." Der Kommerzienrat machte eine Pause. „Wenn die Könige und ... Herzöge sich nicht an die Spitze der Bewegung stellen. Dann geht es hier zu wie im Paris des Jahres 1789." Friedrich Franz spürte, wie ihm die Knie weich wurden. „Alles verloren?", murmelte er. „Noch nicht!", sprach Weilsen ernst. „Durchlaucht, Sie müssen sich von Bonaparte lossagen!" „Wirklich? Der Kaiser vergisst Treulosigkeit nie!", barmte der Herzog. „Dann geht das Herzogtum Mecklenburg-Schwerin mitsamt der Dynastie Niclots in einem Feuersturm zugrunde", erklärte Weilsen schonungslos. Ein uniformierter Kurier trat ein. „Was gibt es?", fragte der Herzog um Haltung bemüht. Der Mann hielt seinen Zweispitz unter den Arm geklemmt, stammelte: „Die Franzosen! Sie haben Wismar geräumt!"

Mit großen Augen musterte der Herzog seine Getreuen. „Durchlaucht! Handeln Sie! Augenblicklich!", drängte Weilsen. Sein Souverän setzte sich ans Pult, begann mit zitternder Hand zu schreiben. Es wurde ein merkwürdiges Scriptum. Gesiegelt und unterzeichnet, aber nicht datiert. Denn noch konnte sich der Herzog nicht zum Bruch mit Frankreich durchringen. So geschah es, dass in der Kanzlei fortan die Austrittserklärung Mecklenburg-Schwerins aus dem Rheinbund schlummerte. Es durfte aber auf allerhöchsten Befehl hin keineswegs bekannt gemacht werden. Die Spitze der Beamtenschaft verfasste hingegen schon unter dem Mantel des Schweigens weitere Verfügungen, die unter anderem die Aufhebung der Restriktionen betreffs der Kontinentalsperre beinhalteten. Das Herzogtum Mecklenburg-Schwerin schaukelte auf Schlingerkurs weiter in den bewegten Zeitenläufen.

In Wismar begann sich ungeachtet der ausbleibenden Direktiven aus Schwerin der Widerstand zu formieren. Erste Krümper, wie man bereits ausgebildete Soldaten nannte, übten mit Stöcken den Nahkampf. Obwohl einige Kleingeister unter den Ratsherren energisch protestierten, ging man daran, Freiwillige für den anstehenden Waffengang anzuwerben. Sogar der geizige Blidenköpf spendete eine nicht unerhebliche Summe für die Ausrüstung der Männer. Gustav Gugel zählte in seinem dunklen Domizil schweigend die blanken Taler. Er hatte bekommen was er wollte. Großzügig hatte Maltes Oheim die Munition umsonst darangegeben. „Für die Freiheit ist mir nichts zu teuer", beschied der Gauner dem Kantor Haupt. Dabei entstammten sämtliche Gewehre einem verwegenen Raubzug ins Arsenal eines sich auflösenden preußischen Korps. Sie stammten samt und sonders noch aus dem Jahre 1806. Gugel hatte die Waffen wie den Heiligen Gral gehütet. Er wusste, seine Stunde würde kommen. „Siehst Francois, manchmal braucht man eben einen langen Atem …", kicherte er, als er sich zu später Stunde einen kräftigenden Schluck Brandwein genehmigte. Sein Gast nickte bestätigend. Auch auf dem Hofe seines Bruders ging es hektisch zu. Pferde, größtenteils kräftige Haflinger, wurden dringend für den Krieg benötigt. Es war wie im Frühjahr 1812. Nur, dass diesmal mecklenburgische Dickköpfe die Tiere begehrten. Malte vergab die Tiere gegen ein geringes Handgeld und umso mehr Schuldverschreibungen seitens der Stadt. „Wenn das mal gut geht", murmelte er stets am Abend, wenn er die Papiere penibel in seine Ordner heftete. Denn mittlerweile hatte sich ein ansehnliches Vermögen in den Büchern angehäuft. Ob es jemals erstattet wurde, das stand in den Sternen. Fine legte ihrem Gatten den Arm um die Schulter. „Hör auf zu unken", flüsterte sie. „Da, es regt sich wieder!", rief das Mädchen. Sie führte die Hand ihres Liebsten auf ihren hohen Leib. Jener spürte die leisen Stöße. „Er strampelt." Aber Fine schüttelte den Kopf. „Nicht er. Sie! Eine Mutter spürt so etwas!" Lachend schloss Malte seine junge Frau in die Arme. „Du bist ja auch schon so oft Mutter geworden, dass Du es wissen musst", sprach er sanft. Noch zwei Monde würde es dauern, bis sich der Nachwuchs einstellen sollte.

Aber noch schrieb man den März 1813. Hamburg wurde von den Russen kampflos besetzt. Lübeck ebenso. Dort hatten die Bürger ihre Garnison mit Knüppeln heraus getrieben. Jedenfalls fand eine einrückende Eskadron unter Capitan Tschernikow eine geräumte Stadt vor. Beim Eintreffen der Kunde brach in Wismar ein Riesenjubel aus. Einzig Schmude und Haupt legten ihre Stirn in Falten. „Herr Schmude, warum sind Sie in den letzten Tagen so griesgrämig?", fragte Anton Johann. Er durfte wie immer mit den Herren tagen. „Weil dort im Lauenburgischen nur vereinzelte Vorposten des Zaren stehen. Wenn die

Franzosen ernst machen, dann gibt es dort kein Halten. Und sollte man dort weichen, dann sind die Franzmänner in drei Tagen hier." Mit großen Augen schaute der Dreizehnjährige auf den Ratsmann. „Wer soll denn dort ernst machen? Der Napoleon verfügt doch dem Vernehmen nach kaum noch über Truppen!?" Vater Haupt strich seinem Sohn übers Haar. „Bonaparte drillt noch in Frankreich seine Einheiten, außerdem hat er auf der Iberischen Halbinsel noch fast zweihunderttausend Mann zu stehen. Verlass Dich drauf, er wird kommen!"

„Darum zögert auch unser Herzog!", warf Schmude ein. Abwinkend meinte Anton Johann: „Der säumt doch immer!" Beide Herren schmunzelten. Vater Haupt verzichtete darauf, seinen Sprössling auf die gebührende Ehrerbietung gegenüber dem Landesvater hinzuweisen.

Der herzogliche Zögerer vernahm in Schwerin weitere Hiobsbotschaften. Gestern waren die letzten französischen Einheiten aus Schwerin abgerückt. Deren Major erklärte dem Herzog galant, dass man sich auf die innere Linie zurückziehe. In Schwedisch-Pommern landete tatsächlich eine kleine schwedische Streitmacht. Was die im Schilde führten, war keinem bekannt. Vermutlich wollte man lediglich Präsenz zeigen. Die Untertanen Friedrich Franz I. legten immer unverhohlener eine bedrohliche Renitenz an den Tag. Noch ausschließlich gegen die Fremden, aber warum nicht gleich gegen den Landesherrn? Wenn man einmal unbotmäßig war … Auch im Ausland geschah Bedenkliches. Ein Major von Lützow bildete mit Billigung seines Königs in Schlesien ein Freikorps. „Schon wieder ein Freikorps!", wütete der Herzog. „Mit diesem Schill gab's damals Querelen zur Genüge!"

„In Preußen steht das Volk auf!", bemerkte von Weilsen. „Hier doch nicht. Oder?", erkundigte sich Friedrich Franz. Der Geheimrat hob die schmalen Schultern. „Wir sollten handeln. Durchlaucht wissen, was ich meine!", sagte er. „Und die Leute haben genug unter der abenteuerlichen Zollwillkür Bonapartes gelitten", fügte er hintergründig hinzu. Schweigen. Plötzlich richtete sich der Herzog auf. „Ihr habt Recht! Wir haben zur Genüge fürs Empire geduldet. Erinnert Ihr Euch, wie lange Wir auf den Schnupftabak aus Übersee warten mussten?", fragte Friedrich Franz aufgebracht. Und so geschah es, dass ausbleibender Schnupftabak für die herzogliche Nase einen folgenschweren Entschluss initiierte.

Am 25. März wurde bekannt, dass sich das Herzogtum Mecklenburg-Schwerin von seinem Rheinbundprotektor Bonaparte lossagte. Sämtliche Zollvorschriften verloren von einem Tag auf den anderen ihre Geltung. Friedrich Franz machte Nägel mit Köpfen. Jeder noch im

Hoheitsgebiet des Herzogs befindliche kaiserliche Beamte wurde förmlich ausgewiesen. Es waren nicht mehr viele. Indes überkam den Herzog bereits wieder Furcht vor der eigenen Courage. „Geb's Gott, dass Bonaparte geschlagen wird … Sonst geht's uns allen an den Kragen!", flüsterte er seiner Gemahlin zu. Diese wies ihre Zofen bereits an, die Juwelen zu verstauen. „Wir sollten beten Fränzchen!", sagte die etwas frömmlerische Herzogin. Am Abend dieses Tages konnte man Durchlaucht mitsamt Gemahlin und Hofgefolge in der Schlosskapelle inniglich den Herrn preisen sehen. Der Herzog hatte gute Gründe, den Allmächtigen um Beistand zu ersuchen. Ob Gott wahrlich mit Seiner Durchlaucht war, das würde die Zukunft zeigen.

An allen öffentlichen Gebäuden Wismars wurde am 27. März ein Aufruf des Herzogs angeschlagen. Malte stand mit seinem Vater vor den eingerüsteten Rathausmauern und staunte sprachlos. Was hier auf vergilbtem Pergament verkündet wurde, verhieß nichts anderes, als die Kriegserklärung des kleinen Herzogtums an den noch immer gewaltigen Franzosenherrscher. „Hat unser Mogul an einem Zaubertrank genippt? Wo nimmt er denn plötzlich den Schneid her?", fragte Malte aufs Geradewohl einen der Umstehenden. Der Angesprochene wandte sich um und der verdutzte Malte schaute in tränende Augen. Freudentränen. „Jau! Es geht los! Auf in den Befreiungskrieg!", schluchzte der abgerissene Nagelschmiedgeselle. Malte konnte beim besten Willen die Euphorie der Leute nicht nachvollziehen. Ein Waffengang gegen Frankreich barg ungeheure Risiken! Es war schon seltsam, dass dem furchtlosen Schmuggler als Einzigem solch Gedanken in den Sinn kamen. Ein zerlumpter Reifschläger enterte die Rathausruine hinauf, schwenkte ein rot-gelb-blaues Tuch. Immer mehr Leute strömten auf den Marktplatz. „Viva Friedrich Franz!", skandierte die Menge. Man lag sich in den Armen. Die spontane Kundgebung war ein beredter Ausdruck der Freude und Erleichterung. Man glaubte mit dem angeschlagenen Aufruf des Landesvaters die Fremdherrschaft der Franzosen und damit den so lange herrschenden Mangel bereits überwunden zu haben. Malte, der den Ereignissen etwas distanziert beiwohnte, erhielt einen Stoß in die Rippen. Er drehte den Kopf und sah seinen Vater, den zurückhaltenden, kühlen, bisweilen nörgelnden Mecklenburger, vor Freude tanzen. „Sieh!", freute sich der alte Gugel. „Dein Schwiegervater!" Er zeigte nach vorn, wo sich in der Tat Friedrich Haupt aufbaute. Er machte Anstalten, das Scriptum zu verlesen, da er zu Recht annahm, dass die meisten der einfachen Tagelöhner des Lesens unkundig waren. Haupt räusperte sich. Seine tiefe Bassstimme hallte über den Platz: „Zur Bewaffnung Mecklenburgs für die allgemeine deutsche Sache!" Schon wieder dieses ominöse Deutschland! Sogar der Herzog schien sich auf den nationalen Grundgedanken zu besinnen! Malte hatte genug gesehen. „Ich muss zu Fine!", erklärte er kurz angebunden. Sein alter Herr sah ihm verwundert nach.

Josefine war im Haus geblieben. Ihr allgemeiner Zustand bereitete ihr zunehmendes Ungemach. Malte schickte schon am Morgen vorsorglich nach einer kundigen Frau. Die alte Dellsen, eine vom Alter gebeugte Gestalt, hatte schon unzähligen Frauen in ihren schwersten Stunden zur Seite gestanden. Und nun strich das Weiblein der werdenden Mutter übers Haar, murmelte Unverständliches. „Ist etwas nicht in Ordnung?", fragte Fine unsicher. Die Alte schüttelte ihr eisgraues Haupthaar. Aus den genuschelten Worten, konnte niemand recht klug werden. „Mutter Dellsen!", flüsterte Fine von einer düsteren Ahnung erfüllt. „Iss gut Kinnes!" Gerade jetzt stürmte der Kindsvater in die Stube. Malte schaute in das blasse Antlitz seiner Gemahlin, dann auf die alte Hebamme. Auch ihm schwante nichts Gutes. „Komm Jung!", forderte ihn die Alte zum Verlassen des Raumes auf. Draußen streckte sie erst einmal die gichtige Hand aus, um den Lohn für ihr Kommen zu empfangen. „Dein Mädel braucht viel Ruhe! Sie muss niederliegen. Sonst kommt das Kind zu früh!", war ihre wenig erbauliche Eröffnung. Malte steckte finster den Geldbeutel weg. Er schwieg betreten. Auguste Dellsen humpelte ohne weitere Worte vom Anwesen. Im Tor rief sie, sich kurz umwendend, dass sie bald wieder nach der Schwangeren schauen werde. Malte waren mit einem Mal die allgemeinen Affären zwischen Oder und Rhein gleich, mochte der Napoleon nun kommen oder nicht. Wichtig war nur noch eins: Fines und des Säuglings Wohlergehen. Er begab sich zurück zu seiner Liebsten. Um sie nicht zu beunruhigen, teilte er mit, dass alles in Ordnung sei. „Sie sagt aber, Du musst viel liegen! Bitte Finchen halt Dich dran!", raunte er sanft ihre Hand haltend.

Die Sorge um das Ungeborene und seine Josefine ließ Malte kaum mehr ruhen. In Gedanken versunken lieferte er einem Kohlenmesser zwei Rösser aus, es war ihm gleich, dass der Mann nur mit Obligationen des Rates berappen konnte. „Möge Gott es Dir vergelten Gugel! Ich, Hermann Schulz, ziehe aus! Mit den berittenen Jägern", rief der städtische Ordnungshüter euphorisch. Müde winkte Malte ab. Erst später ging ihm auf, seit wann es wohl zu Wismar berittene Jäger gebe? Es gab sie. Viele meldeten sich, aber nur wenige wurden gestellt. Die städtische Kommission unter Friedrich Haupt und Johann Schmude rekrutierten nur an Waffen ausgebildete Männer ab dem einundzwanzigsten Lebensjahr für die herzogliche Kavallerie und die Linienregimenter. Die Anderen wurden auf die bald anstehende Bildung der Landwehr vertröstet.

Da der Kämmerer über keinerlei blanke Münze mehr verfügte, gingen eifrige Spendeneintreiber durch die Gassen. Trotz der allgemeinen Not kam Einiges zusammen. Viele, selbst die Ärmsten, gaben für die gute Sache. Und wenn es nur ein Stück Tuch war, derart Opferbereitschaft hatte es in Wismar seit dem Bau von Sankt Marien nicht mehr gegeben. Die vermögenden Honoratioren spendeten ebenfalls, so aber mehr im Verborgenen. Aus Preußen stammte die Losung: „Gold gab ich für Eisen". Dieses Wortspiel war auch in Mecklenburg jener Frühjahrstage des Jahres 1813 außerordentlich populär. Die Rekruten wurden also bestens aus den bescheidenen Mitteln der Bürger ausgerüstet. Wenn man auch selbst nicht auszog, wollte man es den Streitern an nichts fehlen lassen. Auch der Handelshof Gugel als Lieferant der Pferde erhielt zu Maltes aufrichtigem Erstaunen blanke Taler und Francs ausgezahlt.

Dreißig Berittene und achtundfünfzig Infanteristen machten sich auf den Weg nach Schwerin. Ihre Gestellungseinheit war das mecklenburgische Garde-Grenadier Bataillon unter Major von Both, das bereits zum Marsch nach Hamburg rüstete. Von dort wurden erste Scharmützel der Russen Tettenborns und einer Hamburger Bürgerwehr mit der französischen Observationsarmee Lauristons an der Elbe vermeldet. Auch im Süden fluteten die Regimenter Frankreichs und der Rheinbundstaaten zur Elblinie hin. Von Ostpreußen sprach niemand mehr. Berlin war von Russen und Preußen belegt. Friedrich Haupt erörterte im Rat, dass die Front entlang der Elbe und in Sachsen verlaufe. „Im Norden entscheidet es sich bei Hamburg", fügte Schmude hinzu.

Und an Hamburg schienen sich die Franzosen die Zähne auszubeißen. Selbst Dänemark schien ein Wörtchen mitreden zu wollen. Seine Infanterie stieß bis zur Hansestadt vor, lieferte sich mit kaiserlichen Bataillonen einige Scharmützel. Bis Napoleon von Fontainebleau persönlich eine ungewöhnlich scharfe Note nach Kopenhagen sandte. Hier versprach der Kaiser, noch im April in den „alemannischen Gemarkungen meines königlichen Bruders Jerôme" nach dem Rechten zu sehen. Das genügte, um die braven dänischen Kolonnen zurückfluten zu lassen. Noch immer lag Lauriston vor Hamburg, wo unter den Augen der Franzosen englische Schiffe festmachten.

Und wirklich, Mitte April kam er über den Rhein: Napoleon Bonaparte, Empereur de Francais in Persona. Mit ihm zweihunderttausend Soldaten. In der herzoglichen Residenz zu Schwerin wurden wieder Stoßgebete laut.

Aber der Kaiser hatte derzeit Wichtigeres zu vollbringen, als einen unbotmäßigen Herzog zu strafen. In Mitteldeutschland und Schlesien standen gefährlichere Gegner als einige mecklenburgische Kontingente: Die Russen und rebellische Preußen.

Napoleon bezog in Mainz Quartier, gliederte seine Truppen und schlug los. Die Marschälle zogen aus. Der Kaiser selbst begab sich in den Konzentrierungsraum seiner Truppen, nach Sachsen. Jetzt sollte es den frechen Russen und ungetreuen Deutschen an den Kragen gehen. Getreu dem Grundsatz: An der Inneren Linie werden sie verbluten.

Wismar, an der Peripherie gelegen, erlitt beim Ringen der Giganten vorerst keine weiteren Blessuren. Mitte April erschien von Rostock kommend eine schwedische Schar vor dem Altwismartor. Aufgeregte Landwehrmänner, die hier die Torwache versahen, sahen sich einer Streitmacht von tausend gelb uniformierten schwedischen Musketieren gegenüber. Der kommandierende General von Döbeln begehrte in harschem Tonfall Einlass. Noch während der Rat über das Ansinnen beriet, rückte das Korps ein. Freudig erregte Wismarer hatten das Tor geöffnet. Man erhoffte sich von den Schweden Schutz gegen mögliche Übergriffe der vermutlich arg verprellten Franzosen. Das sollte sich allerdings als Trugschluss erweisen. Denn der in die Ratsrunde platzende von Döbeln, hier noch aus der Schwedenzeit bekannt, hielt es für angebracht, die Herren sogleich über seine Direktiven aufzuklären. „Ursäkta mej. Tyvär kan jag inte stå till tjänst med", beschied Döbeln den Ratsherren auf die Frage hin, ob Wismar im Falle eines Falles durch die Krone Schwedens verteidigt werde. Die Herren wechselten bestürzte Blicke. Der schwedische General verfügte über strenge Direktiven seines Kronprinzen, die ihm jegliches Geplänkel mit den Franzosen untersagten. Die Schweden schienen daselbst nicht glücklich darüber zu sein, wie der Stabchef Oberst Boys dem Ratsherrn Schmude anvertraute. General von Döbeln richtete sich erst einmal häuslich zu Wismar ein. Seine Soldaten wurden in Bürgerhäusern einquartiert. In der folgenden Woche landeten zwei schwedische Fregatten weitere Soldaten an. Wismar verwandelte sich wieder in eine schwedische Bastion in Mecklenburg. Die drei Kronen wehten über der Stadt. Schwerin verzichtete übrigens auf eine offizielle Protestnote. Man war dort froh, dass die Schweden immer offener Partei ergriffen.

Das alles versetzte die Bürger in helle Aufregung. Die Gerüchteküche kochte über. Einen jungen Wismarer konnte nicht einmal die neuerliche Einquartierung aus der Ruhe bringen. Malte pflegte aufopfernd seine Fine, verließ auch nächtens selten ihr Lager. Viel blieb ohnehin nicht zu tun. Der andauernde Krieg tangierte wieder die alte Hansestadt. „Meine Liebste, heut sind einige Russen mit Artillerie durch die Stadt gezogen. Man bezeichnet diese Meuten landläufig als Kosaken. Die Franzosen sollen vor denen eine Heidenangst haben. Jetzt weiß ich auch warum. Man kann sich nichts Wilderes vorstellen. Stell Dir vor, mit ungeschorenen Bärten, überlangem Haupthaar! Furchterregend! Sie sagen, seit Smolensk sind sie den Franzosen auf den Fersen! Mit den städtischen Kindern haben die Kosaken aber ihre Fourage geteilt. Das brachte ihnen mehr Zuneigung, als jedes Gefecht gegen die Franzmänner. Mir waren sie trotz Allem unheimlich", erzählte Malte arglos. Seine junge Frau richtete sich auf. „Malte, uns und allen hier haben sie die Freiheit gebracht! Solange diese wilden Reiter in Wismar sind, wird Dir kein Wenz mehr Übles wollen!" Malte ergriff wortlos ihre Hand. „Ja der Wenz. Ich hab herumgehört, seit dem Russlandfeldzug hat niemand mehr etwas von ihm vernommen. Von Menou übrigens ebenfalls nicht. Sein Bataillon soll aber bei Borodino gefochten haben…" Malte hätte sich die Erwähnung des ungewissen Schicksals ihres französischen Freundes schenken sollen. Denn Fines Augen füllten sich mit Tränen. Malte hielt noch immer ihre Hand: „Du sollst Dich nicht erregen. Sonst berichte ich Dir nur noch, dass der alten Tilsen heute sämtliche Semmeln zu Boden gegangen sind." Fines Kopf sank zurück ins Daunenkissen. „Schon gut." Sie strich sich über den hohen Leib. „Ob man auch hier noch einmal kämpft?", sprach Fine leise. „Jedwede Parteien haben andere Sorgen", beschied ihr junger Gatte. Er verschwieg seiner Liebsten die Aufstellung der Landwehr. Nach den drei Kirchspielen gegliedert, zogen immer mehr junge Männer in loser Ordnung ins Umland, um taktisch und an den Waffen unterwiesen zu werden. Dass auch Maltes Name in der Liste des Kirchspiel Sankt Georgen aufgetaucht war, musste Fine nicht unbedingt erfahren. Kantor Haupt hatte mit Hinweis auf den Zustand seiner Tochter Malte Gugel mit einem Federstrich zurückgestellt.

Am Abend erschien Malte noch einmal auf dem Anwesen des Kantors Haupt. Dieser war wieder einmal damit beschäftigt, die inständigen Bitten seines Sohnes abzuwehren. Anton Johann wollte unbedingt bei der Landwehr dienen. „Du bist erst dreizehn, mein Junge!", warf die Mutter ein. „Und? Bei Lüneburg hat sogar eine Jungfer mitgekämpft!", schimpfte ihr stürmischer Sprössling. „Diese Johanna Stegen kämpfte nicht, sie versorgte die Kämpfer mit Munition!", korrigierte Friedrich Haupt streng. „Sag Du doch was!", fuhr Fines kleiner Bruder seinen Schwager Malte an. Dem fiel nichts Rechtes ein: „Alle Männer von achtzehn bis fünfunddreißig sollen in den Reihen der Landwehr ziehen. Und Kleiner, wie viel Lenze zählst Du?" Anton Johann schwieg betreten. „Wie steht es um meine Tochter?", wollte der Kantor wissen. „Die alte Dellsen meint, noch vierzehn Tage!", brummte Malte. „Sollte ich eventuell bei ihr bleiben?", erbot sich Fines Mutter. „Ich geb' Ihnen Bescheid!", schlug Malte das Angebot vorerst aus. „Gibt es etwas Neues aus dem Felde?", fragte er den Kantor. Dessen Miene verfinsterte sich. „Napoleon hat seinen Marschall Davout zum Kommandeur der Elbarmee ernannt. Er will Hamburg unbedingt zurück. Nicolas Davout, der Herzog von Auerstedt, ist der Garant für dieses Unterfangen." Sein junger Zuhörer schwieg. Er hatte schon viel Unrühmliches über diesen Marschall gehört. Dessen kompromisslose Führung war selbst bei den eigenen Truppen berüchtigt. Menou hatte es vor langer Zeit erzählt. Und Malte hatte einmal allein die bloße Erwähnung des Namens Marschall Davouts die Tore des Lazaretts im Fürstenhof geöffnet. Dieser Mann ritt jetzt an der Spitze seines Korps in den Norden. „Sonst noch etwas?", fragte er mit belegter Stimme. Haupt verneinte. „Demnächst wird Napoleon die Feindseligkeiten eröffnen, weiß der Beelzebub, wo er diese Masse an Truppen hernimmt."

Auf dem Heimweg überkamen Malte düstere Gedanken. Da erwartete ihn womöglich nicht nur das Geschrei eines Säuglings. Nein, da konnte durchaus auch der eindringliche Klang des Sturmläutens, untermalt vom hellen Feuerglöckchen ertönen. Das Ende vom Lied würde dann das dumpfe Bimmeln der Totenglocke sein. „Möge Gott es verhüten!", stieß Malte durch die Zähne. Ihm schwante, der Krieg gegen Frankreichs Scharen war mit der Räumung Wismars vor fünf Wochen noch lange nicht beendet.

Die Turmuhr schlug zwei, Sterne funkelten, ein kalter Wind blies von See her. Der schlafende Malte wurde von seiner Fine geweckt. „Es geht los! Glaube ich …", keuchte sie. Nie war er schneller wach und in den Kleidern, als in diesen frühen Morgenstunden des zweiten Mai. Malte rüttelte seinen Vater wach, sprang wie ein Bube die Treppe herunter und hetzte mit einem Windlicht zum Haus der Auguste Dellsen. Diese erkannte sofort, was sich zutrug, so schnell sie konnte, lief sie halb angekleidet hinter dem Burschen her. Sie konnte sich nicht enthalten, den Vorauseilenden aufzufordern, ihr den Weg gründlich auszuleuchten. „Schleuder nicht so mit der Laterne umher! Sie wird noch verlöschen! Was gut reingeht, kommt auch gut wieder heraus!", schalt sie den aufgeregten Urheber der nächtlichen Ruhestörung. Im Stillen belächelte sie den Eifer des werdenden Vaters. Im Haus wurden dann sachkundige Anweisungen getroffen. Heißes Wasser, Tücher sollten bereit sein. Dann schloss sich die Alte mit der stöhnenden Josefine in deren Kemenate ein.

Draußen vermaß Malte mit langen Schritten den Hof. Wieder und wieder. Er verfluchte sich, das Erbieten von Margarete Haupt ausgeschlagen zu haben, die wusste sicher ebenfalls Rat. Oder war es der Hebamme etwa ganz recht, wenn ihr niemand ins Handwerk pfuschte? Maltes Vater hockte gänzlich unbeteiligt auf der Tenne und erkannte sich unversehens in seinem Sohne wieder. Genau wie jener war er damals rastlos über den Hof gestrichen. Nun bangte sein Malte so wie er vor neunzehn Lenzen. Oben drangen leise Schreie durchs offene Fenster. Ein Schatten erschien, schloss die Flügel.

Die Nacht wich langsam dem anbrechenden Tag. Das Warten nahm kein Ende. Dann bei Sonnenaufgang erschien der gebeugte Umriss der Hebamme im Türrahmen. Auf dem Arm trug sie ein kleines Bündel. Malte stürzte auf die Frau zu. „Begrüß Deine Tochter!", kicherte Auguste. Sie hielt dem jäh Innehaltenden das Neugeborene hin. Dieser griff zögernd zu, die Hebamme korrigierte den unbeholfenen Vater, dann lag das kleine Geschöpf in Maltes Armen. Er blickte auf: „Fine?" Die gichtige Hand Augustes zeigte nach oben. „Sie hat mich heruntergeschickt!", teilte sie leise mit. Mit seiner kleinen Tochter im Arm stürmte Malte nach oben. Riss die Tür auf, erblickte seine Gemahlin mit offenen Haaren, sichtlich geschwächt aber wohlauf. „Ich hab's Dir gesagt, ein Mädchen!", sagte sie schwach. Sie streckte verlangend die Arme aus, wollte ihr Kind zurück. Vorsichtig gab ihr Malte das Bündel wieder. Die Kleine regte sich, fing an zu schreien. Dann schmiegte es sich an Brust der Mutter. Malte setzte sich ans Bett, gab Fine einen langen Kuss. „Du warst so tapfer!", flüsterte er. In der Tür standen regungslos sein Vater und die zufriedene Auguste Dellsen.

Während am zweiten Mai 1813 in Wismar die kleine Friederike Gugel das Licht der Welt erblickte, wurden am selben Tage einhundertfünfundachtzig Meilen weiter südlich an die zwanzigtausend Leben ausgelöscht. Zigtausend Mütter und Frauen würden Söhne oder Ehemänner nie wieder in die Arme schließen.

An diesem Tage rückte Napoleons Heer von Erfurt kommend in die Ebene südlich Lützens ein. Der Kaiser wollte die Schlacht, brauchte die Schlacht. Vor allem, um seine wankelmütigen Verbündeten bei der Fahne zu halten. Napoleon beabsichtigte allen zu signalisieren: Der Löwe wacht trotz allem. Bonaparte glaubte felsenfest an sein Genie. Und er verfügte über eine zahlenmäßig überlegene Streitmacht als Garant des Sieges.

Bei Großgörschen gab es das erste große Treffen dieses Frühjahrsfeldzuges. Napoleons Kohorten siegten, vermochten es aber nicht, den Feind vernichtend zu schlagen. Preußen und Russen zogen sich in voller Ordnung zurück. Die Franzosen folgten ihnen auf der Ferse nach Osten nach.

Das Grauen des Krieges war weit entfernt, auf Maltes Gemüt strahlte eitel Sonnenschein. Selbst dem gestrengen Großvater, dem Kantor Haupt, spielte ein entspanntes Lächeln im Gesicht, als er sein Enkeltöchterchen erstmals in den Armen hielt. Vergessen waren Vorwürfe und Episteln, mit denen er noch vor nicht langer Zeit den jungen Vater bedachte. Wenn das Kleine gähnte, mit seinen schönen Augen in den Frühling blickte, konnte man getrost die üblen Händel der Welt vergessen. So drückte es in Anflug von Poesie der Kantor aus. Fine bemerkte dazu, dass sie bei jedem Windelwechsel an Napoleon und seine Kriege erinnert werde. Dröhnend lachte Friedrich Haupt auf. Anton Johann war geradezu vernarrt in das Kind. Stundenlang saß er neben der Wiege und las der Schlummernden Gedichte eines gewissen Schiller vor. Dem Nachwuchs schienen die Oden zu gefallen, er pflegte bei der wohlklingenden Stimme von Fines Bruder grundsätzlich prompt einzuduseln.

Lange sollte das unbeschwerte Glück nicht währen, wieder überkam Aufregung und Unruhe die Stadt. Bei Dömitz lag das Lützower Reiterkorps, dazwischen nichts mehr. Der Herzog weilte zwar noch in Schwerin. Aber eintreffende Beamte meinten, Franz Friedrich säße auf gepackter Bagage. Ein jeder wusste: Hamburg war der Schlüssel zu Norddeutschland. Und Hamburg wurde seit der Ankunft Marschall Davouts aus allen Rohren beschossen. Genauso war der Marschall auch anno 1809 vor Pressburg verfahren. Eintausendfünfhundert Nichtkombattanten waren damals von den Bomben und Granaten der Artillerie auf grausliche Weise verstümmelt worden.

In Wismar drillte man nach wie vor trotzig die Landwehr. Dass man mittels dieser Maßnahme einem energischen Angriff Davouts würde trotzen können, glaubten nur hoffnungslose Optimisten. „Noch steht er vor Hamburg", referierte Schmude im Rat. „Man munkelt von Boten an unsere Schweden. Sie brauchen dringend Beistand. Die Bataillone, die gestern unter Boys auszogen, sollen nach Hamburg gehen. Wenn aber die Bastionen an der Alster trotz allem fallen sollten …"

„Dann gnade uns Gott!", fuhr ihm Blidenköpf ins Wort. „Der Kaiser siegt wieder. Die Russen und Preußen wehren sich verbissen. Meine Herren, sie sehen, das die ausgelaugten Russen und unerfahrenen

Preußen dem Bonaparte nicht das Wasser reichen können. Die österreichischen Habsburger schauen zu. Sie werden ihrem Eidam kaum in den Rücken fallen", referierte der Bürgermeister die Lage aus der Sicht eines mecklenburgischen Stadtoberhauptes. Schmude widersprach: „Die Truppen Napoleons sind zahlenmäßig überlegen, dennoch gelingt kein entscheidender Sieg. Die Franzosen sind nicht mehr dieselben wie vor Moskau. Man munkelt, dass Bonaparte ausschließlich mit der Masse in Kolonne taktiert. Er vermag seine starken Korps nur noch als Rammbock wie einst bei Wagram einsetzen. Seine Soldaten beherrschen die geöffnete Schlachtordnung noch nicht." Das klang alles sehr schön, dennoch konnte sich niemand einen Reim daraus machen. Schmude sah sich genötigt, seine Ausführung den militärischen Laien zu erläutern. „Es bedarf gewisser Fertigkeiten, als Tirailleur vor der Linie des Feindes auszuschwärmen. Und als Einzelkämpfer im Kartätschenhagel standzuhalten." Sei es wie es sei, so recht konnte noch immer niemand Schmude folgen. Dass Napoleon in argen Schwierigkeiten steckte, sollte sich Tage später erweisen.

Bis zu einer alten Stadt namens Bautzen an der Neiße verfolgte der Franzosenkaiser seine Widersacher. Nachdem Verstärkungen eintrafen, glaubten sich die Verbündeten stark genug, einem erneuten Angriff der französischen Hauptmacht entgegenzutreten.

Zwanzigtausend Leichen bedeckten zwölf Stunden später die Wallstatt. Zwar wurde die Schlacht von Napoleon gewonnen. Dennoch war der Kaiser unzufrieden. Bis Wismar wurde die Kunde getragen, wie er seine Marschälle gescholten hatte. „Nach einer solchen Schlächterei keine Gefangenen, keine Fahnen!? Diese Hohlköpfe werden mir keinen Nagel hinterlassen!", sollte Bonaparte ausgerufen haben. Zu allem Überfluss war sein Vertrauter Duroc von einer verirrten Kanonenkugel getroffen und verwundet worden. Der Hofmarschall verstarb zwei Tage darauf. Napoleon war jetzt vollends bedient. Erstmals seit Malojaroslawez überkamen ihn Zweifel an seinem Tun. In einem Anflug von Resignation stimmte er einem Vorschlag der Österreicher zu. Die Diplomaten des Habsburgischen Reiches wollten nach eigener Aussage einen für alle Seiten akzeptablen Frieden aushandeln. Aber im Grunde ging es den Habsburgern um ein anderes Endziel. Der aalglatte Metternich versicherte erst einmal allen Kontrahenten der Loyalität seines Monarchen. Er hatte Erfolg. Vom siebenten Juni an sollten die Waffen für zwei Monate ruhen, an diesem Stichtag eingenommene Positionen blieben in der jeweiligen Verfügungsgewalt.

Aber am einunddreißigsten Mai erreichte den Kaiser ermutigende Kunde. Sein Marschall Davout hatte Hamburg genommen. Die Russen unter Tettenborn waren nachts klammheimlich abgezogen. Der russische General begründete es vor den entgeisterten Vertretern der Bürgerschaft mit der allgemeinen politischen Lage. Die Festung wurde pro forma Dänemark unter General Wegener übergeben. Dieser hatte den energischen Ansprüchen Davouts nichts entgegenzusetzen. Keine zwanzig Stunden später setzten die Franzosen von Harburg aus über. Sie zogen bei befohlener Illumination ein. Davout erfüllte demnach wie stets seine Mission mit Bravour. Gedemütigte Deputierte der Bürgerschaft wurden vom Korpskommandeur Vandamme mit ausfallender Schelte empfangen:

„Ihr sagt, der Pöbel habe den Aufruhr erregt; ihr selbst seid der Pöbel und die Meuterer! Der große Haufen sieht immer nur auf die Ersten im Volke! – An jedem eurer Haare hängt ein Tropfen Blut; denn ihr habt eure jungen Leute gegen die französische Armee, gegen den Kaiser geschickt! – Ihr habt den Ruf gehabt, dass ihr gut rechnen könntet; den Ruf habt ihr verloren; ihr, eine Handvoll Menschen hat sich empören können gegen den Beherrscher von 40 Millionen! – Der Kaiser ist euer Richter; er wird euch Eure Strafe bestimmen. Wenn ich zu befehlen hätte – alle eure Köpfe würden fallen!"

Davouts erste Amtshandlung bestand darin, alles Franzosenfeindliche, sei es Druckerzeugnisse oder Pamphlete, die seit dem 24. Februar, dem Tage des Abzugs der kaiserlichen Garnison, erschienen, abliefern zu lassen. Er fürchtete die Massenwirksamkeit solcher Schriften. Man fügte sich murrend. Aber das war erst der Anfang einer Schreckensherrschaft, die den hamburgischen Hanseaten jedwede Sympathie für die französischen Adler verleidete.

„Gott hat uns eine Atempause beschert! Gepriesen sei der Waffenstillstand", sagte ein auffallend abgezehrter Friedrich Franz zu seiner Gemahlin. „Ja Fränzchen, Du musst eingestehen, dass inniges Preisen des Herrn doch wohlwollend dotiert wird", flötete die Herzogin. „Hamburg ist trotzdem gefallen. Der Marschall Davout soll aber schon Direktiven für den Marsch seines Korps nach Mecklenburg aufgesetzt haben", klagte Friedrich Franz. „Es ist aber offensichtlich, dass Gott offenbar mit unserem Hause ist! Die Waffen ruhen bis August. Bis dahin wird man sich schon versöhnen!", entgegnete seine bessere Hälfte ungerührt und schlug das Kreuz über dem Herzog.

16. Kapitel

Nicht nur im Schweriner Schloss wurde für das Ausbleiben der Kolonnen des strengen Davout gebetet. Auch zu Wismar hatte der Pfarrer zu Sankt Georgen in seine Predigt anlässlich der Taufe der kleinen Friederike Amalie Gugel die ernsten Fürbitten um die Verschonung des jungen Lebens vor Kriegsgräueln eingeschlossen. Ohne, dass der Name des Herzogs von Auerstedt fiel, wusste jeder der Anwesenden was damit gemeint war.

Das Mädchen hatte das handwarme Taufwasser still hingenommen, fing erst zu schreien an, als sie ihr junger Vater wieder in die Arme nahm. Ihr Taufpate war der allseits geachtete Ratsherr Johann Schmude. Im Gegensatz zur Hochzeit war diesmal wieder die gesamte Sippschaft der Haupts und Gugels zugegen. Fines Bruder Johann Anton trug stolz einen kurzen Dolch zur Schau. Er würde damit seine Familie vor jedem Übergriff der Franzosen beschützen. Sein Vater hätte es lieber gesehen, wenn der Filius die gleiche Inbrunst, mit der er die exerzierende Landwehr vor dem Altwismartor beobachtete, seinen Studien widmete. So Gott es wollte, sollte im folgenden Jahr der Kantorsohn konfirmiert werden und alsbald ein Jurastudium an der Universität von Jena beginnen. Der ebenfalls erschienene Gustav Gugel musterte alle Anwesenden mit geringschätzigen Blicken. ‚Diese Narren!', dachte er verächtlich. Denn niemand suchte die Unterhaltung mit dem Übelbeleumdeten. Dabei hätte Maltes Oheim so einige wichtige Neuigkeiten in die Runde zu tragen gewusst. So hatte er vor kurzer Zeit einen Gast aus Lübeck in seinem Haus beherbergt, der nichts Besseres zu tun hatte, als schleunigst mit Ziel Königsberg weiterzureisen. Er wollte nur weg. Der Lübecker hatte Gugel verraten, dass sofort mit Ablauf des Waffenstillstandes die Truppen nach Mecklenburg vorstoßen sollten. „Auf ausdrückliche Weisung Bonapartes hin. Den wurmt noch immer, dass Euer Herzog als Erster den Rheinbund aufgekündigt hat!" So hatte der Händler aus dem Lübischen gesprochen. Gustav Gugel begann still und leise seine Bagage zu verpacken.

In Anbetracht der Umstände hatte Malte auf ein zünftiges Festbankett zu Ehren seiner Tochter verzichtet. Es gab lediglich eine maritime Jause. Seit dem Abzug von Morands Franzosen fuhren wieder die Fischer von Wismars Hafen aus. Das wirkte sich besonders erquicklich auf die Ernährungslage aus. Aufgrund der ausgezahlten Barschaft für die Remonten von Landwehr und Kavalleristen hatte sich die pekuniäre Lage des Handelshofes ebenfalls erheblich gebessert.

Am siebenten Juni traten die Bestimmungen des Waffenstillstandes in Kraft. Vorerst beruhigten sich die Gemüter, obwohl es nicht an warnenden Stimmen fehlte. Viele der Bürger Wismarias sahen in diesen warmen Tagen einen Vorboten des ersehnten Friedens. Sogar die Reihen der Landwehr dünnten sich aus, viele meinten, der leidige Drill wäre nicht mehr vonnöten und blieben einfach weg. Ein sturer Mecklenburger war eben kein geborener Soldat. Dennoch, jenseits der westlichen Grenzsteine Mecklenburgs, verharrten nach wie vor drohend die Detachements der Franzosen. Wismar blieb von Vorboten des drohenden Unheils keineswegs verschont. Lübische und Hamburgische Flüchtlinge passierten die alte Hansestadt. Es handelte sich vorwiegend um vormalige Zugehörige dortiger Bürgerwehren, die sich in Schwedisch-Pommern sammeln wollten. Was sie berichteten, ließ das Herz erbeben.

Marschall Davout belegte Hamburg für seine bisherige Unbotmäßigkeit mit der ungeheuren Kontribution von 48 Millionen Franken. Kaum ein Einwohner wagte sich an der Alster aus den Häusern. Durch die verwaisten Straßen zogen trommelnd französische Patrouillen. Auch Lübeck stöhnte unter den Besatzern. Man munkelte auch dort von Kontributionen. Aber der Marschall ließ sich damit Zeit. Vorerst.

Das alles kümmerte Malte und Fine herzlich wenig. Ihr Sonnenschein war ihre kleine Tochter. Für Malte war das alles ein kleines Wunder. Wenn die Kleine strampelte, ihr Köpfchen drehte, ja selbst wenn sie schrie, alles erschien ihm wunderbar. Sogar Maltes Vater war vom Charme des kleinen Mädchens überwältigt. Der alte Griesgram verbrachte viel Zeit an der Wiege. So hätte denn Friederike wohlbehütet aufwachsen können, wenn nicht der schwelende Konflikt zwischen Trikolore und Stierwappen erneut nach der mecklenburgischen Küste zurückgeflutet wäre.

Der heiße August kam übers Land. Es sollte nicht zu einer Verständigung kommen. Denn deutlich zeichnete sich ab, dass der Kaiser von Frankreich zu keiner Zeit bereit war, seine unmäßigen Ansprüche im Rechtsrheinischen zurückzunehmen. Er wollte den Kampf, um seine Widersacher ein für allemal zu besiegen. Seine wieder erstarkte Armee und sein ureigenes Genie, ausgeruht und gestählt, erschienen ihm als hinlänglicher Garant für den Sieg. Jetzt brach aber auch eine hohe Zeit für Österreichs lange gedemütigtes Regnum an. Kaiser Franz I. war gewillt, seinen unliebsamen Schwiegersohn für immer und ewig vom Thron zu fegen. Gleichgültig, dass dessen Gemahlin seine eigene

Tochter Marie Luise war. Metternichs Intrigen trugen gegenwärtig umgehend Früchte. Die Österreicher hatten die Atempause genutzt, das Feldheer für die bevorstehende Kampagne bereitzustellen. Die riesige Kriegsmacht des Vielvölkerstaats stand Gewehr bei Fuß. So stellte sich das gesamte lange gedemütigte Mitteleuropa gemeinsam mit dem Russland Zar Alexanders I gegen Bonaparte. Was diesen kaum beeindruckte. Der infernalische Waffengang um die Zukunft Europas zeichnete sich deutlich als Wetterleuchten am Horizont ab. Wohin mochte sich die Waagschale des Schicksals neigen, zu Gunsten des kaiserlichen Empire de Francais oder zu den freiheitswilligen Völkern mitsamt deren diplomatisch biegsamen Fürstenhäusern?

Vor langen Jahren hatte ein gewisser Wallenstein behauptet, dass selbst die Sintflut Mecklenburg erst zig Jahre nach der übrigen Welt heimsuchen werde. Im bewegten Jahre 1813 gaben viele Leute nicht wenig dafür, dass es gegenwärtig nicht anders wäre. Aber so sollte es nicht sein, so würde es nicht kommen. Dem Herzogtum Mecklenburg-Schwerin gebührte es, mit Ablaufen des Waffenstillstands Etappenziel der Divisionen des unerbittlichen Marschalls Louis-Nicolas Davout zu werden. Deren Rosse scharten bereits ungeduldig mit den Hufen.

„Malte!", rief Anton Johann laut über den Hof. „Was gibt's?", fragte der Gerufene. Er lehnte sich oben aus dem kleinen Speicherfenster. „Die Lützower!", rief der Junge. Kavallerie des Lützower Freikorps war in Wismar eingezogen. Das Korps war Anfang August zusammen mit einer weiteren Freischar unter dem Oberst von Reich der Armee des Generals Wallmoden zugegliedert worden. „Wie viele sind's?", rief Malte von oben. „Sechshundert Reiter!", rief der kleine Haupt hinauf. Malte schnalzte mit der Zunge. Das war eine gute Neuigkeit. Wenn diese mit Meriten beladenen Kämpfer in Wismar verblieben, dann mochte der grimmige Davout ruhig kommen. Auf die eigene Landwehr allein mochte sich nämlich in Wismar niemand verlassen. Diese Streiter übten zwar unentwegt, jedem halbwegs militärisch Gebildeten waren deren Mängel jedoch unübersehbar. Auf Göbelns Musketiere gab man trotz des offiziellen Beitritt Schwedens zur Koalition ebenfalls keinen Pfifferling. Diese Schweden machten nämlich Anstalten, Wismar im Falle eines französischen Angriffs zu verlassen. Zumal die dunklen Wolken sich verdichteten.

Aus Westen war im Juli noch ernüchternde Kunde eingelaufen. Dänemark machte Anstalten, an der Seite Napoleons zu fechten. Niemand wusste, dass es ein Resultat der schwedisch-russischen Verhandlungen um Norwegen war. Der Marschall Davout beanspruchte vom Senat Lübecks eine Kriegskontribution in der astronomischen Höhe von sechs Millionen Franken. Als man sich dort verständlicherweise sträubte, ließ der Marschall kurzerhand zweihundert Knaben von vermögenden Eltern ausheben und umgehend nach Frankreich deportieren. Die Sprösslinge im Alter zwischen dreizehn und sechzehn Lenzen sollten erst nach Eingang der ausstehenden Zahlung zurückgebracht werden. Das wurde natürlich auch in Wismar bekannt. Und der feine Sand rann unaufhaltsam durch die Uhr. Nur noch zehn Tage lang sollten die Waffen schweigen. Gerade deshalb wurde der Major von Lützow mitsamt seiner Schar aufs Herzlichste von den Einwohnern der Hafenstadt aufgenommen. Im Hause des Kantors Haupt logierten einige Kavalleristen. Der sonst sehr sparsame Kantor gab zu Ehren seiner Gäste ein Bankett. Margarete Gugel kam auf den nahe liegenden Gedanken, auch die Tochter nebst Schwiegersohn und Enkelkind einzuladen. Deshalb war Anton Johann auf Gugels Hof erschienen. „Gegen Abend! Vater rechnet mit euch!", rief der Junge zum Erkerfenster hinauf. „Ist recht, sag wir kommen!", antwortete Malte und schon war der Bub entschwunden.

Als Malte mit Fine und der kleinen Friederike im Arm beim Anwesen seines Schwiegervaters eintraf, waren drinnen schon ausgelassene Stimmen zu vernehmen. Fünf Lützower Husaren, darunter ein schmächtiger Leutnant, tafelten bereits am wohlgedeckten Tisch. Dazwischen ein ungewohnt leutseliger Kantor Haupt und sein wie immer neugieriger Filius Anton Johann. Ohne Zögern traten die Gäste ein. Fine trafen sogleich anzügliche Blicke, was Malte mit Unbehagen zur Kenntnis nahm. Demonstrativ wollte er seiner jungen Frau das Bündel mit dem Kind übergeben. Aber nun erhob sich der Leutnant und deutete vor der verschämten Josefine einen galanten Handkuss an. „Holde Maid, Eure Anmut überstrahlt selbst die Aura der Sonne!", komplimentierte er. Dann salutierte der junge Offizier zackig, das hatte er wohl den Preußen abgeschaut, und begrüßte Malte mit Handschlag. „Leutnant Körner!", stellte er sich dem Gatten Fines vor. Malte überlegte angestrengt. Diesen Namen hatte er doch schon einmal vernommen! Als könne der Kantor Gedanken lesen, fügte er hinzu: „Er ist es, unser Theodor Körner, dessen Feder ebenso spitz wie sein Degen ist." Der Leutnant errötete ob des Lobes, bot Fine seinen Platz neben dem Hausherrn an. Alsdann erschien Margarete, um die dampfenden Schüsseln zu servieren. Es stellte sich heraus, die anwesenden Lützowschen waren samt und sonders Burschenschaftler der Jenaer Universität. Dort sollte sich bekanntlich auch Anton Johann einmal immatrikulieren. Die Zuhörer vernahmen gespannt die sicher ein wenig übertriebenen Schilderungen von tollkühnen Streichen der Freischärler. Körner hielt sich bei diesen Prahlereien merklich zurück. Er lebte erst auf, als einer der Husaren zornbebend an den arglistigen Überfall der Franzosen während der Waffenruhe bei Kitzen erinnerte. Damals waren hunderte Lützower gefallen. „Und dennoch wird der Sturm losbrechen, das Joch hinwegfegen!", bemerkte Theodor Körner verbittert.

Es wurde spät. Friederike schlummerte schon lange in den Armen ihrer Mutter. Friedrich Haupt ersuchte Körner, sein jüngstes Werk zum Besten zu geben. Jener zierte sich lange, erst als Fine ihn mit betörendem Augenaufschlag bat, erhob er sich und begann mit Enthusiasmus in der Stimme sein „Schwertlied" zu deklamieren. Andächtig hörten die Anwesenden zu. Es klang wahrlich mitreißend. Nachdem der Poet geendet hatte, bekundeten die Zuhörer nach Studentenart ihre Anerkennung. Man klopfte mit der Faust auf den Eichentisch. Leutnant Körner, der keinen Monat mehr zu leben hatte, setzte sich bescheiden.

„Es war ein schöner Abend. Nett vom Vater uns einzuladen", meinte Fine zu Malte, als sie heimwärts gingen. In seinen Armen schlief ihre kleine Tochter. Gruppen von selbst jetzt noch exerzierenden Landwehrmännern wichen sie aus. Die Uhr schlug zwölf, als sie ihren Handelshof betraten.

Die Lützower blieben nicht in Wismar. Schon zwei Tage nach ihrer überraschenden Ankunft zog „Lützows wilde verwegene Jagd" weiter. Ein Befehl des Generals Wallmoden beorderte sie schnellstmöglich nach Gadebusch. Er befürchtete den vorzeitigen Angriff der Verbände Davouts.

„Heute begeht der Werwolf seinen Geburtstag", sagte Maltes Vater am folgenden Morgen, als sein Sohn unausgeschlafen beim kargen Frühmahl erschien. ‚Graupen. Wie lecker!', fuhr es Malte in den Sinn, als er die klebrige Pampe mittels Holzlöffel in seine Schale beförderte. „Was hast gesagt Vater?", wandte er sich an seinen Erzeuger. „Napoleon! Am 15. ist sein Wiegenfest!", erklärte der Vater gedehnt. „Man wird ihm die gebührenden Gaben schon präsentieren. Zwei Tage noch", entgegnete der Sohn mit vollem Munde. Übermorgen lief die vereinbarte Waffenruhe aus. Dann würden wieder die Waffen sprechen. Die Sanduhr leerte sich.

Am späten Abend des 16. August saß im Schloss von Ratzeburg ein mittelgroßer, etwas füllig wirkender Mann in goldstrotzender Uniform an seinem Schreibpult. Er streckte die Beine aus, die Füße steckten in hohen Reitstiefeln aus feinstem Leder. „Mon Dieu!", knurrte der Offizier, während er zum wiederholten Mal ein Schreiben las, welches mit einem lapidaren „N" unterzeichnet war. Auf dem Schreibpult ruhte neben einem gusseisernen Kandelaber der mit goldenen Adlern verzierte Marschallstab. Nicolas Davout, Herzog von Auerstedt und Prinz von Eckmühl, strich sich über den kahlen Schädel. Obwohl der Marschall erst zweiundvierzig Lenze zählte, war seine einst üppige Haarpracht einer polierten Glatze gewichen. Nur am Hinterkopf und den Schläfen konnte der hinter Davout wartende Divisionskommandeur Loisson noch Spuren der unwiederbringlichen Lockenpracht bewundern. Der Marschall wandte sich um, musterte den hochgewachsenen General von unten her. „Sie wissen was das ist?", fragte Davout. „Die Direktiven seiner Majestät!", schnarrte Loisson. „Richtig", giftete der Marschall. „Wir sollen Oudinot beim Vormarsch auf Berlin zur Seite stehen! Sodann diesem Hasenfuß von Herzog d'Schwerin das Fürchten lehren. Nebenbei die vor uns liegenden Landwehreinheiten und diese ominöse hanseatische Legion zuzüglich einiger Freischärler auseinander treiben. Majestät ist der Meinung, dass die von allein ins Laufen kommen werden." Loisson rieb sich während der Ausführungen seines Marschalls zweifelnd das Kinn. „Man sollte diese Landwehr nicht unterschätzen. Waren doch unsere Truppen weiland vor Valmy oder bei Fleurus ebenfalls kaum besser. Dennoch hielten wir stand." Der Marschall zog die Brauen hoch. Das genügte, um Loisson zum Schweigen zu bringen. Jener wusste, der Marschall setzte den Kaiser mit Frankreich gleich. Napoleon war für ihn die Inkarnation der glorreichen unbesiegbaren Grande Nation. Und seinem Vaterland war Davout mit jeder Faser seines Leibes ergeben. Alles, obwohl Napoleon dem brillanten Militär argwöhnte und ihn deshalb auf Distanz hielt, was dessen Bestallung mit dem Oberbefehl der Nordarmee sinnfällig bezeugte. Aus seinen Betrachtungen wurde Loisson durch einen Anruf seines Marschalls gerissen. „Träumen Sie!?" Der General gab sich einen Ruck. Er folgte seinem Vorgesetzten zur an der Wand hängenden Karte. Fahrig suchte Davout seinen Zeigestab. In Ermangelung desselben musste flugs der Marschallstab als ziemlich ordinärer Zeigestock herhalten. Davout fuhr von Lübeck an der Küste entlang, der rubinbesetzte Marschallstab folgte der Küstenlinie. Die Küste verengte sich zu einer trichterförmigen Bucht. Am schmalen südlichen Ende der Bai war eine kleine Stadt eingezeichnet, vermutlich einer der hiesigen Fischereihäfen. Loisson kniff die Augenlieder zusammen, versuchte bei der ungenügenden Beleuchtung den Namen dieses Fleckens auszumachen. ‚Wi, Wis …', sinnierte er. Die schneidende Stimme des Marschalls erklang. „Diese Bastion, Wismar, die müssen Sie nehmen! Es ist die entscheidende Etappe auf dem Wege nach Rostock, dem operativen Ziel der Offensive! Mit Ihnen zieht Colonel La Grandes

Division! Das dänische Expeditionskorps wird sie alsbald dort ablösen." Loissons Gesicht blieb unbewegt. Er wusste, seine Division war weiträumig detachiert und nur bedingt kriegstauglich. Nun diese Mission auch noch gemeinsam mit dem unverbesserlichen Draufgänger La Grande! „Bon voyage!", murmelte Loisson leise. „Vive l'Empereur!", sagte er lauter, worauf Davout befriedigt nickte. Loisson salutierte und verließ das finstere Domizil des Marschalls. Draußen setzte er den mit goldener Borte verzierten Zweispitz samt den bunten Federn leger auf den Kopf und bedeutete den wartenden Offizieren seines Stabes zu folgen. „Nach Wismar geht's!", erteilte der General ungefragt Auskunft.

In den frühen Morgenstunden begannen die aufgefahrenen Kanonen zu donnern. Davout hielt es für angemessen, mit blinden Ladungen die Demarkationslinie zu bestreichen. Sollten seine Widersacher doch sehen, was sie erwartete. Mit Sonnenaufgang setzten sich die Kolonnen in Bewegung. Die Adler der eisernen Regimenter setzten zu erneuten Höhenflügen an.

In Wismar ging es an diesem schicksalsschweren Tage drunter und drüber. Truppen der verschiedensten Waffengattungen und Nationen gaben sich ein Stelldichein. Teile der Lützower Jäger, die schwedischen Musketiere Göbelns, fast das gesamte Reichsche Korps, einige Kosakenschwadronen. Diese Einheiten zogen durch die Stadt, machten zum Teil auch Quartier. Malte hieß Fine im Haus zu bleiben, wollte am Markt nach dem Rechten sehen. Der städtische Marktplatz glich einem Biwak. Trommeln standen umher, die Gewehre standen zu Pyramiden vereint. Etliche Planwagen standen ausgeschirrt herum. Und Unmengen Uniformierter standen, saßen oder lagen auf dem Pflaster. Die Soldaten machten einen angespannten Eindruck. Das konnte ihnen niemand verübeln, galt es doch in Bälde die Klingen mit der gewaltigsten Militärmacht zu kreuzen, die je in Europa zugange war. Unzählige Kinder umschwärmten das Biwak. Sie machten zaghaft Bekanntschaft mit den Helden. Die Soldaten gaben sich langmütig, lediglich ein Korporal fuhr wie der Leibhaftige dazwischen, als sich einige vorwitzige Buben an den Gewehren zu schaffen machten.

Malte wollte sich bereits auf den Heimweg machen, er hatte erfahren, dass die Franzosen auf der ganzen Linie von Lübeck bis Ratzeburg vorgingen. Ein Auflauf von Menschen zog ihn an. Alle redeten durcheinander, aber eine schrille Stimme übertraf alle. „Ihr Lüt! Bald könnt's auch hier ihre Kanonen hören!", schrie Liesel Tilsen hysterisch. Der Pfarrer von Sankt Marien drängte mit zwei seiner Kirchenjungen durch die Reihen, spendete Verzagten Trost. Er ging auf die verzweifelte Frau zu, redete ihr mit leiser Stimme zu. Ratlos standen die Wismarer daneben. Das Wunder gelang. Schluchzend gelobte die Frau Besserung. Wollte nimmermehr die Hoffnung einsargen. Wer sie kannte, der wusste, dass die guten Vorsätze nicht lange vorhalten würden. Dennoch, so unbegründet war die Niedergeschlagenheit nicht. Malte sah einen Reiter auf blutendem schweißtriefenden Ross ankommen. Keuchend fragte der Mann nach dem Stabsquartier der Schweden. Es handelte sich um einen Kurier, der bei Bobitz mit knapper Not französischen Kürassieren entkommen war. Die Kavallerie des Feindes sickerte demnach also schon ins Hinterland ein. ‚Böse Sache.', dachte Malte und half dem Melder vom Pferd. Der Kurier drängte sich an den Posten vor dem Tor des Fürstenhofs vorbei. Hier war auch unter den Verbündeten das Hauptquartier. Dann erklangen Trommeln und Flöten. Die hiesige Landwehr. Mit trotzig geschürzten Lippen zogen Wismars Streiter aus. Malte schaute ihnen nachdenklich nach. Um ein Haar wäre auch er dabei gewesen. Aber was war das? Ein Doppelspänner hoch beladen. Und wer saß dort hoch auf dem Bock und schwang die Peitsche? Der Oheim! Der alte Schlawiner wollte sich davonmachen! Das war ein wirklich ernstes Omen. Wenn Gustav Gugel seine sichere Heimstatt verließ, dann lag wahrlich Arges in der Luft. „Gustav Gugel! Wohin des Wegs?" Malte stellte sich dumm. Der Angesprochene beugte sich vor, er konnte der Pferde wegen nicht erkennen, wer ihn dort ansprach. Als er seinen Neffen erblickte, legte sich seine Stirn in Falten. „Nach Rostock. Via Kröpelin", erklärte Gustav einsilbig. „So so. Ihr macht Euch dünne?" Malte sah keine Notwendigkeit sich klüger zu zeigen. „Wem Leib und Gut etwas wert ist, der sollt' meinem Beispiel folgen", zischte der Kutscher. Sein Neffe gab den Weg frei. „Feigling!", nölte er und spuckte aus. Ohne ersichtliche Gefühlsregung trieb der Oheim seine Zugtiere zur Eile an. Er war der erste Wismarer, der Haus und Hof und Heimatstadt im Stich ließ. Er sollte nicht der Letzte sein.

Nachdenklich begab sich Malte auf den Heimweg, er sah einerseits die wackeren Wismarer Landwehrleute vor sich, zum anderen ging ihm das erbärmliche Bild des flüchtenden Oheims nicht aus dem Sinn. Fine begrüßte ihren Malte. Mit ernstem Gesicht berichtete er. „,... so scheint es, dass wirklich die Franzmänner zurückkehren", endete er. Wortlos erhob sich Fine, nahm das Kind aus der Wiege. Die Kleine schrie, sie hatte wohl Hunger. Ihre Mutter ging daran sie zu stillen. Sein Vater saß rauchend am Fenster, hörte den Bericht mit an. Der Alte atmete schwer. Ins Leere starrend hob er zu schimpfen an: „Wozu nur haben wir gespendet, das viele Geld alles umsonst …"

„Jammer nicht!", fuhr ihn Malte an. Sein Blick fiel auf den Hof, wo noch zwei Kaltblüter gleichmütig am Futtertrog standen. ‚Die Tiere müssen weg!', fiel Malte ein. Fine blickte auf. „Wohin? Im Umland wirst kaum sichere Stallungen finden! Die Soldaten Davouts werden das Oberste zuunterst kehren!" Entschlossen sprang Malte auf. „Ich biete sie den Schweden an." Seine Stimme duldete keinen Widerspruch ,obwohl die schwedischen Zahlmeister als äußerst knauserig galten. Sein Vater hob an Einwände zu erheben, verstummte, als er Maltes finstere Miene bemerkte. Entschlossen begab sich sein Sohn in den Stall und machte die Tiere bereit. Vom Markt her erklang dumpfer Trommelwirbel.

Zur selben Stunde passierte Loissons III. Division den kleinen Ort Mustin unweit Ratzeburgs. Der General schaute missgestimmt auf seinen marschierenden Heerwurm herab. Das Vertrauen in seine Einheiten war erschüttert. Diese im Frühjahr Konskriptierten waren keine Soldaten nach seinem Geschmack. Teils viel zu jung und unerfahren, teils verroht und insubordiniert. Jetzt hetzte eine Ordonanz heran, vermeldete atemlos, dass eine nördlich ausgeschwärmte Patrouille einen Mann vermisste. Man hatte einen abseitigen Weiler durchsucht, dabei musste der Chauveleger irgendwie abhanden gekommen sein. Vermutlich hatten ihn aufmüpfige Bauern erschlagen. Loisson kochte. Wütend gab er den Befehl, ein Exempel zu statuieren. Woraufhin in jenem unseligen Weiler jeder männliche Angetroffene füsiliert wurde. Drei nichts ahnende Häusler wurden erbarmungslos vor das Peloton gezerrt. Als in der Ferne die Schüsse halten, streifte sich General Loisson die weißen Handschuhe ab. Ihm war unwohl zumute. Noch hatte er keine Feindberührung gehabt, schon gab's erste Verluste. Des Generals Blick streifte über die fruchtbaren Auen Mecklenburgs. Was war das? Er ließ sich das Fernglas reichen. Dort hinten, eine Meile entfernt, galoppierten Reiter! Schwarze Uniformen. „Die Lützower!", stieß Loisson durch die Zähne. Er traf hastig einige Anweisungen.

22. August. An diesem Sonntag waren die Messen in den Kirchen Wismars über die Maßen gut besucht. Man wollte wenigstens seinen Frieden mit dem Allmächtigen machen. Im Rat erörterte man zum wiederholten Mal die Lage. Die Franzosen stießen nicht so ungestüm vor, wie angedacht. Auch sollte es im Süden bei Verlahn zu einem Scharmützel mit Davouts Reiterei gekommen sein. Die Regimenter des Marschalls sollten laut unbestätigter Meldungen acht Meilen vor Schwerin stehen geblieben sein. Genaues wusste man selbstverständlich nicht. Selbst Schmude wirkte ratlos. Er wies nur darauf hin, dass

das Lazarettinventar aus dem Fürstenhof von den Schweden auf Wagen verladen werde. „Uns sagt keiner etwas, der General von Göbeln lässt sich verleugnen", berichtete der Ratsherr. Lange Gesichter. Sie sollten prompt noch länger werden, als ein Bote des schwedischen Generalleutnants Vegesack einlief. Dieser Offizier war vom Kronprinzen Schwedens mit der Koordinierung der Kriegsführung an der wendischen Küste betraut worden. Und jener nichtsnutzige Vegesack ordnete an, dass die Wismarer Landwehreinheiten nach Rostock zurückzugehen hätten. Das konnte nur eins bedeuten: Wismar wurde preisgegeben. Ein Sturm der Entrüstung fegte durch den rußigen Tagungsort des Magistrates. Wilde Flüche wurden laut. Solch rudimentäre Rede hätte man den edlen Herren nicht zugetraut. So drückte es der Bürgermeister konziliant aus. Aber selbst ihm fiel es schwer, die Fassung zu wahren. Da hatte man unter unendlichen Mühen und unter erheblichem pekuniärem Aufwand die Landwehr ausgestattet und in der Stunde der Not wurde die kärgliche Streitmacht der wismarschen Hanseaten abgezogen. Man tat dem guten Vegesack allerdings Unrecht, denn der General wusste ob der Aussichtslosigkeit örtlichen Widerstandes. Er war ein gelehriger Schüler des im März verstorbenen Kutusow. Dessen bewährte Strategie machte sich nun auch Baron August Wilhelm von Vegesack zu eigen. Ob nun einige städtische Pfeffersäcke Wismars nun vor Entrüstung schnaubten oder nicht. Wie dem auch sei, die Zeche für den Rückzug der Verbündeten würde die einst so wohlhabende Stadt an der Wismarbucht zahlen müssen. Schmude benachrichtigte auf Stelle seinen Verbindungsbruder Friedrich Haupt. Dieser schickte Anton Johann zum Hof des Eidams. „Malte, Fine! Davout ante portas! Er wird kommen. Keiner kann ihn daran mehr hindern!", gellte der Junge noch auf dem Hof. Fine wurde kreidebleich. Unwillkürlich griff sie in die Wiege und zog ihre schlummernde Tochter ans sich. Das passte dem Säugling nun gar nicht. Erhebliches Geschrei war die Folge. Malte hätte einstimmen können, aber das schickte sich wahrlich nicht. Jetzt war Fines Bruder die Treppe heraufgepoltert, stand schwer atmend in der Tür. Er blickte wachen Auges auf die Bescherung. „Wollt ihr auch auf und davon? Altwismartor und Poeler Pforte sind schon von verkeilten Fuhrwerken verstopft. Militär, selbst Freischaren ziehen nach Osten. Dazu wollen flüchtende heimische Bürger Raum gen Doberan und Rostock gewinnen. Aber von Süden und Westen strömen weitere Flüchtlinge aus dem Umland in Wismarias Mauern. Bauern, Tagelöhner auf überladenen Fuhrwerken." Der Junge hatte kurz und bündig über alles Bedeutsame dieses 22. August berichtet.

Fine wurde weiterer Gedanken über die üble Lage enthoben, sie tröstete inbrünstig das noch weinende Kindchen. Die Sorge um seine junge Familie oblag ihrem jungen Gatten. Malte stand an den Tisch gelehnt, dachte angestrengt nach. Er hatte noch am Morgen ein Gerücht gehört, dass in Mustin drei Tagelöhner füsiliert worden seien, weil sie vorgeblich einen plündernden Marodeur gemordet hätten. Tags darauf fand sich der Vermisste indes wieder ein, er hatte besoffen unter einem Holundergebüsch geschlafen. Der französische General habe daraufhin den trauernden Witwen der Hingemeuchelten ein Schreiben zugesandt, dass ihre Männer schuldlos gestorben seien, möge es den Witwen ein Trost sein … Das war nur eine von vielen Schauergeschichten, die in Wismars Gassen über die Untaten von Davouts Soldateska die Runde machten. Die Franzosen hausten demnach in Westmecklenburg wie die Vandalen. Kontributionen, Requirierungen, Raub und Totschlag machten dem Vernehmen nach das Wesen des Vormarsches der kaiserlichen Regimenter aus. Das ging Malte durch den Kopf, als er reglos am leeren Warenpult lehnte. Hier wurden in gewöhnlichen Zeiten die Geschäfte abgewickelt und pergamentiert. In diesem August gab es das nicht mehr. Der Krieg rückte mit jeder Stunde näher vor die Tore und Malte wusste nicht, was er tun solle. Er sagte sich, man müsse unerlässlich noch einmal mit Fines Vater sprechen. Der gescheite Kantor wusste gewiss Rat.

In der Nacht hörten die verunsicherten Bürger in der Ferne dumpfes Grollen, Blitze zuckten. Viele übernächtigte Gesichter zeigten sich auf den Wällen. Man starrte nach Westen. Was mochte dort vorgehen? Die Leute waren bereits dermaßen neurotisiert, dass sie ein mittelmäßiges Sommergewitter für die nahenden Scharen Davouts hielten. Vergebens redeten erfahrene Soldaten auf die verängstigte Menge ein, man glaubte ihnen einfach nicht.

Viele glaubten sich bestätigt, als in frühester Morgenstunde die letzte schwedische Brigg auslief. An Bord befand sich der General von Döbeln. Malte begab sich zum Kantor Haupt, traf ihn vor Sankt Marien an. „Gott mit Euch!", grüßte er. Friedrich Haupt nickte schweigend. „Wo bleibst Du Friedrich?", erklang eine Stimme aus dem Kirchenportal. Haupt zögerte, dann besann er sich. „Folge mir!", wurde Malte aufgefordert. Ungläubig staunend betrat jener das gewaltige Kirchenschiff des uralten Backsteinbaus. Sollte ein Gottesdienst abgehalten werden, um die Waffen zu segnen? Bekanntlich tat man früher so etwas. Malte schielte zum Altar, der gekreuzigte Heiland hing am goldenen Kreuz. Ein Blick zur Kanzel, wo ebenfalls kein Pfarrer seine

Stimme zur Predigt erhob. Ebenso fast leeres Kirchengestühl, wo hier und da einzelne Mütterchen hockten, dabei gottesfürchtig den Herrn preisend. Der Pfarrer konnte auch nicht predigen, denn er tauchte unversehend aus einer verborgenen Tür im Seitenschiff auf. „Kommen Sie, Herr Schmude wartet bereits!", rief er gedämpft. Haupt bedeutete seinem Eidam, auch weiterhin zu folgen. Der begriff allmählich wohin es ging: Auf den Glockenturm!

Viele Stufen waren zu bewältigen. Zum Schluss folgten noch von Tauben über und über verdreckte Leitern, die bei jeder Sprosse bedenklich knackten. Ehrfürchtig betrachtete Malte die alten, vom Patina der Jahrhunderte überzogenen Glocken. Endlich war die letzte Plattform unter dem Helmdach des Turmes erreicht, durch die oberen Schallluken konnte man weit ins Land sehen. Wenn sich jemand näherte, dann …

Das nächtliche Gewitter hatte die Luft gereinigt. Man konnte fast zwölf Meilen weit ins Land sehen. Was sich den Wismarern erschloss, bot Anlass zu einem ernsten Zwiegespräch mit dem Herrn. Am Horizont in Westen und Süden stiegen Rauchwolken auf. Dort brannten Häuser, Scheunen, Felder. „Das muss in Bobitz sein!", bemerkte Haupt auf eine schmutziggraue Rauchwolke im Südwesten zeigend. Auch hinter den Hügeln bei der Mecklenburg schwelte ein Feuer. Im Westen klommen hier und dort ebenfalls Schwaden zum Firmament auf. Weit am Horizont waren dunkle Lindwürmer erkennbar. Es waren Kolonnen marschierender Soldaten. Man konnte nicht sagen, ob es sich um Freund oder Feind handelte. „Sie kommen." Schmudes Stimme klang verzagt. „Ist noch nicht dingfest!", hörte sich Malte sagen. Strafende Blicke von Ratsherr, Pfarrer und Kantor vereinigten sich auf dem vorlauten Burschen. „Man kann doch weder Fahnen noch Uniformen feststellen!", verteidigte der sich trotzig. „Die ziehen doch eindeutig nach Osten! Selbst wenn's keine Franzmänner sind, dann weichen die Unseren!", wütete der Pfarrer. Plötzlich hielt er inne, bekreuzigte sich. Er zeigte auf eine Reiterschar, die auf dem von alten Bäumen gesäumten Lübschen Handelsweg heranpreschte. Schon bald hielten die Berittenen vor dem Lübschen Tor ein. Malte verengte die Lieder, versuchte, genaueres zu erkennen. Diese schwarzen Uniformen! Das waren die Lützower! „Lützows verwegene Jagd!", rief Malte euphorisch. Das waren keine Franzmänner! Erleichtert nickten die Honoratioren. Die Schelte war vergessen. „Der liebe Gott hat Dich mit Scharfblick gesegnet!", meinte der Pfarrer anerkennend. Er hatte als einziger keine Kenntnis, was dieser Bursche eigentlich in Haupts und Schmudes Schlepptau auf seinem Glockenturm zu suchen hatte.

Jetzt war zu erkennen, wie das Tor geöffnet wurde. Die Reiter jagten in die Stadt. „Kommt! Die bringen gewiss Kunde über die Kämpfe!", rief Schmude und machte Anstalten, die Leiter herunterzuklettern. Es wirkte grotesk, wie die bejahrten Herren im Eiltempo abenterten. Malte bildete den Schluss. Auf dem Markt direkt neben der Wasserkunst wurden sie dampfender Rosse ansichtig. Einige Jäger labten sich an frischem Wasser, andere versorgten die Pferde. Die Uniformen verstaubt, die Gesichter von Pulverdampf geschwärzt, so harrten die Kämpfer aus. Einige Marktfrauen drängten sich in ihre Nähe, fragten wild durcheinander. Die Soldaten schwiegen beharrlich. Auch die Herren Haupt und Schmude bekamen keine Auskunft. „Erkundigt Euch beim Leutnant!", wiederholten die Lützower beharrlich. Endlich erschien der Verheißene. „Leutnant Körner!", rief Haupt erfreut. Theodor Körner sah müde und übernächtigt aus. Der Arm steckte in einer Schlinge. Spuren eines Reitergefechtes unweit von Tressow. Körner schien die Verwundung nicht beachten. „Herr Haupt!", sagte er ernst. „Morgen sind sie hier! Davout selbst rückt auf Schwerin, hierher kommt die III. Infanteriedivision Loissons und die vierzehnte Kavallerie unter dem einarmigen La Grande!" Das war die ungeheuerliche Kunde. Aber wenigstens besaß man in Wismar Klarheit. Die Frage des Ratsherrn Schmude nach Erquickung und Labsal wurde von Körner abschlägig beschieden. „Wir müssen weiter", sprach der Leutnant weiter. Er hatte Befehl, bei Neuburg zu seinem Korps zu stoßen. Auf seine Weisung hin stieß der Hornist in die Trompete, blies zum Sammeln. Die Lützower sprangen in die Sättel. Durch das hoch aufragende Altwismartor verließen sie die Stadt. Neben den Gendarmen blieb nur ein Häuflein mecklenburgischer Grenadiere in Wismar zurück.

Die Bürger gingen daran, ihre Häuser zu verrammeln. Gespannte Ruhe herrschte. Nur noch wenige Geschäftige waren in Straßen und Gassen zu erspähen. Malte war von seinem Schwiegervater eingeschworen worden, bloß nicht mit Fine und Tochter die Stadt zu verlassen. „Ihr werdet mitten in das Aufmarschgebiet des welschen Korps geraten, die ziehen weiter nach Osten auf Rostock! Malte Gugel, gib mir Dein Wort, dass ihr hier bleibt!", hatte der Kantor unmissverständlich beschieden. Prompt erschien gegen Abend sein Filius. Haupt wünschte wohl zu erfahren, ob seine Anordnungen befolgt wurden. Fine tuschelte lange mit ihrem Bruder, der Inhalt ihres Disputes blieb Malte ebenso wie seinem Vater verborgen.

17. Kapitel

Der folgende Dienstag brachte für Wismar nichts Neues. Die Franzosen sollten stehen geblieben sein. Man munkelte von umfangreichen Umgruppierungen. Malte hockte mit Fine zu Haus, beide waren vom ständig wiederkehrenden Genörgel Vater Gugels genervt. Dazu zeigte sich Töchterchen Friederike ungnädig, sie bekam ihren ersten Zahn. Malte strich der Weinenden übers Köpfchen. „Du weißt gar nicht, was um Dich herum vorgeht, dennoch fließen Deine Tränen!", sagte er sanft, küsste ihre Stirn. Das Kleinkind beruhigte sich allmählich.

Unweit Schwerins konnte sich jemand überhaupt nicht beruhigen. In der alten Bauernkate eines Häuslerdörfchen hatte sich hoher Besuch einquartiert. Marschall Davout persönlich wollte von hier die entscheidenden Attacken zur Einnahme der Metropole Mecklenburgs einleiten. Vorgestern hatte er Wallmodens Korps mit gesamter Macht angegriffen. Zwischen Vellahn und Camin war eine regelrechte Schlacht entbrannt. Der Feind zog sich daraufhin zögernd zurück. Jetzt war man einige Meilen vorgerückt und hatte hier in Dümmer Halt gemacht. Das Dorf quoll über von Truppen, die Einwohner blieben jedoch auf ausdrücklichen Befehl des Marschalls hin von Übergriffen verschont. Generell musste man eingestehen, dass die Disziplin der Truppen proportional mit der räumlichen Entfernung zum Hauptquartier der französischen Nordarmee abnahm. Davout ahndete Plünderungen als Verletzung der Mannszucht unnachsichtig. Aber der Marschall Napoleons konnte nun einmal nicht überall präsent sein.

In der vierten Stunde des Nachmittags war ein Kurier eingetroffen, der dem Marschall eine wichtige Depesche überbrachte. Die vor dem Haus stehenden Posten wurden daraufhin Ohrenzeuge eines verbalen Wutausbruchs ihres Kommandeurs, der seinesgleichen suchte. „Fumier maudit! Cet imbécile maudit Oudinot!", dröhnte es aus dem geöffneten Fenster. Eine weitere Kavalkade unflätiger Schimpfworte folgte. Später erschien der Generaladjutant und pfiff sämtliche verfügbaren Kurierreiter zusammen. „Geben Sie den Kommandeuren Bescheid! In einer Stunde ist Lagebesprechung!"

Indessen durchmaß Davout im Sturmschritt die muffige Stube des Hauses. Wieder und wieder beugte er sich über die Karte. Wieder und wieder fiel sein Blick auf einen unscheinbaren Ort unweit Berlins, wo seit gestern die Fähnchen des Korps Oudinots steckten.

Nach und nach trafen Generale und Obristen der Divisionen ein. Dennoch musste man eine weitere halbe Stunde darangeben, in der Marschall Davout verbissen schweigend zur Decke starrte. Die Letzten waren naturgemäß die kommandierenden Generale des linken Flügels, Loisson und La Grande. Davout quittierte ihren Gruß mit Kopfnicken, erhob sich, setzte den Zweispitz auf. Die Augen seiner Generale klebten an den gewaltigen goldenen Epauletten. „Ich will es kurz machen!", begann der Marschall. „Gestern ist das Korps des Herzogs von Reggio bei Großbeeren von der Landwehr Bülows unter immensen Verlusten zurückgedrängt worden. Oudinot, der großmäulige Herzog von Reggio, soll sich zur Stunde fluchtartig zurückziehen! Der Vorstoß auf die preußische Hauptstadt ist damit gescheitert! Unsere von seiner Majestät dem Kaiser übertragende Aufgabe, Oudinots linke Flanke zu decken, ist somit gegenstandslos geworden. Im Gegenteil, wir müssen befürchten, dass sich die Preußen nach Norden wenden! Dann haben wir Bülows Landwehr in der Flanke", referierte Davout weiter. Die Generale schwiegen. Die Nachricht von der vernichtenden Niederlage bei Großbeeren war ihnen in die Knochen gefahren. „Gibt es Nachricht vom Kaiser?", ließ sich ein grell uniformierter Kürassieroberst vernehmen. Davout verneinte. „Wir sind auf uns allein gestellt", sagte er finster. Dann forderte er seine Offiziere auf, ihre Vorstellung vom weiteren Vorgehen darzulegen. Zwei Stunden später war man sich einig. Das bedeutete, Davout gab die Direktiven über den weiteren Vormarsch aus. Schwerin würde am folgenden Tage genommen. Der linke Flügel, sprich Loisson und La Grande sollten weiter forsch vorgehen, während die Einheiten des rechten Flügels defensiv blieben. Grund zur Sorge war gegeben, waren die Stellungen bei Dömitz doch wiederholt angegriffen worden.

In dunkler Nacht ritt eine Kavalkade von Kavalleristen nach Norden. Loisson und La Grande strebten zu ihren Stabsquartieren. „Haben Sie gesehen, dass er sogar während der Besprechung seinen Hut trägt?", fragte La Grande den schweigenden General. „Wenn der Marschall seine Kopfbedeckung abnehmen würde, dann wären sämtliche Generalstäbler von seiner Glatze geblendet!", lästerte Loisson verstimmt. Die Generale verabschiedeten sich mit einem lässigen Wink. Morgen würde man sich wieder treffen. Vor Wismars Toren.

Der 25. August 1813, ein Mittwoch, kündigte sich durch immenses Morgenrot an. Die Sonne ging blutrot auf. Das deutete landläufig auf Regen oder Gewitter hin. Seit der Morgendämmerung hockte Anton Johann auf dem Marienturm. Er sollte Bescheid geben, wenn er etwas

Verdächtiges erspähen sollte. Zuvor hatte es einen lebhaften Disput zwischen Vater und Sohn gegeben, weil der Junge unbedingt eine alte Radschlosspistole mit auf den Turm nehmen wollte. Beim Nahen des Feindes wollte Anton Johann die Waffe gleichsam als Warnung abfeuern. Mit viel Geduld hatte Friedrich Haupt seinem ungestümen Filius klar gemacht, dass die Franzosen das weithin sichtbare Abfeuern als feindliche Handlung deuten würden. „Soll Deinetwegen die halbe Stadt ein Raub der Flammen werden? Die Soldaten würden umgehend mit Artillerie antworten, mein Sohn!" Beschämt gab Anton Johann sein Vorhaben auf. So hockte er jetzt oben und hatte ein Arrangement mit dem Küster getroffen. Sobald der Lugaus auf dem Turm das verabredete Zeichen gab, sollte jener die Feuerglocke läuten. Erst hatte der Junge oben angestrengt den Horizont beäugt, sodann verlor er alsbald die Lust. Interessanter war es, das Tagwerk der Wismarer unter die Lupe zu nehmen. Man konnte von hier nämlich phänomenal in die Hinterhöfe der Hansestadt schauen. Da ging die dicke Tilsen auf den Abtritt, humpelte der alte Gotthilf Heise keifend los, die Karnickel zu füttern. Ein Krämer vergrub verstohlen irgendwelche Kisten im Garten. Dort jagten die Kinder schimpfende Spatzen. Aber viele Leute waren nicht zu sehen. Man sperrte Türen und Fenster zu, harrte der Dinge, die dieser Tag bringen würde. Anton Johann spähte nach Norden, wo man nicht nur die gesamte Wismarbucht, sondern auch die Insel Poel und die Ostsee überschauen konnte. Weit am Horizont zeichneten sich undeutlich Segel ab. Ob es das englische Geschwader war, von dem die Leute hinter vorgehaltener Hand sprachen? ‚Vaters Teleskop! Ich sollt es demnächst mitnehmen!', dachte der Bube und rieb sich die Augen. Das Segel glänzte noch immer. Es schien ein Dreimaster zu sein. Genau war es nicht auszumachen. Plötzlich meldete sich der Magen durch lautes Knurren zurück. Zum Vespern hatte der Junge ebenfalls nichts mitgenommen. Sehnsüchtig dachte er an Mutters Butterstullen. Die Sonne war höher gestiegen, befand sich zwei Handbreit über dem Horizont. Wieder schaute der junge Ausguck zur Seeseite hin. Aus der Kirchdorfer Bucht liefen zwei Fischerkähne aus. Wie Modellschiffchen wirkten die Seefahrzeuge. Jetzt beschrieben die Boote eine Wendung, um in die offene See zu gelangen, als Anton Johann jäh zusammenzuckte. Ein trockener Knall ertönte und erinnerte den Jungen an seine eigentliche Obliegenheit. Er duckte sich unwillkürlich. Dann spähte er nach Westen. Nichts zu sehen. Behände hangelte sich der Kantorsohn zum südlichen Schallfenster. Was er hier erblickte, ließ ihn das Blut gefrieren. Auf der Straße nach Bobitz hin hielt eine dunkle Masse. Dort stand Fuhrwerk an Fuhrwerk, der Tross der III. Division. Davor die Karrees der Infanterie, bei den verlassenen Katen vom Vorhof Rothentor war Artillerie aufgefahren. Mindestens vier Batterien daneben ameisenhaft die Kanoniere mit glimmenden Lunten. Und durch die Senke zwischen Mecklenburger Tor und Metelsdorf zogen weitere Kolonnen Infanterie. Die Franzosen waren da! Laut brüllte Anton Johann das Losungswort nach unten, woraufhin der einfältige Küster wie besessen den Strang der Feuerglocke zog. Anton Johann glaubte, seine Ohren würden auf ewig den Dienst versagen, so überlaut drang das Läuten in alle Sinne. Dennoch siegte die Neugier, der Junge blieb auf seinem einzigartigen Aussichtspunkt.

Als die Glocke zu bimmeln begann, saß General Loisson auf einem Schimmel hoch zu Ross und beobachtete durch das Teleskop die Stadt. Die Führung befand sich einige hundert Schritte vor der eigenen Front. Umgeben war der Divisionskommandeur von den Offizieren seines Stabes. „Wer hat geschossen?", wünschte der General zu erfahren. Schulterzucken. Wohl ein Versehen, es wäre nicht das erste Mal. „Morand!", zischte Loisson. Der Gerufene ritt heran, salutierte. „Das hier ist Ihr vormaliges Wirkungsfeld?", fragte der General leger mit dem Teleskop gen Wismar zeigend. „Qui mon General!", bestätigte Hauptmann Morand. Er hatte sich vor Hamburg ausgezeichnet, war befördert worden. Sein erregter Bericht über die schwedische Landung bei Wismar hatte allerdings seinerzeit für allgemeine Heiterkeit im Offizierskorps gesorgt, dass man ihn nunmehr als „Morand le Filou" bezeichnete. Mit geringschätzigen Blicken vermaß Morand die Stadt, die ihm soviel Ungemach bereitete. Dort würden sie noch den Tag verwünschen, an dem man ihn so schamlos hinters Licht geführt hatte. Sein General hatte ganz andere Sorgen. Wieder und wieder schwenkte das Teleskop nach Westen. „Wo bleibt La Grande?", fragte er sich. Einerlei, er würde diese Stadt auch im Alleingang nehmen. „Morand! Sie reiten mit weißer Fahne vors Tor, fordern die Hiesigen im Namen des Kaisers zur Übergabe auf", war der Befehl an den Hauptmann. Nichts gab es, was dieser lieber getan hätte. Er ließ sein Ross tänzeln, stieß ihm die Sporen in die Seiten, dass sich der Hengst auf die Hinterläufe stellte. Mit einem Hochruf auf den Kaiser riss Morand den Hut vom Kopf, grüßte so den General. Sein ungestümer Auftritt wurde Morand aber jäh verdorben, als ihm Loisson zu warten befahl. Der General wollte erst einmal für klare Verhältnisse sorgen. Und wie sorgte ein Offizier des Kaisers für unverkennbare Sachverhalte? Durch die Aufbietung der Artillerie! „Drei Salven, blinde Ladungen!", befahl Loisson. Es dauerte nur Augenblicke, bis die Weisung den Kanonieren übermittelt war, dann begannen schussbereite Kanonen zu donnern.

Auf seinem Turm duckte sich Anton Johann, als er in der Batteriestellung aufblitzende Mündungsfeuer, gleichzeitig helle Rauchwolken aufsteigen sah. Alsdann folgte wie ein Vorbote der Vernichtung ein gewaltiger Donnerschlag. In den Häusern klirrten die Scheiben. Das Ganze wiederholte sich noch zweimal, ohne dass der Junge einen Einschlag ausmachen konnte. Hätte er zum Markt geschaut, würde er den versammelten Magistrat mitsamt dem Bürgermeister erschauen, wie er sich auf dem Weg zum Mecklenburger Tor machte. Die Stadtväter gingen einen schweren Gang. Aber im vitalen Interesse der Stadt musste man ihn gehen. Den Soldaten des Marschalls Davout eilte ein wüster Ruf voraus.

Fast gleichzeitig langten sowohl Parlamentäre als auch bedrückte Stadtväter beim Mecklenburger Tor an. Hier mündete der Fahrweg nach Schwerin. Die schweren Flügel waren weit geöffnet, vierundzwanzig Honoratioren im Dunkel des Torbogens boten kein besonders martialisches Bild. Morand preschte heran, neben sich zwei weitere Soldaten, von denen einer die Trikolore, der andere die weiße Fahne als Symbol des Unterhändlers mit sich führte. Morand zügelte rücksichtslos das Ross, hielt für Augenblicke schweigend inne. Seine Augen streiften über wohlbekannte Gesichter, blieb für einen Wimpernschlag an Schmudes Antlitz haften. Dann hob Morand an, die Forderungen seines Generals vorzutragen. Den Ratsherren blieb im Grunde nur, zu allem Ja und Amen zu sagen. Keine Truppeneinheit der Koalition befand sich mehr in Wismars Mauern, die Stadt war aufgegeben worden. Dies brachte der Bürgermeister mit deutlicher Rede vor. „Es gibt hier keine Streitkräfte der Koalition! Sie stehen vor einen offenen Stadt Herr Hauptmann!", sagte er seine Hände beschwörend ausbreitend. „Gut", schnarrte Morand. „Sie haben in Kürze seiner Exzellenz, General Loisson, die Schlüssel der Stadt zu übergeben! Falls nur ein Schuss fällt, oder sollten unsere Soldaten angegriffen werden, dann bleibt hier kein Stein auf dem anderen! Merken Sie es sich, Monsieurs!" Einhelliges, wenn auch etwas bedrücktes Nicken. Morand zog die Brauen hoch, herrschte die ehrwürdigen Herren an: „In einer Viertelstunde hält Seine Exzellenz an meiner Stelle. Dann werden ihm die Schlüssel der Stadt übergeben! Mit einem Lächeln, wenn ich bitten darf!", vollendete Morand die Demütigung des wismarschen Senats. Er ließ wieder das Ross hochsteigen, winkte seinen Begleitern, die von Rede und Gegenrede kein Wort verstanden hatten, und galoppierte zurück zum wartenden General.

„Bei allen Heiligen, wo nehmen wir denn jetzt die Schlüssel her?", wandte sich der Bürgermeister an seine Herren. Verlegen mieden die

Honoratioren den Blick ihres Oberhauptes. Sie wussten keinen Ausweg. Denn die Tore Wismars wurden von alters her mit Riegeln verschlossen. Wieder war es Schmude, dem der rettende Einfall kam. Er hatte hinter dem Tor das Haus des alten Häsens ausgemacht. Jener war, wie sein Name belegte, ein rechter Hasenfuß. Ganz Wismar hatte bereits über dessen Marotte gelacht, sich hinter Unmengen von Schließvorrichtungen zu verbarrikadieren. Dort müsste doch ein genügend großer Schlüssel zu finden sein! Gedacht, getan. Der alte Mann staunte nicht wenig, als der geachtete Schmude mit zwei weiteren Herren auftauchte und energisch zu klopfen begann. Nachdem unzählige Riegel zurückgeschoben waren, stand der Greis erschrocken vor dem schweißnassen Ratsherrn. „Einen Schlüssel! Den Größten!", verlangte Schmude hastig. Der Alte verstand nichts. „Watt?", fragte er. Händeringend wiederholte der Ratsmann seine Forderung, worauf Häsens wirklich einen recht großen Bartschlüssel hervorzauberte. Ohne weitere Worte ergriff Schmude das Objekt der Begierde, enteilte. Der unglückliche Häsens war den Schlüssel zu seiner Speisekammer losgeworden.

„Hier, übergebt dem General diesen!", bedeutete Schmude außer Atem, indem er dem Bürgermeister seine Beute in die Hand drückte. Denn in fünfhundert Ellen zeigte sich die berittene Avantgarde der III. Division mit dem kommandierenden General an der Spitze. Hoheitsvoll näherte sich Loisson dem Tor. Eine Hand in die Seite gestemmt, mit der anderen den Zügel führend, sah der General den ihm harrenden Stadtvätern entgegen. Er liebte solch Szenarien. Sie waren für ihn Sinnbild der Größe Frankreichs und des Imperiums. Unterwürfige Hinterwäldler und sieggewohnte Legionäre, wie von David gemalt.

Der General hielt sich fünf Schritt vor seinen Subalternen. Jeder sollte sehen, wer das Sagen hatte. Durch sanften Zug am Zügel brachte er sein Ross zum Stehen. Wie ein Standbild erhob sich die aufragende Silhouette des Reiters vor den Ratsvertretern.

In ehrerbietigem Tonfall musste der schwer geprüfte Bürgermeister den General willkommen heißen. Loisson beugte sich herunter, nahm den ihm dargebotenen Stadtschlüssel entgegen. ‚Was für ein ungepflegtes Stück!', fuhr es ihm in den Sinn, als das gusseiserne Präsent auf dem schneeweißen Handschuh einen bräunlichen Rostfleck hinterließ. Eilig reichte der Divisionskommandeur das schwere Stück an seinen Adjutanten weiter. Sollte der sich doch besudeln! Nun wendete er sich hoheitsvoll an die Ratsvertreter. Diese bekamen zu hören, dass die in den vergangenen Monaten ein wenig gefüllte Stadtkasse, aufs Neue würde herhalten müssen. „Für die Kriegsführung zum Ruhme des Imperiums erbringe diese Stadt einen Obolus von fünfzehntausend Talern", verkündete der General in gebrochenem Hochdeutsch. Also wieder Kontributionen. Der Bürgermeister erbleichte. „Soviel haben wir nicht!", entfuhr es ihm. „Die Stadt hat in den vergangenen Jahren unter Kontinentalsperre und Kriegseinwirkung geduld ..."

„Papperlapapp! Dann wird hier die Truppe einquartiert!", schnitt ihm Loisson das Wort ab. Er wusste genau, dass diese Maßnahme den letzten Sou aus den unfreiwilligen Gastgebern herauskitzelte.

Der General winkte seinem Adjutanten. „Vierte, Sechste und die Neunte!", befahl er leise. Der Offizier hatte verstanden. Er wendete das Ross, sprengte davon, den Befehl zu übermitteln. Die Kolonne vor dem Mecklenburger Tor setzte sich in Bewegung. Unter Trommelschlag und Fanfarengeschmetter rückten zwei Kavallerieschwadronen und eine komplette Brigade zu Fuß in Wismar ein. Wieder erzitterte das Straßenpflaster unter dem Schritt der Legionen Bonapartes.

Auf dem Markt traten die Verbände nochmals an. Eingeweihte wussten, es war der letzte Appell, bevor die Soldaten ausschwärmten. Loisson bewies Spitzfindigkeit, indem er gerade den Hauptmann Morand zum vorläufigen Gouverneur berief. Denn die Masse seiner III. Division biwakierte vor den Mauern Wismars. Es galt, unverzüglich weiter nach Osten vorzugehen. Diesem Behufe würde eine Heimsuchung der Hansestadt durch die gesamte Streitmacht nur hinderlich sein, zumal Marschall Davout zum Zwecke der Abhärtung stetes Biwakieren verordnete. Gegen Abend gab es noch Krach mit dem endlich herangekommenen La Grande, der seinerseits einen gebührenden Anteil an der Beute forderte. Einige Schwadronen der vierzehnten Kavalleriedivision suchten daraufhin ihrerseits die schwer geprüfte Stadt heim.

An diesem Tag saß Malte auf dem Gugelschen Anwesen wie auf Kohlen. Die Ungewissheit nagte merklich am Gemüt. Als die Feuerglocke vom Marienturm her zu läuten begann, wusste ein jeder, was die Stunde geschlagen hatte. Dann raste Donner von Kanonenschüssen über die Stadt. Friederike begann ungesäumt zu weinen. Fine nahm sie aus dem Bettchen, setzte die Kleine auf ihren Schoß. Malte legte den Arm um seine Liebste, flüsterte ihr tröstende Worte zu. „Alles wird gut!" Bald erklangen von fern her Trommeln. Sie kamen näher. Gellende Trompetensignale schallten vom Markt her. „Sie kommen!" Maltes Stimme klang belegt. In einem Winkel kauerte Maltes Vater. Er hatte den ganzen Morgen noch kein Wort gesagt. Nur hin und wieder glitt sein Blick angstvoll zu den geschlossenen Fensterläden und gleichzeitig zur abgeschlossenen Tür. Zum Markt war es nicht weit.

Dort standen die Grenadiere vor ihrem Oberbefehlshaber stramm. Hoch zu Ross, in kerzengerader Haltung nahm General Loisson die Parade seiner Streitmacht ab. Die Soldaten paradierten im Grunde für sich selbst, denn es fanden sich kaum geneigte Zuschauer für den lautstarken militärischen Pomp. Wismar wirkte ausgestorben. Die Parade war alsbald beendet. Nun zogen die Kompanien unter jeweils einem Sergeanten durch die Gassen und wurden durch Handzeichen in die jeweiligen Häuser eingewiesen. Für die Bewohner begann ein seit einiger Zeit nicht mehr praktiziertes Spielchen, das den Gastgebern regelmäßig sauer aufstieß.

Vom Markt zur GroßschmiedeStraße war es nicht weit, so dass alsbald am Tor zum Hof der Gugels energisches Klopfen ertönte. „Vater?", Malte schaute zum Hausherrn herüber. „Geh Du!", wehrte dieser ab. Das Klopfen wurde lauter. Mit zusammengepressten Lippen begab sich Malte zum Tor, wo man bereits Gewehrkolben gegen das Holz krachen ließ. „Gemach!", rief Malte und zog den Riegel zurück. Die Pforte flog auf und fünf, nein acht blau Uniformierte stürmten auf den Innenhof. Einer hielt Malte mit dem aufgepflanzten Bajonett in Schach, während die anderen mit schussbereiten Gewehren nach allen Seiten sicherten. Der Anführer, ein schlaksiger Bursche mit roten Epauletten, wies mit dem Seitengewehr nach oben. „Lütschower?", fragte er erregt. Malte beeilte sich, den Kopf zu schütteln. Dann fingen die Herren Franzosen erst einmal an, den Hof nach Brauchbaren zu durchstöbern. Einzig derjenige, der Malte zu bewachen hatte, blieb auf dem Hofe. Trotz der innigen Sorge um Vater, Weib und Kind sah sich Malte den Soldaten genauer an. ‚Mensch, der ist ja noch jünger als ich!', durchfuhr es diesen, als er des Flaums am Kinn des Franzosen ansichtig wurde. Tatsächlich rutschte dem Bürschchen der hohe Tschako mit dem Kaiseradler beinahe über die Ohren. Trotzdem fuchtelte er unentwegt mit dem Bajonett vor Maltes Nase herum. „Merde la Guerre!", erlaubte sich Malte zu bemerken. Der andere musterte ihn feindselig. Schwieg. Dafür kam aus dem Speicher Triumphgeheul. Dort hatten sie etwas gefunden. Vermutlich den geheimen Brandweinvorrat des Vaters. Zwei der Marodeure machten sich jetzt auf den Weg nach oben. Unwillkürlich tat Malte eine hastige Bewegung, das ihm ein aufgebrachtes „On s'arrête!" und die barbiermesserscharfe Bajonettklinge am Hals einbrachte. Denn oben verbarg sich Fine mit dem Kind und der Vater. Die Tür krachte, gab nach und flog nach innen auf. Malte sah noch die Uniformierten mit vorgehaltener Schusswaffe eindringen. Dann hallte drinnen Geschrei und Kinderweinen. Er vernahm Fines erregte Stimme. Mit offenem Mund starrte der junge Vater hilflos nach oben. Noch immer Stille, nur im Speicher wurde grobes Gelächter laut. „Fine!", brüllte Malte verzweifelt. Plötzlich tauchte oben wieder einer der Eindringlinge auf, beugte sich über das Geländer und rief etwas nach unten. Woraufhin sein schlaksiger Korporal erschien. Der Soldat legte den Zeigefinger auf den Mund, und rief seinem Truppführer zu: „Voici un petit Enfant!" Der Korporal nickte, verschwand im Speicher und herrschte wahrlich seine Leute an, Ruhe zu halten. Alsdann winkte er dem Posten vor dem jungen Wismarer zu, der ohne die Miene zu verziehen sein Gewehr über die Schulter hängte und ebenfalls im Speicher verschwand. Malte hastete ins Obergeschoß, traf seine Fine, die Tochter und den angstschlotternden Vater wohlbehalten an. Die beiden Soldaten, ebenfalls kaum älter als ihr Kamerad auf dem Hof, standen vor der jungen Mutter und liebkosten das Kind. „Der Papa?", fragte einer und wies auf den hereinstürmenden Malte. Fine bestätigte fahrig. Die Tapfere hatte den beiden Soldaten verbal gehörig den Marsch geblasen. In deren Muttersprache! Das war es, was sie vorgestern von ihrem Bruder wissen wollte. Josefine hatte die Flüche Wort für Wort auswendig gelernt. Und es machte Eindruck. Einer der Soldaten kramte in seinen Taschen, suchte ein Stück Zucker, um es der Kleinen aus schmutzigen Händen zuzustecken. Fine wagte ob des ungewaschenen Zuckers keine Einwände, die Kleine schon. Schreiend wandte sie sich ab, das Mädchen hatte noch nie Rohrzucker gekostet. Das harte Zeug war ihr unheimlich. Lächelnd strich ihr der Soldat über den blonden Haarflaum. „Zu Haus, isch habe kleine Schwester!", radebrechte er. Malte nutzte geistesgegenwärtig die Gunst des Augenblicks, steckte den beiden je eine Rolle Tabak zu. Das Eis war gebrochen. „Malte Gugel, Josefine, die kleine Friederike und mein Vater!", stellte Malte sich und die seinen vor. Er verbeugte sich artig. Einer der Soldaten tippte sich auf die Brust, zeigte dann auf seinen Kameraden: „Jaques et Nicolas!"

„Wie alt seid ihr?", fragte Malte ehrlich gespannt. Der Franzose streckte die Hände in die Höhe, zehn Finger. Und sieben dazu. Die waren erst siebzehn! Es stellte sich heraus, dass sämtliche uniformierten Gäste auf Gugels Hof kaum siebzehn Lenze zählten und aus der Gegend um Rouen stammten. Bis auf den Korporal, der war neunzehn und kam aus Amiens. Das war es also, das Geheimnis der immensen personellen Stärke der Armeen Napoleons. Halbe Kinder wurden in zu große Uniformen gesteckt und nach kurzer Ausbildung in den Krieg geschickt. Konskribition sagte man im frühen neunzehnten Jahrhundert dazu. Dem ungeachtet waren die jungen Soldaten von unverwüstlichem Glauben an das Genie ihres Kaisers erfüllt. War Napoleon doch seit zwanzig Jahren stets Sieger geblieben. „Unser kleiner Korporal wird's schon richten!", sagten die gedrillten Jungen. Sie trugen immerhin nach Aussage ihrer Ausbilder ebenfalls den Marschallstab im Tornister. Diese Geisteshaltung wurde Malte und Fine am Abend des 25. August unterbreitet. Es stellte sich wahrlich als Glücksfall heraus, dass gerade diese gutmütigen Bauernburschen auf den Hof der Gugels geschickt wurden. Als man sich beim ersten Abendmahl näher kam, stellten sich die raubeinigen Krieger des Kaisers als höfliche Vertreter der Grande Nation heraus. Eigentlich war's schließlich erst die Jugend, die vorzeitig zu den glorreichen Kaiseradlern eilen musste.

Kantor Haupt hatte wie üblich weniger Glück. Bei ihm quartierten sich einige wüste Totschläger ein. Ihre sechste Kompanie der neunten Chasseurbrigade bestand aus Pariser Clochards, denen jeder Begriff von Disziplin und Manneszucht abhanden gekommen war. Auch so etwas bestand in der Kaiserlichen Armee, wenn letzte Reserven mobilisiert wurden. Bei Haupts sausten jedenfalls bereits zum frühen Abend hin die ersten geleerten Bouteillen durchs geschlossene Fenster. Der Kantor stand düster im Hausflur, während seine unglückliche Gattin den besudelten Dielenfußboden wischte. Einzig Johann Anton machte gute Miene zum üblen Spiel und bediente unverdrossen die grölende Soldateska. Dabei malte er sich lebhaft aus, wie er diese üblen Gesellen zum Tor hinaus jagte. In der ersten Nacht der neuerlichen Besetzung versank Wismar in einem Meer des Schweigens, während vor den Wällen hunderte Biwakfeuer die laue Augustnacht erhellten.

Morand richtete sich in seinem alten Domizil im Fürstenhof ein. Er schickte umgehend eine Fußstreife auf den Weg. Die Posten marschierten stracks zu den befohlenen Anwesen. „Schmude, Blidenköpf, Haupt!", murmelte der Hauptmann. Er rieb sich die Hände. „Mein ist die Rache spricht der Herr!", zitierte er die Bibel.

Loisson konferierte zur elften Stunde mit dem galligen La Grande. Beide Generale kamen überein, am folgenden Morgen in den eingenommenen Stellungen zu verbleiben. Nur einige berittene Aufklärer sollten nach Neuburg hin vorfühlen.

Fine stillte die Tochter, neben ihr fuhrwerkte Malte am Herd. Die Soldaten lungerten tatenlos herum, als ein tränenüberströmter Anton Johann auf dem Hof auftauchte. „Bruder was ist …", fragte Fine fassungslos. „Sie haben Vater arretiert!", schluchzte der Junge. Bestürzt schauten sich die Eheleute an. „Ich hab's immer gesagt!", krächzte Vater Gugel aus seinem Winkel. Sogar die Franzosen zeigten sich interessiert. „Er ist mein Schwager!", erklärte Malte. Der Korporal, er nannte sich Louis Gretiston, winkte ab: „Das kommt immer wieder vor, ist nicht von Dauer!"

„Ihr kennt die Vorgeschichte nicht. Der Kantor und einige Ratsherren haben im März den damaligen Kommandanten um Wismars Willen arg verprellt", fuhr Malte fort, wobei ihm nicht ganz klar war, woher der jetzige Gouverneur von der Sache wusste. Nie wäre er auf den Gedanken gekommen, wer jetzt im Fürstenhof residierte. Louis rieb sich das Kinn. „Üble Geschichte." Indes bot Fine ihrem noch immer schluchzenden Bruder einen labenden Trunk. „Vorerst kann man nichts tun", sagte sie. „Eure sind ja harmlos, bei uns daheim hausen sie wie die Hunnen Attilas!", sagte der Junge sich furchtsam umschauend. Malte legte ihm den Arm auf die Schulter. „Komm Junge, Deine Mutter braucht Dich. Ich bring Dich heim!" Vorbei an grölenden Soldatenhorden brachte Malte seinen Schwager auf Schleichwegen durch Hinterhöfe und Gärten zum hell erleuchteten väterlichen Anwesen. Von drinnen dröhnten deftige Chansons in die Dunkelheit.

Während die gesamte Altherrenrunde vom Jahreswechsel 1813 im Verließ des Fürstenhofs schmachtete, wurde der französischen Generalität beunruhigende Kunde zugetragen. Die schnellen Aufklärer berichteten von verschiedenen Biwaks der Lützowschen und Schweden bei Neuburg, weiter hinten im Raum Kamin sollten einige schwedische Batterien in Stellung gegangen sein. „Drauf und dran! Meine Reiter werden Hackfleisch aus diesen versprengten Franktireuren machen!", schimpfte der einarmige Haudegen La Grande. Loisson schaute zweifelnd drein. Dennoch stimmte er zu, beim ersten Büchsenlicht weiter vorzugehen. Zumal dänische Verstärkungen aus dem Raum Grevesmühlen avisiert waren.

Die Einwohnerschaft registrierte den Abmarsch der beiden Divisionen mit Genugtuung. Es blieben aber auch so noch genug Franzosen als Garnison zurück. General Loisson hatte die dafür bestimmten Mannschaften mit Bedacht ausgewählt. Zum einen die halben Kinder vom Jahrgang 96 in der Vierten und Sechsten Kompanie und jene Banditen von der neunten Brigade. Alles unsichere Kantonisten, auf deren zweifelhafte Dienste der Monsieur General liebend gerne verzichtete. So hatte er sich diese Unliebsamen elegant vom Leibe geschafft.

Malte, der Josefine nicht zur Wasserkunst schicken mochte, musste zwangsläufig selbst zum Markt marschieren. Als er mit zwei Bottichen zum Markt hin einbog, bekam er erstmals eine Vorstellung davon, was sich im Vorland Wismars und in Westmecklenburg zugetragen haben musste. Auf dem Marktplatz standen nämlich Deichsel an Deichsel die Fouragewagen der III. Division. Behängt mit irdenen Gefäßen, wie Krügen und Karaffen. Manch mecklenburgisches Bauernleinen flatterte munter im Spätsommerwind. Getier aller Couleur gab sich auf dem Marktplatz ein Stelldichein. Kühe, ja selbst ein Stier, suchten auf dem Straßenpflaster nach Fressbarem. An einen Planwagen war ein Kalb gebunden, kläglich muhend zerrte das Tier an der Fessel. Schweine grunzten, Hühner gackerten. Eine ganze wie besessen blökende Schafherde war in ein behelfsmäßiges Gatter gesperrt. Animalische Beute des Feldzugs. Dazwischen schwankten die Trainsoldaten, manche waren noch betrunken, viele schliefen den Schlaf der Ungerechten. Einige Trossweiber rührten in einem großen Kessel, der mit Holz beheizt wurde. Es handelte sich um Wäscherinnen, auf Feldzügen waren solche Kräfte unerlässlich. Ob für die Erledigung der anfallenden Wäsche oder zum Kochen und vielleicht auch für andere Zwecke; auch im Heer Napoleons waren diese Frauen unersetzlich. Mit einer geriet der an die Wasserkunst drängende Malte prompt in die Haare. Er füllte gerade seine zweiten Bütte mit klarem Wasser, als eine massige Wäscherin wie eine Walküre auf den Wasserspeier zuwalzte. Beidarmig stieß sie die geduldig Wartenden zur Seite. Zwei alte Mütterchen stürzten zu Boden. Mit dem Selbstbewusstsein des Siegers ging die Frau daran, dem Ersten in der Schlange seinen Bottich zu entreißen. Das kam dem gerade recht. „Auch der Train der Grande Armee hat sich an gewisse Regeln zu halten!", sagte er ruhig und hielt sein Eigentum krampfhaft fest. Das Weib keifte und schrie, ihre Stimme hallte über den Marktplatz wurde von den Häuserreihen zurückgeworfen. Es dauerte keinen Augenblick, bis die ersten Soldaten auf den Tumult aufmerksam geworden waren. Sofort zogen die Krieger blank. Es drohte Blutvergießen, als der Gouverneur zufällig mit einigen Berittenen als Leibgarde gemächlich durch die Sargmachergasse zog. Als Morand das Geschrei vernahm stutzte er, dann gab seinem Ross die Sporen. „Sergeant! Was ist hier los?", fragte Morand schneidend, als er vor dem Zusammenlauf sein Pferd zügelte. Der Angesprochene, weit und breit der höchste Dienstgrad, salutierte, erklärte mit knappen Worten seine Sicht der Dinge. „Bring mir den Übeltäter!", befahl der Hauptmann. Worauf man nicht etwa das Trossweib, sondern Malte aus der Menge schleifte. Dem gingen beim Anblick Morands einige Zusammenhänge betreffs der Arretierung seines Schwiegervaters auf. Der Einstige war also auch der gegenwärtige Gouverneur. Welch verschlungene Pfade doch das Schicksal mitunter nahm. An den Eidam Friedrich Haupts schien sich der Franzose aber nicht erinnern zu können. Malte hingegen befand, dass Hauptmann Morand in seiner neuen Montur mit den silbernen Epauletten wirklich draufgängerisch aussah. „Berichte Bürger!" Die Stimme klang streng. „Diese Femme Fatale führt sich auf wie eine Furie!", klagte Malte vorwurfsvoll auf die Frau zeigend. Diese stand mit in die Hüften gestemmten Händen und machte Anstalten, erneut unzart loszukeifen. Morand erkannte sehr wohl, wer hier im Recht war. Er sah aber auch ein, dass die Damen des Trosses so etwas wie Narrenfreiheit genossen. Da Morand die Citoyens Wismars jedoch keinesfalls noch mehr gegen Frankreich aufbringen wollte, musste eine salomonische Lösung gefunden werden. Sie bestand letztlich darin, dass Malte ungeschoren mit seinen zwei Kübeln abziehen durfte.

„Liebreizend, wenn man Kostgänger aus dem sonnigen Gemarkungen der Franken zu Gast hat", lästerte Malte bissig, als er sein flüssiges Mitbringsel in die heimischen Kochtöpfe entleerte. Es war ihm gleich, ob seine Einquartierung die Tiraden mit anhörte. Jene schienen fluchende Gastgeber gewohnt zu sein, ließen sich bei ihrem Würfelspiel nicht stören. Dagegen waren zumindest zwei der Soldaten in die kleine Friederike und nicht zuletzt deren Mutter vernarrt. Aber es zu bekunden, waren die halbwüchsigen Burschen viel zu schüchtern. Sie waren zu jung, um den sprichwörtlichen französischen Charme spielen zu lassen.

Anton Johann, den neuerdings nichts mehr zu Hause hielt, drückte sich in der Umgebung des Fürstenhofes herum. Er hoffte inständig auf ein Lebenszeichen von seinem Vater. Der hockte zufällig in derselben Zelle, wie einstmals sein Eidam und harrte stoisch der Dinge, die folgen sollten. Aber Friedrich Haupt war nicht allein, Blidenköpf wurde ebenfalls ins finstere Loch geworfen. Da schmachteten nun Ratsherr und Kantor gemeinsam und sahen einer ungewissen Zukunft entgegen.

Unterdessen kam mit einigen Blessierten die Kunde, dass die Franzosen bei Neuburg in schwierige Gefechte mit Freischärlern und regulären Truppen verwickelt worden waren. Von Osten her drang dumpfer Kanonendonner. Dort bot man vermutlich Loisson die Stirn. Wieder fuhren einige Pferdefuhrwerken mit stöhnenden Verwundeten durchs Altwismartor. Die Soldaten aus Gugels Hof standen an der Straße und starrten betreten auf ihre leidenden Kameraden. Einem war ein Unterarm weggerissen worden, der Ellenbogen war ein notdürftig verbundener, blutdurchtränkter Stumpf. Etliche waren an Kopf und Oberkörper von Säbelhieben entstellt worden, Spuren eines Gefechtes mit den berittenen Jägern. Alles in allem war es wahrlich kein berauschender Anblick, der sich den Zeugen des Einzuges der Blessierten bot. Im Fürstenhof warteten schon die Feldscher.

General Loisson hielt auf einem Hügel hinter Neubukow. Er schaute durch das Teleskop, sah in der Ferne die Umrisse einer Windmühle.

„Kröpelin", murmelte er. Aber zwischen Kröpelin und Neuburg, bei Alt Carin, hatten sich die Reichschen Jäger und einige schwedische Kompanien verbarrikadiert. Loisson mochte die Stellungen nicht frontal stürmen lassen, weil er nicht wusste, was noch an bösen Überraschungen dahinter lauerte. Vegesack schien geradezu versessen zu sein, ihm eine Schlacht zu liefern. Das machte den General misstrauisch. Er verlegte sich aufs Zuwarten. La Grande operierte weiter im Süden, ging gerade auf Sternberg vor. „Belegt bei einbrechender Dunkelheit diese Gehöfte und das Gehölz halblinks mit Bombarden!", befahl Loisson auf die Häuser Alt Carins zeigend. Seine Ordonanz eilte, den Artilleristen den Befehl zu übermitteln. Die Sonne senkte sich.

Das Unglück wollte es, dass eine Schwadron Freiwilliger Jäger aus Rostock im benannten Wäldchen rastete. Aufgrund der bedrohlichen Nähe des Feindes verzichteten sie auf das Entfachen wärmender Feuer. Die Mecklenburger wickelten sich in ihre Schabracken, am Waldessaum standen die reglosen Silhouetten der Posten. Erste Sterne funkelten, als plötzlich ein greller Blitz die Nacht erhellte. Infernalischer Donner erfüllte jäh die Luft, erstickte jeden anderen Laut. Die unverhofft Aufgeschreckten sahen noch dunkle Vögel auffliegen, dann raste ein Schauer feurigen Bleis in Holz und Leiber. Immer neue kugelförmige Granaten schlugen Gassen in die jungen Baumreihen, drehten sich höllisch pfeifend, um dann mit ohrenbetäubendem Krachen zu detonieren. Von Splittern getroffene Pferde wälzten sich wiehernd am Boden, auch Menschen sanken getroffen in sich zusammen. Panisch sprengten die Unversehrten auseinander. Jetzt schossen die Franzosen mit Kartätschen. Aufgrund der zu großen Distanz richteten sie damit aber keinen Schaden an. Das Ganze dauerte nur Augenblicke, dann wurde das Feuer auf den benachbarten Ort verlegt. Alt Carin und sein Wäldchen brannte.

Es sollte die vorerst letzte siegreiche Bataille für die III. Division im Korps Davouts werden. Man lag sich gegenüber und belauerte sich. Loisson beschränkte sich vorerst auf Sicherung, wartete auf Verstärkungen und neue Direktiven seines Marschalls.

Zwölf Meilen weiter westlich herrschte in Wismars Mauern gespannte Ruhe. Heute waren Maltes Gäste zur Streife eingeteilt. Man war für kurze Zeit unter sich. Das Mädchen sorgte sich um ihren Vater, denn ein Vetter erzählte etwas von Kriegsgericht. Malte ging daran, im Speicher nach dem Rechten zu sehen. „Vater, Du hattest ja eine Menge an Boutillen versteckt!", hörte man ihn rufen. Der Schnaps war alle. Deshalb hatte man gestern Abend nicht einen Franzosen zu Gesicht bekommen. Bald waren auf dem Markt wieder erregte Stimmen zu vernehmen. „Was mag da sein?", fragte der Vater ängstlich zur Tür schielend. „Ich geh' nachsehen", erbot sich Malte lustlos. „Pass auf Dich auf!", rief Fine vorsorglich hinterher.

Bald war der Grund für den Tumult ersichtlich. Eine neuerliche Trainkolonne war angekommen. Aber wie sah sie aus? Die Planen der Wagen zerfetzt, hinkende Zugtiere, die Hälfte der Bagage dahin. Malte konnte erkennen, dass es sich um Schießpulver und Artilleriemunition gehandelt haben musste. Die Eskorte sah kaum besser aus. Stumpfsinnig brütend saßen die Soldaten in Gruppen, keiner sprach ein Wort. Man schien in wüstes Getümmel geraten zu sein. In einem Anflug von Mitleid gab Malte einem hinkenden Männlein mit losen Gamaschen seine Schnupftabakdose. Der Kerl konnte nichts dafür, dass er in Mecklenburgs Auen dienen musste. Überrascht schaute der Franzose auf den edlen Spender. „Merci!", bedankte er sich heiser. „Was ist geschehen?", kramte Malte seine spärlichen Kenntnisse in Französisch zusammen. Das Verstehen klappte erheblich besser. „Überfall!", stieß der Mann hervor. „Bei Rosenow! Diese verfluchten Lützower!" Oha, da hatten die Reiter des Freikorps wieder zugelangt! Mit steinerner Miene berichtete der Soldat weiter, dass sein Kamerad einen Offizier vom Pferd geschossen habe. „Der wurde vom durchgehenden Ross noch etliche Ellen mitgeschleift!", wurde ohne Regung kundgetan. Das war vermutlich das einzige Erfolgserlebnis für die Begleitmannschaft gewesen, sonst würde es kaum bis nach Wismar getragen werden. Malte nickte schweigend. „Geb's Gott, dass dieser Krieg bald zu Ende ist!", sagte er leise. Sein Gegenüber nickte. Hätte er gewusst, dass genannter Offizier sein Bekannter, der Leutnant Körner, gewesen war, würde er weniger gleichmütig reagieren. Aber so nahm Malte den Bericht zur Kenntnis, dachte kaum darüber nach.

18. Kapitel

In allen Winkeln der Stadt regte sich in diesen Tagen der zivile Widerstand. Die Wismarer bekamen, weiß Gott woher, Wind von einem Lied, das im geknechteten Hamburg erstanden war. Bald war die Melodie in jeder Gasse zu hören. Einzig die Straßenkinder besaßen die Courage, das Lied laut zu singen:

> *Es leb' Alexander, der wackere Held!*
> *Er stellt die Kosaken zu uns ins Feld;*

Juchheisasa! Kosaken sind da!
Kosaken sind tapfer, das wissen wir ja.
Es stehen die Kosaken wie Mauern so fest,
Die geben dem Franzmannn den letzten Rest.
Juchheisasa! Kosaken sind da!
Kosaken sind tapfer, das wissen wir ja.

Kaum jemand wusste, wer der undurchsichtige Alexander war. Dass der Zar in jenen Tagen nichts Besseres zu tun hatte, als seine Truppen in Breslau paradieren zu lassen, spielte keine Rolle. Selbst die Erwachsenen pfiffen unentwegt dieses Lied. Bereits in Hamburg gewesene Soldaten begegneten dem Treiben gereizt. Die Meisten hatten keine Kenntnis von der Widerspenstigkeit, die sich in den wenigen Zeilen ausdrückte. Sie lachten und sangen sogar unbeholfen mit. So auch die Gruppe des Korporals Gretiston. Die jungen Soldaten auf Gugels Hof waren unbedarft wie Kinder. Malte glaubte, er könne seinen Ohren nicht trauen, als einer seiner Einquartierten das gewisse Lied pfeifend aus dem Speicher trabte. Auf Gugels Hof fühlten sich die Jungen sichtlich wohl. Umso ärger traf sie der Befehl, am Altwismartor Dienst zu tun. Das lag nahe, war doch ihr Quartier fast neben dem Bollwerk. So zogen denn die Soldaten wie begossene Pudel auf Wache. Es war ihnen anzusehen, dass sie es als leidige Pflicht betrachteten.

Von Pflichtbewusstsein getrieben war auch ihr Marschall, der mit seiner Entourage im Schloss von Schwerin hauste. Zu seinem Kummer konnte Davout aber nicht recht verifizieren, was er eigentlich tun sollte. Der Kaiser ließ nichts von sich hören, der war von der Kanonade bei Dresden zu sehr in Anspruch genommen. Herzog Friedrich Franz sollte sich nach der Küste, genauer in den Raum Doberan abgesetzt und sogar seine Schreiber mitgenommen haben. So brütete Davout über den Karten, wo sich abzeichnete, dass seine Streitmacht zwar befehlsgemäß Wismar genommen, aber im Vorfeld von Rostock nicht weiterkam. Es klöpfelte.

Die Ordonanz, ein Oberstleutnant, brachte eine Depesche von General Loisson. „Ist soeben eingegangen Exzellenz!" Der Marschall zückte den Brieföffner, denselben mit dem der flüchtige Herzog zu hantieren pflegte.

Dann vertiefte sich der Heerführer in das Scriptum. „Das ist doch alles nur Stückwerk!", schimpfte er ungehalten. Sein Divisionskommandeur beklagte sich nachhaltig über Munitionsmangel, weil sein Nachschubtransport von den Lützowern bei Gadebusch, genauer im Wald von Rosenow, angegriffen worden war. Davout erhob sich, stiefelte zum sechsten Male zur Karte, die im Thronsaal auf dem Fußboden ausgebreitet lag. „Er liegt noch immer vor Kröpelin ...", sinnierte der Marschall. Ob er dem General noch das vierte Kavalleriekorps schickte? Da wäre aber die südliche Flanke entblößt. Und dort lauerte Gefahr. Berlin war von den Landwehrhorden dieses General Bülow erfolgreich verteidigt worden. Warum sollten diese nicht jetzt gegen ihn, Davout, zu Felde ziehen? Die Aufklärer berichteten jedenfalls vom panischen Rückzug Oudinots. „Da gibt der große Held Fersengeld!", brummte Davout. Es hätte ihn sehr interessiert, wie sich Oudinot vor dem Kaiser zu rechtfertigen gedachte. Napoleon pflegte sehr reizbar auf derartige Desaster zu reagieren. Dabei war Davout noch nicht bekannt, dass ein ähnliches Schicksal seinen Intimi Mac Donald in Schlesien an der Katzbach ereilte. „Was sollen wir hier eigentlich?", fragte er sich. Statt sich in diesem flachen Lande in ungewisse Abenteuer zu stürzen, wäre es doch zweckmäßiger ... Davout dachte den Gedanken nicht zu Ende. Noch nicht. Wieder wurde er gestört. Der Magistrat von Schwerin begehrte eine Audienz. ‚Die jammern bloß wieder ob der Kontribution!', dachte Davout ärgerlich, ließ sich aber herab, die barmenden Stadtväter zu empfangen.

Durch das Altwismartor rumpelten wieder Wagen. Eine neuerliche Verfrachtung von der Front. Wieder Verwundete und noch mehr Kranke. Die Soldaten, das Biwakleben ungewohnt, litten unsäglich unter dem feuchten Wetter. Eine dunkle Regenfront nach der anderen zog in diesem August über die Fluren. Das Feld der Ehre und mit ihm die Zeltlager der Truppen versanken im Schlamm. „Was für ein Sauwetter!", schimpfte auch Malte, als er mit einer Kanne Milch endlich den Hof erreichte. Die Milch war für Friederike, der Kuss für ihre Mama. „Gibt's was Neues?", fragte diese ihren Gemahl. Malte schüttelte das nasse Haupt. „Eine Delegation war bei Morand, wollte für Deinen Vater und seine Freunde sprechen. Sie wurden nicht einmal eingelassen!", erzählte er. Fine schaute traurig zu Boden. „Aber ein Kriegsgericht wird's auch nicht geben! Das darf der Morand gar nicht!", tröstete sie ihr Malte. Gegen Abend schlichen die Soldaten der Gruppe Gretiston malade auf den Hof. Die jungen Soldaten wickelten sich in ihre Decken und schliefen.

Die III. Division Loissons lag noch immer zwischen Endmoränen und Sümpfen eingekeilt vor Kröpelin. Zähneknirschend musste der General zur Kenntnis nehmen, dass ihm sein Oberkommandierender keinerlei Verstärkung zukommen ließ. Dazu kam, dass seine Streitmacht durch Krankheiten empfindliche Ausfälle hinnehmen musste. Die Soldaten vegetierten bei strömendem Regen in Dreck und

Schlamm. Erkältungen, denen unter den unmöglichen Umständen alsbald Lungenentzündung und Nervenfieber folgte. Auch Fälle von Ruhr sollte es gegeben haben. Diesen niederschmetternden Rapport überbrachte Loisson am 28. seinem Stabsarzt. „Wir haben in den vergangenen vierundzwanzig Stunden zehn Mann durch Feindeinwirkung, aber zweihundert als Folge des Fiebers verloren", diagnostizierte der Arzt nüchtern. Loisson starrte zur klammen Trikolore, die sein Stabsquartier markierte. Tieffliegende Wolken zogen von Norden übers Land, brachten neuen Regen. „Sauwetter", brachte der Adjutant die Lage auf den Punkt. „Was schlagen Sie vor?", fragte der General den Mediziner. Jener druckste herum, es schickte sich für einen Chirurgen wahrlich nicht, militärische Entscheidungen zu treffen. „Nun reden Sie schon!", drängte Loisson. Der Arzt nuschelte schüchtern, dass man sich zurückziehen müsse. „Können Sie das auch vor seiner Exzellenz dem Marschall vertreten?", fragte Loisson eisig. Aber genau das war es, was er hören wollte. Warum sollte er hier durch grundlose Wege waten, wenn zwölf Meilen hinter ihm eine feste Stadt lag? „Bon. Die Division marschiert auf Wismar zurück! Dort gehen wir in Stellung", befahl Loisson abgehackt.

Seinem Marschall wurde in Schwerin die Lage langsam aber sicher unheimlich. Auch er wurde über die wachsenden Verluste aufgrund der Witterung unterrichtet. Aber das war es nicht, was ihm Sorge bereitete. Schwerer wog, dass er keinerlei Berichte aus dem Süden erhielt. Die Verbindungen zum Hauptquartier waren abgerissen. Wenn der Feind die Elbe querte und nach Norden vorstieß, saß man in Mecklenburg in einer gottverdammten Mausefalle. Davout war nicht willens, sein Korps in einer aussichtslosen Lage zu verheizen. Aber der Kaiser hatte befohlen vorzugehen! Hin und hergerissen, studierte der Marschall aufs Neue die Karte.

In Wismar bekam man nun die Folgen der Entscheidung des Generals Loisson zu spüren. Die Division rückte in die Stadt ein. Durch das Altwismartor strömten Scharen demoralisierter Soldaten. In verschlissenen Stiefeln, die Uniformen verdreckt, schleppten sich Loissons Regimenter weiter. Das verhieß den Einwohnern weitere Einquartierung.

„So, nun ist's soweit. Es gibt nichts mehr zu beißen", stellte Malte unwirsch fest, als er zu früher Stunde die hölzernen Marktstände inspizierte. Der Stadtkommandant hatte die letzten Lebensmittel für die Truppe konfiszieren lassen. Kleinlaute Proteste seitens der Stadtvertreter fruchteten rein gar nichts. Vielmehr wurden noch weitere Sachforderungen betreffs des Lazaretts unterbreitet. So zuckelte ein städtischer Bediensteter an Malte vorbei, der mit gleichgültiger Stimme die Bürger zum Geben von Tuch und anderen medizinischen Utensilien aufforderte. Im Gegensatz zu der an jedem Sonntag gepredigten Nächstenliebe zeigten sich die Wismarer ungewohnt knauserig. Sollten die Franzmänner doch sehen, wie sie zurechtkamen! Zumal derzeit eine Horde an demoralisierten Soldaten über die Stadt an der Wissmaria hereinbrach. Auch die letzten Häuser bekamen uniformierte Gäste. Was der Stadt harren konnte, das konnte ein jeder am Samstag ersehen. Die Nachhut von Loissons Leuten wurde in der Nähe Hornstorfs angegriffen. Bis in die Stadt war das Geschmetter von Feldschlangen und Gewehren zu vernehmen. Den jungen Soldaten am Altwismartor oblag es, die kläglichen Reste der Nachhut in Empfang zu nehmen. Hier konnten die Jungen erstmals erleben, was Krieg bedeuten konnte. Nicht das fröhliche Hurra attackierender Kavallerie, nicht selbstüberzeugte Mienen der Sieger. Stöhnende Verwundete wurden von ihren Kameraden geschleppt in die vermeintliche Sicherheit der Stadt getragen. „Da schaut, was dieser unselige Waffengang bewirkt!" Mit seinem kreidebleichen Schwager beobachtete Fines Gatte den Einzug der Geschlagenen. Malte war restlos bedient. Er wusste zwar, dass man im Vorland auch um Wismars Freiheit kämpfte. Aber als er der hilflosen Blessierten ansichtig wurde, da überkam ihn der Zorn auf alles. Auf die Franzosen und deren Widersacher. Es war schon etwas anderes, ob man die Gefallenenzahlen einer Bataille aus der Ferne vernahm oder die Opfer der Kämpfe Auge in Auge zu Gesicht bekam. „Kann man dem Wahnsinn nicht irgendwie ein Ende machen?", stöhnte Malte erschüttert. Es war ein einziges Desaster. Zumal sich auch siegestrunkene Koalitionsstreitkräfte in der näheren Umgebung der Stadt zeigten. Dann kam er, der dreißigste August 1813.

Auf den östlichen Höhen vor der Stadt zeigten sich die Spitzen der Schweden. Berittene Artillerie. Weitere Truppenteile rückten vor. Es schien sich um Preußen zu handeln. Wo kamen die her? Vom General Loisson keine Spur. Er war zum Rapport nach Schwerin befohlen. Keiner seiner Offiziere hätte sich ausgemalt, dass sich die Verbündeten dermaßen schnell in den östlichen Gehöften vor Wismar festsetzen könnten.

In der neunten Stunde erschien Anton Johann auf Gugels Hof. „Wo sind Eure Gäste?", wollte er wissen. Malte winkte ab, teilte mit, dass die Jungen am Tor Wache stehen würden. Der junge Haupt runzelte die Stirn. „Hier am Altwismartor?" Fine, sie stillte die Kleine, trat auf ihren Bruder zu. „Gibt's neue Kunde von Vater?", wollte sie wissen. Der Gast schüttelte den Kopf. „Nein leider …"

„Und Mutter?"

„Sie weint viel. Macht sich Sorgen." Plötzlich war auf der Straße das Trampeln vieler Füße zu vernehmen. Vom Tor her erklang ein langgezogener Signalton. Es klang zweifelsohne wie ein Horn der Franzosen. Unerwartet ertönte ein trockener Knall. „Das war doch ein Schuss!" Malte schaute sich hastig um. „Was mag dort vorgehen?", fragte er sich erhebend. Unvermittelt drang der infernalische Lärm eines Feuergefechtes an ihr Ohr. „Da wird gekämpft!", Malte spitzte die Ohren. Fine umfasste ihr Kind fester. Jetzt machte Malte Anstalten zur Tür zu gehen, Fines Bruder folgte ihm. Beide mussten über einen exzellenten Schutzengel verfügen, denn als Anton Johann die Hand ausstreckte, die stabile Tür zu öffnen, flog diese wie von Geisterhand betätigt auf. Ein markerschütterndes Krachen dröhnte, rotbrauner Ziegelstaub drang in die Stube. Fine warf sich zu Boden, wollte ihr Kind schützen. Maltes Vater hockte wimmernd im hintersten Winkel. Hustend tastete sich Malte zur Tür. Dann sah er die Bescherung. Feiner Staub rieselte. Ein Artilleriegeschoss war über die Mauer geschossen worden, ist in die Front des Gugelschen Hofes eingeschlagen! Die Wucht hatte ein immenses Loch in die Häuserwand gerissen. Schutt und Trümmer türmten sich. Die deformierte Kugel selbst steckte dampfend im Pflaster. Einige Passanten taperten unbeholfen über und über mit Staub überzogen umher. Ihnen war der Schreck in alle Glieder gefahren. Bis auf Maltes Vater, den fortan ein ständiges Gliederzittern quälte, war wie durch ein Wunder kein Wismarer blessiert worden. Nun aber stürmten im Laufschritt weitere Franzosen mit Gewehr im Anschlag in Richtung Stadttor, dann wogte urplötzlich der Lärm einer gewaltigen Explosion durch die Gassen. Staub und Dreck aufwirbelnd raste die Schallwelle durch die Straßen, kaum jemand in Wismar sollte diese bangen Sekunden jemals vergessen. Die Einwohner vergruben sich angstvoll in ihren Häusern. Was war nur geschehen?

Im Wismar selbst, namentlich am Tor, welches zum Weiler Altwismar führte, sah die Lage seit den frühen Morgenstunden alles andere als rosig für Napoleons Mannen aus. Hier sah sich seit den frühesten Morgenstunden die Wache den Füsilieren der Hanseatischen Legion unter dem Kommando des Barons von Vegesack gegenüber.

Argwöhnisch beäugten die Posten den aufsteigenden Rauch der Biwakfeuer in der Nähe Krassows. Hauptmann Morand inspizierte gerade die Stellung am Altwismartor. Er hielt die Posten eindringlich zu vermehrter Wachsamkeit an. Dann stellte sich der Hauptmann auf den Wall neben dem Tor und musterte durchs Fernglas die Umgebung. Was war das? Morand glaubte seinen Augen nicht zu trauen. Spielten ihm seine überreizten Nerven einen Streich? Kopfschüttelnd drehte er am Justierrad seines Teleskops. Da hielt eine Infanteriekolonne auf der LandStraße von Rostock entlang ziehend direkt auf Wismar zu. Die Eigenen waren durch, das hatte ihm ein leicht blessierter Leutnant schon vor Stunden gemeldet. Die zogen mit Seelenruhe auf Wismar zu, wusste man dort nicht, dass hier fast eine komplette Division in Quartier lag!? Vor Aufregung biss sich Morand auf die Lippen. Er konnte sogar Kanonen erkennen. Leichte Feldgeschütze. Leiser Trommelschlag drang an sein Ohr. Nun wurden auch die Soldaten aufmerksam. Verunsicherte Blicke trafen den fahrigen Offizier mit der schneeweißen Schärpe über dem blauen Uniformrock. Korporal Gretiston polterte die schmale Leiter zum Wehrgang hinauf. „Monsieur le Capitan!?" Ohne, dass jener den Blick vom nahenden Feind lies, ging ein enormer Anpfiff auf den schuldlosen Postenführer hernieder. „Machen Sie das Tor dicht, schnell mit Balken verrammeln! Oder wollen sie, dass der Feind hier durchs Bollwerk bricht!?" Noch immer beobachtete der Kommandant den vermutlich ahnungslosen Feind. Das konnte doch nicht wahr sein! Die kamen tatsächlich wie beim Manöver daher! Jetzt machten sie halt, schwärmten aus. Nein, sie bildeten eine Linie! Das Herz schlug Morand bis zum Hals. Da war die Stadt mit Truppen voll belegt, er hingegen hatte hier nur ein paar Burschen zur Verfügung. Die Kanonen standen ebenfalls nutzlos auf dem Markt und dem Fürstenhof herum. Die Munition war ausgegangen. Der Hauptmann hätte sich ohrfeigen können, dass er keine Alarmkompanien aufgestellt hatte. Zeit genug stand seit Mittwoch zur Verfügung. Es half nichts. Hauptmann Morand sah sich in einer nicht gerüsteten Stadt mit unvorbereiteten Soldaten einem massiven Angriff gegenüber. „Blasen Sie Alarm!" Das hätte nach der Dienstvorschrift des kaiserlichen Heeres ebenfalls früher befohlen werden müssen! Der Hornist stieß in die Trompete. Schauerliche Töne hallten über die Ziegeldächer. Morand schätzte die Entfernung zur drohenden Linie der Infanterie. Sechshundert Schritt, zum Teil durch diese verdammten Baumpflanzungen verdeckt. Rechts schimmerte der Mühlenteich. ‚Wo sind deren Kanonen geblieben?', durchfuhr es Morand. Indessen waren unten die Soldaten fieberhaft dabei, das Tor zu verbarrikadieren. Hektisch wurde alles Greifbare an die schweren Torflügel geschmettert. Balken, Säcke, Fässer, sogar ein altertümlicher Handwagen. Der Jüngste schob unter anderem ein Fass unter den Ramsch, auf dem in verwischten Lettern „*Schwarzpulver*" zu lesen war. Nicht einer konnte das deutsche Wort deuten. Alles irgendwie Greifbare hatte zur Verstärkung der Torflügel herhalten müssen. Sonderlich stabil sah das Machwerk aber dennoch nicht aus. Missmutig musterte Hauptmann Morand von oben her die Ausführung seiner Befehle.

Viel Zeit blieb nicht. Denn jetzt stießen Reiter vor, zeigten die weiße Flagge. Parlamentäre. Im Galopp sprengten vier schwarz Uniformierte auf das Tor zu. Morand baute sich oben auf. Da krachte ein Schuss. Überlaut. Der Widerhall wurde von den Häusern zurückgeworfen. Morands Kopf flog herum. Neben ihm stand der junge Füsilier Nicolas, in den Händen die rauchende Muskete. Der Schuss hatte sich versehentlich gelöst und sollte furchtbare Folgen zeitigen. Getroffen wurde vorerst niemand. Aber die Reiter wendeten stracks die Pferde.

„Es geht los", flüsterte Morand, als sich die Infanterie vor dem Tor in Bewegung setzte. Der Korporal rief seine Gruppe auf die Wälle. Vier Mann sollten von den Schießscharten unter dem hohen Helmdach des Altwismartores das Vorfeld bestreichen. Das Stadttor stammte aus dem vierzehnten Jahrhundert, war für eine glorreiche Verteidigung bestens geeignet. Unter den längst vergangenen Bedingungen des Mittelalters. Nicht aber für die moderne Kriegführung im neunzehnten Jahrhunderts. Morand wusste es genau, seine Subalternen nicht. Trotzig erwarteten sie den Angriff.

Vor dem Tor ging die Infanterie in Stellung, die erste Reihe kniend, dahinter legte man stehend an. Ein Offizier kommandierte, dann brach Salvenfeuer über die nun erheblich weniger selbstsicheren Verteidiger herein. Donnernd krachten hunderte Gewehre, spuckten ihre Projektile zu den Backsteinmauern. Morand duckte sich, wurde von Steinsplittern getroffen. Blei pfiff über die Köpfe. Vom Dach des Tores wurden einige Ziegel abgesprengt, fielen zerberstend auf das Pflaster. Morand lugte vorsichtig über die Zinnen. Man lud nach, eilig hantierten die Infanteristen draußen mit dem Ladestock. Dann erblickte der plötzlich erbleichende Morand den grellen Feuerblitz in einer der Baumgruppen. ‚Da sind sie!', dachte er, bevor die Vollkugeln pfeifend über die Mauer rasten. Weiter hinten ein dumpfer Knall, sodann einstürzende Mauern. Ein Haus war getroffen. Staubbedeckte Gestalten taumelten umher. Geschrei wurde laut. Die Aufmerksamkeit des Stadtkommandanten galt wieder dem Vorfeld seiner Stellung. Dort ging die Infanterie vor. „Wo bleibt die Verstärkung?", brüllte Morand. Sein Häuflein begann das Feuer zu erwidern. In die sorgsam ausgerichtete Linie vor den Wällen kam Unordnung. Aber jetzt legten sie wieder an. Das tödliche Blei kam hageldicht. Neben Morand stürzte der Korporal mit einem erstickten Schrei von der Mauer. Starrköpfig richtete sich der Hauptmann auf. „Vive la France!", brüllte er. Dann donnerten wieder die Kanonen. Die nächste Salve. Diesmal direkt auf die Torflügel. Dieser entfesselten Gewalt konnte nichts standhalten. Kein Torflügel, keine Backsteinmauern. Ohrenbetäubender Donner, Holzsplitter wirbelten, schreiend rannten die Angreifer mit aufgepflanztem Bajonett an. Aber das wahre Grauen sollte erst jetzt folgen. Denn unter den wahllos die Tore verstärkenden Utensilien befand sich ja auch das zwölf Pfund schwere Pulverfass, dass Gott weiß woher zwischen die Barrikade hinter den Torflügeln geraten war. Dieses Fass wurde unmittelbar nach dem Einschlag der Kanonenkugeln unglücklicherweise von glühenden Splittern oder einem Gewehrgeschoß getroffen. Die furchtbare Detonation erschütterte die gesamte Altstadt. Körper wurden durch die Luft geschleudert, Ziegel barsten, wurden zu Geschossen. Das ehrwürdige Altwismartor, an die vierhundert Jahre ein Wahrzeichen der Hansestadt, stand in hellen Flammen. Davor und dahinter lagen die zerfetzten leblosen Körper der französischen Verteidiger.

Vor dem Tor hatte die unverhoffte Explosion ebenfalls nicht wenig Verwirrung ausgelöst. Durch die immense Druckwelle waren die Angreifenden zu Boden geschleudert worden. Unsicher rappelte man sich auf. Nun erhielt deren kommandierender Offizier eine bedrohliche Meldung. Von Schwerin her hielt eine Kolonne Kavallerie auf Wismar zu, deren Spitze bereits in Steffin einzog. Darüber hinaus strömten ungeordnet weitere Franzosen auf die Stadtmauern. Der Offizier ließ zum Rückzug blasen. In voller Ordnung zog sich das mecklenburgische Linienregiment auf Hornstorf zurück. Die zerfetzte Trikolore lag im Staub hinter dem lichterloh brennenden Tor. Ein schmutziggrauer Rauchpilz stand über der Stadt und hüllte die Kirchtürme von Sankt Marien und Sankt Nikolai in einen dunstigen Nebel.

Langsam kam Hauptmann Morand wieder zu sich. Ächzend richtete er sich auf. Der Kopf dröhnte, als seien die Glocken von Notre Dame unter dem Schädeldach aufgehängt. Mit zitternden Gliedern erhob sich der Hauptmann. Er sah das lodernde Dachgestühl des Tores, die entstellten Toten. Wo war der Feind? „Glück gehabt Kamerad!", sagte eine Stimme. Ein Secondeleutnant von der reitenden Artillerie. „Wo sind sie?", krächzte Morand. „Haben sich nach der Explosion zurückgezogen. Colonel d'Allemand notabene hat den Rückzug befohlen", meinte der andere gleichgültig. Er zeigte mit unbestimmter Handbewegung nach Westen. Indessen stellte sich in Wismars Weichbild eine rege Betriebsamkeit ein. Die Franzosen gingen daran, sich marschbereit zu machen. Das verhieß zuerst, sämtliches Brauchbare wurde aus den Häusern geschleppt und auf Wagen verladen. Genauso sagte die Grande Armee im Allgemeinen ihren Gastgebern Adieu. Umgehend rumpelten zahlreiche Trossfuhrwerke aus dem Lübschen Tor. Die Wagen quollen über von vormaligem Eigentum der Einwohnerschaft Wismarias.

Spätnachmittags musste der General Loisson in Schwerin eine überaus unliebsame Unterhaltung mit seinem Marschall bestehen. Dort war vom jüngsten Geschehen noch nichts bekannt. „Warum gingen Sie auf Wismar zurück?", blaffte Davout seinen Divisionskommandeur an. Dieser legte ihm sachlich die Hintergründe dar. Ohne dass der General es wusste, deckten sich seine Ansichten mit denen des Marschalls. Trotzdem wütete Davout weiter: „Das ist sie, die vollständige Insubordination!", schimpfte er. Loisson breitete unschuldig die Arme aus. „Selbst sollten meine Scharen Rostock nehmen, was hätten wir davon? Einen Sieg. Aber unser Kaiser muss in Sachsen siegen." Davout wandte sich ab. Er war Soldat. Aber selbst ein Soldat des Kaisers sollte wissen, wann es sich zu kämpfen lohnte! Ein blutjunger Ordonanzoffizier platzte in die Schelte. Er überbrachte eine Eilmeldung von der vierzehnten Kavallerie. Davout riss die Depesche auf. Entgeistert ließ er das Papier sinken.

„Wismar wird angegriffen!", sprach er tonlos. General Loisson bat, das Schreiben selbst einsehen zu dürfen. „Das kann doch nicht wahr sein!", entfuhr es ihm. Wie dem auch sei, die Attacke auf Loissons Division ließ die strategische Konzeption wanken. Die Alliierten mussten erheblich stärker sein als angedacht.

„Sehen Sie zu, dass Sie zu ihren Truppen kommen!", machte Marschall Davout den Betrachtungen ein jähes Ende.

Nach dem abrupten Aufbruch des Generals grübelte der Marschall weiterhin. Keine Kunde vom sächsischen Kriegsschauplatz, an der linken Flanke unerhörte Feindtätigkeit, rechts die drohende Phalanx der preußischen Landwehr. Und auch sonst allerorten die Streifscharen der Lützowschen und Reichschen Reiterei. Widerwillig verzog der Marschall den Mund. Dieser Waffengang war nicht nach seinem Geschmack. Aber der Kaiser ...? Louis Nicolas Davout dachte an jenen ruhmreichen Tag im Oktober 1806, als er mit seinem Korps ganz allein die Preußische Hauptarmee bei Auerstedt besiegte. Napoleon hatte damals nichts Eiligeres zu besehen, als aller Welt kundzutun, er habe die Preußen bei Jena geschlagen und Davout kommandierte dabei lediglich den rechten Flügel. Es war für den tüchtigen Marschall ein Affront ohnegleichen gewesen. Gerade jetzt kam dem Marschall diese leidige Affäre in den Sinn. Er setzte sich an den riesigen Sekretär, auf dem das Mecklenburgische Wappen prangte. ‚Ohne neue Direktiven, mein verehrter Monsieur Bonaparte ...', dachte Davout und zückte die

Schreibfeder. „Darum bin ich entschlossen, das Einverständnis Eurer Majestät vorausgesetzt, auf die Elbe zurückzugehen, um Lauenburg, Hamburg sowie Holstein zu schützen. In Treue fest Louis Nicolas Davout, Herzog von Auerstedt et Prinz von Eckmühl", so endete sein Rapport an Napoleon. Er verhieß nichts anderes als den unverzüglichen Rückzug der französischen Nordarmee aus Mecklenburg.

Immer mehr Schaulustige umschwärmten Gugels Hof. Es erstaunte den unbefangenen Beobachter aufrichtig, wie viele militärisch Versierte in Wismars Mauern wohnten. Die Umstehenden begutachteten kundig den Einschlag; zeigten an, woher die Kugel gekommen war. Die benachbarte Böttcherin behauptete steif und fest, das Ding sei vom Marienturm geschossen worden. Die Franzosen sollten dort oben tatsächlich eine Kanone eingebaut haben. Jeder Ballistiker würde milde über diesen ausgemachten Unsinn lächeln. Aber die Stimmung war in jenen Tagen dermaßen aufgeheizt, dass man den Franzosen alles, den Verbündeten hingegen gar nichts zutraute. Einige couragierte Bürger waren mit Löschabsicht beim Altwismartor erschienen. Auf den Wehrgängen links und rechts standen noch immer Soldaten, die wahllos in der Gegend herumknallten. Die Angreifer sollten sich jedoch zurückgezogen haben. Genaues wusste sowieso niemand. Drei Feldscher hatten die Leichname der Gefallenen eingesammelt. Vierzehn Gefallene wurden gefunden. Die gesamte bei Gugels logierte Gruppe war entweder durch Schüsse oder die Explosion ausgelöscht worden. Acht hoffnungsfrohe Leben wurden mit einem Schlage begraben. Die anderen Gefallenen waren auch nicht älter gewesen. Einziger Überlebender des Infernos vor dem brennenden Altwismartor war eben der Kommandant Hauptmann Morand. Das Tor selbst war nicht mehr zu retten. Eine halbe Stunde brauchte das Feuer, um die massive Dachkonstruktion aus Eichenholz, für die Ewigkeit gebaut, zu zermürben. Mit lautem Gepolter und glühendem Funkenregen stürzte der Dachstuhl in sich zusammen. Was blieb waren die äußeren Stützmauern. Rußgeschwärzt standen die gemauerten Wände des größten Tores der Hansestadt als Mahnmal für die Schrecken des Befreiungskrieges anno 1813 an der LandStraße nach Rostock.

Aber noch hielten die Franzosen die Bastion an der alten Handel-Straße zwischen Rostock und Lübeck. Obwohl ein Großteil der Ihren abgezogen war, campierten nach wie vor einige Bataillone in den Gassen. Noch saßen die Herren um Schmude und Haupt in den Verließen des Fürstenhofs. Malte hatte die Einschlagschäden notdürftig vernagelt, einige Nachbarn waren dem schwer Getroffenen zur Hand gegangen. Der Schreck saß noch allen in den Gliedern. Einzig Friederike lag fröhlich in ihrem Bettchen versuchte den hölzernen Schmetterling über dem Köpfchen zu greifen und brabbelte Unverständliches. Ihre Mama sah kreidebleich aus. Ihre Hände zitterten. „Gott oh Gott! Was haben wir für ein Glück gehabt …", sagte sie wieder und wieder. Ihr Bruder war mit schlotternden Knien nach Hause geeilt, wo ihn seine glückselige Mutter empfing. Leute hatten Margarete Haupt verklönt, hinter dem Altwismartor sei die halbe Stadt abgebrannt. „Denken Sie! Do sinnes hundert Häusers vom Roten Hahn jeholt worden!" Das war die dicke Tilsen. „Die haben die ganze Vorstadt mit Bomben belegt" So hatte die redselige Katherine gesprochen. Und die unglückliche Margarete wusste ihren Sohn am genannten Ort. Sie roch den Rauch, vernahm Schüsse und die mächtige Explosion. Jetzt stürzten auch Soldaten ins Haus, zeigten reges Interesse für die Speiskammer und den Hausrat. Das einzig wirklich Wertvolle, die Bibliothek des Kantors Haupt, fand merkwürdigerweise keine Beachtung. Unter Gejohle wurde das Haus geplündert. Mutter Haupt hockte hilflos daneben, faltete die Hände. „Vater Unser, geheiligt werde Dein Name!" Entgegen der Liturgie fügte Margarete ein: „Und erhalte mir Gatten und Sohn! Behüte die Tochter!" hinzu. Ihr Flehen sollte ganz oben erhört werden. Denn kurz nachdem die Franzosen das Haus leergeräumt hatten, bog ihr aufgeregter Anton Johann leidlich eingestaubt um die Ecke. „Denk Dir Mutter, bei Gugels ist eine Kanonenkugel eingeschlagen! Aber alle, auch die Kleine, sind heil und unversehrt!", lachte der Junge ausgelassen. Margarete Haupt bekreuzigte sich hastig. Dann fiel der Blick des Jungen auf das demolierte Mobiliar und die leere Stube. „Sie sind weg!", sagte er finster. Die Mutter nickte unter Tränen. „Bald ist es vorbei Mutter!", tröstete sie ihr Sohn.

Am Abend dieses denkwürdigen Tages konnte Fine keinen Schlaf finden. „Die Truppen ziehen ab. Unsere Gäste hätten sich wenigstens verabschieden können. Ich dacht' das wären anständige Burschen!", sagte sie leise. Malte lag neben ihr, er hatte noch nicht mit Fine über Gretistons Gruppe gesprochen. Nun nahm er seine Fine in die Arme. „Sie waren am Altwismartor, als es losging." Mit einem Ruck löste sich das Mädchen: „Sag, dass es nicht wahr ist!" Mit gesenktem Kopf murmelte Malte, dass alle tot seien. „Sie waren noch so jung …", schluchzte Fine. „Cest la Guerre", entgegnete Malte hilflos. In dieser Nacht gelang es den emsigen Stadtvätern, den Kommandeur der verbliebenen Einheiten mit einer erheblichen Geldspende zum Abzug zu bewegen. Einzig der Stadtkommandant Morand mitsamt seiner Stabsschwadron harrte noch in Wismars Fürstenhof aus.

19. Kapitel

Im Verließ des Fürstenhofs war es stockdunkel und feucht. Man hatte den Gefangenen zwei Pritschen nebst schmuddeligen Pferdedecken eingeräumt. Friedrich Haupt kratzte sich. Verdammte Flöhe! Aber noch schlimmer, als diese Plagegeister, war das ewig gleichförmige Geschwafel seines Zellengenossen. Man hatte den Kantor mit Blidenköpf zusammengesperrt. Das war für den Mann schlimmer als die Wassersuppe und der saure Wein, wie ihn der chargierte Kerkermeister jeden Abend brachte. Aber am meisten strapazierte die Ungewissheit das Gemüt. Seit sie vor vier Tagen unsanft hierher gebracht wurden, gab es keine Anhörung oder gar den Besuch eines Advokaten. Blidenköpf behauptete steif und fest, dass man sie hier festhielt, um die Stadt zur Zahlung der Kontribution anzuhalten. „Ist doch seltsam, dass man zu diesem Zweck einen nicht gerade vermögenden Kantor wie mich als Geisel nimmt. Nein, mein Herr. Da kühlt sich jemand sein Mütchen an uns."

General Loisson nahm die Meldung vom unbändigen Rückzug seiner Truppen mit steinerner Miene zur Kenntnis. Er ließ sich aufs Genaueste die Vorgänge am Altwismartor berichten. Später zog eine Stafette Meldereiter nach Schwerin, der dem Marschall über den Rückzug der III. Division und die Aufgabe Wismars informieren sollte. Sie ritten im Schritt, der General befahl ausdrücklich, dass man viel Zeit habe. Loisson wünschte vorerst nicht, seinem Heerführer unter die Augen zu treten. Im Gasthaus Sternkrug konferierte der Divisionskommandeur mit den Offizieren seines Stabes. Dabei fiel ihm auf, dass der Hauptmann Morand mit Abwesenheit glänzte. „Wo steckt der Filou?", fragte Loisson eisig. Schulterzucken. „Er wird noch zu Wismar weilen!", vermutete der Oberst d'Allemand. Allmählich ging dem General die Insubordination über die Hutschnur. Erst befahl einer eigenmächtig den Rückzug, dann blieb ein Teil der Garnison nichtsdestoweniger noch in der Stadt. „Schicken Sie Kuriere, der soll sich auf dem Fuße hierher begeben!", wütete Loisson. So geschah es, dass Hauptmann Morand mit exklusiver Offerte seines Generals aus dem Fürstenhof heraus komplimentiert wurde. „Sie haben sofort zu erscheinen!", richtete der Korporal dem finster blickenden Offizier aus. Morands Schädel schmerzte höllisch, er war nun gänzlich unschlüssig. Eigentlich wollte er diese Stadt bis zum letzten Schuss verteidigen. Und jetzt dieser Befehl! Es half nichts. Der Wortlaut war eindeutig: „Unverzüglich". Daran gab es nichts zu deuten. Seine Wut entlud sich auf seinem Burschen. Jener hatte den Uniformrock zu säubern, der feine Ziegelstaub war nur schwer zu entfernen. In jedem Fall hatte während des kurzen Aufenthaltes in dieser vermaledeiten Stadt die Uniform arg gelitten. Fluchend warf sich Morand den Mantel über, begab sich höchstpersönlich in die Kellergewölbe. Hier entlud sich eine Schimpfkanonade auf die Weggesperrten. Jetzt gab es für niemanden mehr Zweifel, warum die honorigen Herren dermaßen unwürdig behandelt wurden. Aber was sollte der unflätige Auftritt bezwecken? Morand befahl, die recht unfein aussehenden Männer nach seiner Standpauke wieder wegsperren. Nur wenig milder gestimmt begab er sich auf den Hof, wo seine Männer angetreten waren. „Der Ruhm Frankreichs bedingt es, dass wir uns aus dieser Festung zurückziehen!", war sein merkwürdiger Appell an die Soldaten. Der erste September war zwei Stunden alt, da verließ Hauptmann Morand zum zweiten Male die Hansestadt, dieses Mal für immer.

In Schwerin läuteten an diesem Tage alle Glocken. Auf Befehl seiner Exzellenz des Marschalls. Davout war zu dem Schluss gekommen, dass er seine Aufgaben mit gewohnter Präzision erfüllt habe. Er versammelte die Stadtväter im Schloss, um den Herren bekannt zu machen, dass er in abzusehender Zeit mit gewaltiger Militärmacht zurückkehren werde. Den unruhigen Herren wurde eindringlich nahe gelegt, dem erhabenen Kaiser treue Anhänglichkeit im Herzen zu bewahren. Man solle des Weiteren die anhänglichen Kontributionen nicht vergessen. Zum Schluss verstieg sich Davout entgegen seiner Gewohnheit, einen gewaltigen Sieg seines Souveräns anzukündigen. „Dreißigtausend Gefangene haben wir schon eingebracht!", prahlte er drohend. Man nickte ergeben und atmete zaghaft auf.

Wismar war zu dieser Zeit schon einige Stunden ohne Besatzung. Man wollte einfach nicht glauben, dass es vorbei war. Schüchtern lugten die Bürger aus den Häusern. Sahen sich um. Pferdeäpfel bildeten die hauptsächliche Hinterlassenschaft der abgezogenen Truppen. Gähnende Leere herrschte hingegen in den guten Stuben der Bürger, es hatte einige Plünderungen gegeben. So verwunderte es nicht, dass den Soldaten die derbsten plattdeutschen Flüche hinterher geschleudert wurden. Malte hingegen beherrschte eine andere Sorge. Es ging ihm um Fines Vater. Er schlich bereits in der frühesten Morgenstunde zum verwaisten Fürstenhof. Keine Posten. Die Torflügel knarrten, als sich Malte vorsichtig einschlich. Papierfetzen wehten über den Hof. „Hallo! Ist jemand hier?", rief Malte. Einzig eine gurrende Taube vermeldete ihre Anwesenheit. Malte schlich ins Obergeschoß. Hier hatte damals Wenz residiert. Dort stand die Bank, auf der er damals mit Hannes auf den Ruf Menous wartete. Das Bild des Herzogs hing noch an seinem alten Platz, Banausenhände hatten ihm einen gewaltigen Schnurrbart und Teufelshörner verpasst. Amüsiert befand der Bursche, die Zierde stand dem Landesvater gut zu Gesicht. Malte schaute sich weiter um, alles war verwüstet und beschmiert. Der Fürstenhof blieb vom Wüten der Soldateska nicht verschont. ‚Da werden die rastlosen Beamten unserer Durchlaucht aber einiges zu tun haben.' Auf unsere Kosten …, dachte Malte verächtlich. Aber er war nicht im Fürstenhof erschienen, um hier die Bescherung zu beschauen. Da lag eine zerschmetterte Laterne, das war es, was Malte gesucht hatte. Mit einem Fidibus entfachte er die Kerze. Flackernd leuchtete sie die düstere Treppe aus. Vorsichtig tastete sich Malte vorwärts, auch er war bekanntlich hier gewesen. Der Besucher spitzte die Ohren. Stille. Ein furchtbarer Gedanke durchzuckte den Burschen. Ob man die Herren in letzter Stunde noch gemeuchelt hatte? Noch eine weitere Treppe herunter. Endlich, die langen Gänge mit den Kerkerpforten! Nichts deutete auf Belegung hin. Dieser bekannt muffige Geruch! Malte vergaß nie, wie er allein in ewiger Dunkelheit hier malträtiert wurde. „Hallo!", rief er aus Leibeskräften. Es klang wie ein Weckruf. Denn jetzt erklang energisches Klopfen. Der Bursche sprang zur nächstbesten Pforte, riss den Riegel zurück. Zum Vorschein kamen die blassen Gesichter seines Schwiegervaters und des Ratsherrn Blidenköpf. Arg verwildert. Überrascht blinzelte Haupt seinen Eidam an. „Du!?", das war alles, was der sonst so eloquente Kantor hervorbrachte. Umso mehr schnatterte Blidenköpf. „Sie sind weg", teilte Malte hastig mit, während ihm Haupt auf die Schulter klopfte. „Wo issn Schmude?", fragte Blidenköpf aufgeregt. Richtig, der musste ebenfalls in diesen Karzern schmoren! „Johann!", brüllte Haupt mit Donnerstimme. In der letzten Pforte am Ende des Ganges ertönte verzweifeltes Pochen. „Dort!", rief Malte und war mit drei Sätzen an jener Pforte. Augenblicke später lagen sich die Männerfreunde Schmude und Haupt in den Armen. „Was ist geschehen?", begehrten die Herren stracks von ihrem Befreier zu erfahren. Der faselte etwas vom brennenden Altwismartor, Kanonendonner. Es zeigte sich, dass Malte keine Ahnung von der Lage hatte. Nur eines stand fest: Napoleons Heer war abgezogen. „Kommt, wir müssen zum Rat!", ereiferte sich Schmude. Die Herren hasteten nach oben. Das grelle Tageslicht ließ sie zurückprallen, waren doch ihre Augen seit Tagen stete Dunkelheit gewohnt. In den Straßen war ausgelassenes Geschrei und Gesang zu vernehmen. So feierte die Wismarsche Einwohnerschaft die Freiheit, wie sie es nannte. Begeistert wurden einige Freiwillige Jäger begrüßt, die auf Vorposten bis vor die Mauern Wismars geritten waren. Sie stellten erleichtert fest, die gestern noch verbissen verteidigte Bastion war von den Franzosen geräumt worden. Ein Kurier eilte, den General von Vegesack zu verständigen. Während in Wismar die Freude über die Stränge schlug, grübelte der General darüber nach, was Davout wohl bewege, diese strategisch wichtige Stadt ohne weiteres preiszugeben. In der Tat gab der Rückzug der Napoleonischen Truppen den Stäben der Verbündeten Rätsel auf. Man vermutete immer neue Teufeleien. Aber alle Aufklärer bestätigten, dass sich die Truppen Davouts langsam aber stet auf Ratzeburg und Lübeck zurückgingen. Der Marschall selbst sollte Schwerin geräumt haben.

„Fine! Deinem Vater geht's gut!", rief Malte ausgelassen, als er wieder auf dem Hof eintraf. Diese klatschte wie eine Halbwüchsige in die Hände. „Gott sei's gedankt!", rief sie freudig. Ihr Mann dämpfte jedoch die Begeisterung. „Keiner weiß, warum der Marschall abzieht, es kann sein, dass der Davout alsbald wieder vor den Toren steht!"

„Hör endlich auf zu unken!", schalt ihn Fine gutmütig. Sie nahm die Kleine aus dem Bettchen, schwenkte sie ausgelassen umher. Das Mädchen quiekte vor Vergnügen. „Du wirst nimmer mehr einen Krieg erleben!", rief die Mama. Ausgelassene Stimmen erfüllten die Straße und Gassen. Es galt, die einziehenden Jäger und Landwehreinheiten zu begrüßen. Mit strahlenden Gesichtern zogen die Kämpfer ein. In den Läufen der Gewehre steckten Blumen. Kinder marschierten stolz neben den Kolonnen her, Tamboure schlugen die Trommeln. Der Bürgermeister begrüßte die höheren Offiziere im Namen der Stadt, neben sich die Ratsherren, darunter auch die abgehärmten Schmude und Blidenköpf. Anton Johann war seinem Vater um den Hals gefallen, um diesen gleich danach zu fragen, ob er nicht doch als Trommler bei der Landwehr dienen dürfe. Er hatte gesehen, dass bei den Freikorps auch Halbwüchsige die Trommelschlegel schwangen. „Guck mal Vater, der Renz dort kann auch nicht älter sein als ich!", sagte Anton Johann auf einen blonden Tambour der Lützower zeigend. Der gestrenge Herr Vater verneinte jenes Ansinnen vehement. Gegen Abend erschien der Kantor mit Gattin und Sohn auf Gugels Hof. Mit sich führte Friedrich Haupt ein besonderes Präsent. Neben einem Fässchen mit erlesenem Tropfen führte der Kantor eine in Leder gefasste Depesche mit sich. Diese war im Fürstenhof gefunden worden, ehrliche Hände gaben sie umgehend beim Rat ab. „Sieh Malte, dieses haben die Marodeure nicht gefunden!", dröhnte der Kantor auf seinen Moselländer weisend. Dann tat er geheimnisvoll, und gab seiner Tochter die Depesche. „Was ist das, Vater?", fragte diese. „Lies es", schmunzelte jener. Neugierig entrollte Fine das Scriptum. Malte bemerkte, wie ihre Augen immer größer wurden. „Liebster!", rief sie aufspringend. „Was?", fragte der Gerufene, sah dann, wie sie schwankte, fing sie auf. „Er lebt!", hauchte sie selig lächelnd. Nun nahm Malte das Geheimnisvolle selbst in Augenschein. Es war ein banaler Report! Aber er behandelte einen Gefangenenaustausch, der im Februar in Danzig stattgefunden hatte. Dort sei ein gewisser Oberstleutnant Menou gegen einen russischen General ausgetauscht worden. Der Rapport darüber verhieß, ihr Freund Menou saß also im belagerten Danzig fest. Aber er lebte, hatte das Inferno von Russland überstanden! „Ach Malte, ich freu mich so!", hauchte Fine. „Nun kann er unsere Kleine also doch begrüßen!", lachte Malte ausgelassen. Selbst der Himmel hatte an diesem Spätsommertag ein Einsehen, nachdem über Wochen hinweg Regenschauer auf Regenschauer übers Land gezogen war, saß man bei lauer Seebrise bis zum späten Abend auf dem halb zerstörten Hof der Gugels.

Am Vormittag des folgenden Tages zog General von Vegesack stolz wie weiland Hannibal nach Cannae in Wismar ein. Es sollte sein vorläufiges Hauptquartier werden. Er wurde auch wie ein Befreier begrüßt. Mit Hochrufen. Aber die wahren Ehrengäste waren die schwarzen Reiter des Lützower Korps, die im Gefolge des Generals durch die Ruine des Altwismartores einritten. Friedrich Haupts Augen suchten den Leutnant Körner, er konnte ihn aber nirgends entdecken. Dann erblickte der Kantor einen anderen Freikorpsoffizier, den ein auffallend langer Bart zierte. „Hauptmann Jahn!", rief Haupt. Der Gerufene schaute sich suchend um. Haupt hob den Arm. Er wusste, dass man diesen Berliner als Turnvater bezeichnete. „Ich wollt' wissen was unser Körner macht!", rief Friedrich Haupt frohgemut aus. Jahns Gesicht verfinsterte sich. Er trat auf den Kantor zu, sagte leise, dass Theodor Körner gefallen sei. „Wir haben ihn in Wöbbelin unter einer deutschen Eiche zur ewigen Ruhe jebettet!", sagte der langbärtige Jahn mit Berliner Akzent. Haupt senkte den Blick. Er war erkennbar betroffen. „Die Besten gehen stets zuerst!"

„Wer für die Freiheit sein junges Leben lässt, der ist unsterblich!", entgegnete Jahn mit fester Stimme. Er hatte dabei nicht berlinert.

Der Krieg ging weiter. Davout hatte sich auf die Hochebene von Ratzeburg zurückgezogen. Die halbe Stadt Schönberg war ein Opfer der Flammen geworden, als Oberst d'Allemand die Brücke über der Maurine hinter sich abbrennen ließ. Vegesack protestierte energisch gegen die wie er sagte, barbarische Kriegführung.

Im Süden stieß Marschall Ney mit vier Korps nochmals auf Berlin vor. Napoleon hatte bei Dresden einen taktischen Erfolg zu verzeichnen, der jedoch durch die empfindliche Schlappe von MacDonald in Schlesien zunichte gemacht wurde.

Am sechsten September tappte Ney blindlings in die Falle von Dennewitz. Fluchtartig zog sich der Tapferste der Tapferen, wie sich der Marschall gern nennen ließ, auf Jüterbog zurück. In seiner aufgezeichneten Rechtfertigung an den zunehmend mürrischer werdenden Kaiser schrieb Ney von 3000 Blessierten und 12 verlorenen Geschützen. Er wusste genau, dass er das Dreifache bis Vierfache verloren hatte.

In Wismar wurden beim bekannt werden jedes Sieges der Verbündeten die Glocken geläutet. In diesem September hatten die Küster viel zu tun. Das Lützower Korps war weiter gezogen, sie gingen wacker auf die Elbe zu. Mit neidvollen Blicken schaute ihnen Johann Anton nach. Er konnte sich nicht helfen, jener Jäger namens Renz war irgendwie eigenartig gewesen. Bestürzt stellte der Bube fest, dass ihm dieser Junge nicht aus dem Sinn ging. „Bin ich denn anders?", fragte sich der dreizehnjährige Kantorsohn erschrocken.

In und um Wismar herum war ein großes Heerlager der Mecklenburgischen Landwehr entstanden. Auch die eigene Landwehr war zurückgekehrt. Die Landwehrmänner überboten sich insbesondere in Gegenwart der jungen weiblichen Einwohnerschaft mit ihren Heldentaten. Malte war sich sicher, dass Bonaparte niemals über so viele Dragoner verfügt habe, wie sie allein die wismarsche Landwehr in die Flucht geschlagen haben wollte. Mit der Landwehr kamen auch Gerüchte von festgesetzten Spionen der Franzosen auf. Vor Rostock sollte den Schweden auch ein Krämer aus Wismar ins Netz gegangen sein. Malte dachte unwillkürlich an den Oheim. Von Gustav Gugel gab es keine Spur. Wismarer Flüchtlinge kehrten nach und nach aus Schwedisch-Pommern zurück. Die jüngsten Erfolge ließen sie glauben, dass Davout nie wieder vorstoßen könne. Dennoch mahnte Schmude in der Ratssitzung vom dreißigsten September an, dass der Krieg noch keineswegs entschieden sei. „Alles deutet auf ein alles entscheidendes Treffen in der Leipziger Tieflandsbucht!", orakelte der Ratsherr.

Zunächst einmal wurden wieder die Glocken geläutet. Die Lützower hatten im Gefecht an der Göhrde die Franzosen des Generals Pecheux in die Flucht getrieben, Gefangene gemacht und Geschütz erbeutet. Tage später kam dann mit trauriger Kunde die triviale Erklärung der ominösen Seelenqualen Anton Johanns. In jenem Gefecht war eine Jungfer namens Eleonore Prohaska tödlich verwundet worden. Dieses Mädchen hatte aus Liebe zum Vaterland, wie es hieß, unerkannt als Jäger Renz in den Reihen der Lützower mitgekämpft. Anton Johann entzündete still eine Kerze in Sankt Georgen.

Mitte Oktober erreichte erregende Kunde die erwartungsfrohe Hansestadt. General York habe mit seinen Preußen bei Wartenburg die Elbe forciert. Die Franzosen unter Napoleon selbst konzentrierten sich um Leipzig. Auf diese sächsische Messemetropole marschierten jetzt von drei Seiten die Armeen der Verbündeten zu.

„Wir können froh sein, dass wir nicht in Leipzig wohnen!", raunte Malte seiner Fine zu. Er hatte in der Stadt diese Kunde aufgeschnappt. „Hast an die Milch gedacht?", fragte stattdessen seine pragmatische Gattin. Sie zeigte auf die kleine Friederike. In diesem Moment stürmte Anton Johann auf den Hof. Er schleppte wieder Bücher und Schiefertafel mit sich. Als Zeichen der Normalisierung Wismarer Verhältnisse begann man Anfang Oktober wieder mit dem Schulunterricht. Obwohl nach wie vor Truppen in der Stadt lagen. Vegesack sollte sich dem Vernehmen nach vor Ratzeburg tummeln. Anton Johann Haupt hatte auf dem Heimweg wieder eine unglaubliche Nachricht aufgeschnappt. „Denk Dir Malte! Deinen Oheim haben die Verbündeten hopsgenommen. Er soll spioniert haben. Denk Dir, er hatte an die vierzigtausend Taler dabei! Ganz Wismar redet darüber!", schnaufte er aufgeregt. Malte hingegen überraschte diese Kunde überhaupt nicht. „Und wenn ...", tat er gleichgültig. Im Winkel regte sich der Bruder des mutmaßlichen Übeltäters. „Immer hab ich's gewusst!", keifte er. „Nichts ist bewiesen!", beschied Malte unwirsch. Er traute dem Alten zwar alles zu, das Geld jedoch konnte durchaus anderen Quellen entstammen. Schleichhandel war schon immer profitabel gewesen. „Hast was von Davout gehört?" Das war Malte wichtiger. Anton Johann zeigte sein Unwissen durch Schulterzucken an. „Vater sagt, im Norden hielte man still, bis man in Sachsen klarer sieht!"

Dort sah man vorerst gar nicht klar. Napoleon schien entschlossen, seine bewährte Feldherrenkunst aus der Schlacht von Wagram ins Gigantische vergrößert nachzuahmen. Er wollte den erdrückenden Ring der Verbündeten um Leipzig aufsprengen, um die Übermacht der Koalition sodann einzeln zu vernichten. Zumindest vermutete Schmude solch taktisches Vorgehen des Kaisers. Nach Wismar drang hingegen die Kunde, der schwedische Kronprinz ziehe mit der Nordarmee ebenfalls auf Leipzig. Seit Mitte Oktober gab es keine weitere Meldung vom Ausgang dieses Marsches. Der Mantel des Schweigens breitete sich aus. Gerüchte kochten auf. Der Zar sollte gefangen worden, Preußens König gefallen sein. Stunden später hieß es, Napoleon sei schwer verwundet, die Franzosen hätten kapituliert. In den Kirchen wurden Gebete für den Sieg der Koalition laut. Dem zum Trotze hörte man die Leute bald wieder sagen, dass die Sache für die Verbündeten schlecht stand. Als Malte die Hökerschen auf dem Markt einmal fragte, woher sie denn die Neuigkeiten nahmen, meinten diese stets, das von einem gewissen Durchreisenden, mal Offizier, mal Bürger, oder schon einmal Trossknecht gehört zu haben. „Aha." Malte dachte sich seinen Teil. Die Gerüchteküche brodelte munter weiter. An der wendischen Küste hatte der Krieg eine Pause eingelegt.

Es geschah in den Morgenstunden des 25. Oktober. Ein kalter Tag, an dem Nieselregen die Sicht verschleierte. Das Leben hatte sich den Verhältnissen angepasst. Man ging seinem Tagewerk nach. Das bedeutete auch, dass wieder Schiffe in Wismars Hafen anlegten. Es handelte sich zwar vorwiegend um Kriegsschiffe, aber diese brachten Nachschub wie Fourage und Munition zu den Kämpfenden in Ratzeburgs Vorfeld. Diese Schiffe mussten entladen werden. Endlich wieder Arbeit für die seit so langen Jahren lungernden Wismarschen Schauerleute. Aber auch das hiesige Militär wollte versorgt werden. Das verhieß Krämern und Kaufleuten gutes Geschäft, denn Schweden, lübische Hanseaten, Russen und Pommern pflegten mit barer Münze zu entlöhnen. Auf Initiative des alten Harms hin war man ebenfalls darangegangen, die dümpelnden Schiffe wieder seetüchtig zu machen. In diese emsige Geschäftigkeit erklang das dumpfe Läuten der großen Glocke von Sankt Marien. Die anderen Kirchen fielen ein. Malte war in Geschäften auswärts zugange. Mit ihrem Kind auf dem Arm lief Fine auf die Straße, strebte gemeinsam mit anderen zum Marktplatz. Vor dem Rathaus hielten einige Offiziere zu Pferde. Die waren von der Hanseatischen Legion! Gab's etwa Neues aus Ratzeburg? Einer der Reiter nestelte eine Depesche hervor, begann sie umständlich vorzulesen. Aller Augen weiteten sich erwartungsvoll. Was dieser so lapidar verkündete, war nichts anderes als einen großartigen, alle Erwartungen übertreffenden Sieg der Verbündeten über das Napoleonische Heer bei Leipzig. In dieser drei Tage währenden Völkerschlacht waren die Franzosen und deren Verbündete von der Übermacht russischer, preußischer, österreichischer und schwedischer Truppen vollständig zerschlagen worden. „Bonaparte befindet sich zu dieser Stunde mit den Resten seiner Truppen in überstürzter Flucht zum Rhein!", verkündete der Offizier. Fine drückte unwillkürlich ihre kleine Tochter. Sie spürte instinktiv, dass diese Botschaft das Ende eines siebenjährigen Leidensweges bedeutete. Vor sieben Jahren waren hier die Truppen General Savarys eingezogen, Fine sah sie noch vor sich, die Standarten und die wehende Trikolore und jene dunkelblauen Monturen. Sie sah Hannes, gebückt unter den Schmugglerlasten. Den tapferen Major von Schill, hoch zu Ross auf dem Markt. Der hintergründig lächelnde Menou. Alles Menschen, die hier in diesen Mauern geweilt, die vom unabänderlichen Gang der Dinge getrieben, auf und davon gehen mussten. Fine spürte die kleine Hand Friederikes auf ihrer Wange. Es riss sie jäh aus ihren Gedanken, erinnerte sie an die Gegenwart. „Komm meine Kleine! Wir gehen heim!", sagte die junge Mutter sanft und gab dem kleinen Mädchen einen sanften Kuss.

EPILOG

Die Fregatte „Constitution" schob sich langsam an den die Einfahrt markierenden Schwedenköpfen vorbei. Captain John Westphal starrte durchs Fernrohr auf die Türme der Stadt. Der baumlange elegant uniformierte Offizier des US Mittelmeergeschwaders wirkte äußerlich kühl und unnahbar. So wie stets. Aber in seinem Inneren arbeitete es. Da sollte gerade er den repräsentativen Flottenbesuch im Baltischen Meer anführen. Er hatte sich nicht darum gedrängt, aber der Admiral hatte es befohlen. „Ihnen ist das dortige Seegebiet geläufig!", hatte Seine Exzellenz genäselt und Westphal auf die lange Reise durch Biskaya, Kanal, Nordsee und Skagerrak geschickt. Und nun befand sich das Kriegsschiff in den wohlbekannten Gewässern der Wismarbucht. Ohne viele Worte wies der Captain seine Crew ein. So kannten sie ihn: schweigsam, ohne ein Wort zu viel zu verlieren. Von Kirchdorf her war der Lotse an Bord gekommen, hatte sich ehrfürchtig vorgestellt. Westphal hatte schweigend die Grüße des aufgeregt plappernden Seebären quittiert. Nun erblickte er sie wieder, die markanten Türme von Sankt Marien und Sankt Nikolai, das gewaltige Kirchenschiff der Georgenkirche. Sechzehn Jahre war es her.

Am Kai waren die Honoratioren zusammengekommen. Auch viele Schaulustige tummelten sich. Man wollte die Visite der kampfstarken Fregatte aus Übersee in diesem Hafen des Großherzogtums Mecklenburg-Schwerin keinesfalls verpassen. Der mächtige kupferbeschlagene Rumpf des Kriegsschiffs machte unter dem Hafenamt unweit des Wassertores fest. Unwillkürlich verengten sich die Augenlider des Captains. Ob er wohl noch Bekannte antreffen würde? Noch in der letzten Nacht lag er lange in seiner Kapitänskajüte wach und grübelte über jene längst vergangenen Jahre nach. Wie mochte es seinem besten Freund Malte Gugel ergangen sein? Ob er seine Josefine, die Kantorstochter, gefreit hatte? Längst vergangene Bilder erstanden vor Westphals geistigem Auge. Bonaparte herrschte über Europa. Die Franzosen waren hier. Dieser diabolische Gendarm ... So viel war hier geschehen.

Der Bootsmaat pfiff Seite. Mit festen Schritten schritt der Captain über das ausgelegte Fallreep. Der zweite Bürgermeister begrüßte den Kämpen aus Übersee. „Welcome to the Port of Wismar, Sir!", sagte der junge Mann in akzentfreiem Oxfordenglisch. Der Captain musterte mit gesenktem Kopf den Senator. Lässig tippte er an den mit weißen Federn geschmückten Zweispitz. „Glad to be here!", schnarrte der amerikanische Offizier. Dann schaute er sich diesen zugegeben sehr jungen Bürgermeister genauer an. Nein, das konnte nicht sein! „Tell me your name, please!", begehrte der Gast entgegen jedem Protokoll zu erfahren. Ohne mit der Wimper zu zucken entgegnete der Wismarer: „I am Anton Johann Haupt, second mayor of this Hanseatic Town!" Er war's! „Du weist, wer ich bin?", flüsterte der hohe Gast nur für den Bürgermeister vernehmlich auf Deutsch. Nun wurde Anton Johann, nach der Rückkehr von seinem Jurastudium rechtskundig gelehrtes Ratsmitglied und seit jüngstem Zweiter Bürgermeister, stutzig. Auch er zweifelte an seinen Sinnen. Bei Gott, das war doch nicht!? „Hannes?", stieß er durch die Zähne. Ein unmerkliches Lächeln spielte auf den Lippen des Officers. Es war eine schweigende Bestätigung. „Da wird sich jemand aber sehr freuen!", raunte der Stadtvertreter, als sie in die wartende Kalesche stiegen. Es ging über kürzlich gepflasterte Straßen hinauf zum Markt, wo sich an der Stelle des zerstörten, ein in neogotischem Stil errichtetes Rathaus erhob. In der Kalesche hatte der Captain nur eins wissen wollen: „Lebt mein Freund Malte Gugel noch in diesen Mauern?!"

„Ich geleite Sie nach dem offiziellen Empfang im Ratssaal …", versicherte Anton Johann beflissen. Jene feierliche Aufwartung war denn auch über die Maßen kurz. Der Amerikaner schien fahrig zu sein, hatte kein Ohr für die blumigen Reden der Gastgeber. Als das Buffet aufgetragen wurde, winkte der Gast ab, ließ sich den Mantel bringen. Konsternierte Ratsherren verfolgten den Abgang ihres Ehrengastes. Sie verstanden die Eile nicht, die jenen so urplötzlich umtrieb.

Auf dem Portal des Rathauses wurde der herauseilende Seeoffizier unvermittelt am Arm gefasst. „Pst!", machte es. Eine dunkle Gestalt gesellte sich zu ihm. „Aufgrund der Etikette muss man sich auch in dieser mecklenburgischen Metropole manchmal vermummen!", lachte Anton Johann Haupt gedämpft. „Komm Hannes!", lud er den Gast zu folgen ein. Es klang wie früher.

Er führte den Gast über den Markt, am Alten Schweden vorbei. „Noch in der AltschmiedeStraße?", fragte John Westphal. Nicken. Vor einem großen Tor hielt Anton Johann inne. „Hier, Sie …, Du weißt es doch noch?" Das Tor war nicht verschlossen. Ein weiträumiger Hof tat sich auf. Ein junges Mädchen, vielleicht vierzehn Lenze zählend, war noch auf dem Hof zugange. Überrascht schaute es auf die späten Gäste. Dann erkannte sie ihren Onkel. „Anton, äh, Herr Bürgermeister was treibt Sie zu so später Stunde hierher?" Neugierig musterte Friederike jetzt den fremden Offizier. „Ist Vater daheim?", fragte ihr Onkel leise. Eifrig nickte die Halbwüchsige. „Hol ihn bitte! Bring auch die Mutter mit!" Das Mädchen enteilte.

„Ist es *seine* Tochter?", fragte Hannes, um dann festzustellen, dasssie ganz nach der Mutter gerate. Hatte sein einstiger Freund also doch ... Oben rumorte es. „Jessas, seit der Anton Johann wieder hier ist, geht's drunter und drüber!", fluchte es im Speicher. Ein schlanker Mann mit hoher Stirn nahte mit einem Windlicht. „Was gibt's Schwager?"

„Gäste!", entgegnete der Bürgermeister trocken. Langsam kam Malte näher, konnte nur eine fremde Uniform erkennen. Ahnungslos trat Gugel vor den Unbekannten hin. Dann zerschepperte das Windlicht auf dem Pflaster. „Hannes!", brüllte Malte und stürzte auf den Totgeglaubten zu. Lachend lagen sie sich in den Armen. „Schön Dich zu sehen!", lachte der sonst so distanzierte Captain ausgelassen. Fines müde Stimme erklang. „Malte, Friederike sagt, dass ..." Sie erblickte drei schattenhafte Gestalten, kam langsam die Treppen herunter. Dann konnte die Nachbarschaft einen markerschütternden Schrei vernehmen: „Gott, das gibt es nicht!" Fine stürzte um ein Haar die Treppe herunter. Hannes fing sie auf. „Du lebst!", hauchte Fine ungläubig. „Vor sechs Jahren haben wir uns sogar ans königlich französische Marineministerium gewandt. Der dortige Beamte teilte uns mit, Dein Schiff sei schon 1812 in der Biskaya verschollen ...", stieß Malte hervor. „Das stimmt schon!", murmelte Hannes leise. Dann fiel Fine ein, dass man den Gast ins Haus bitten müsste. „Bitte, sei leise wenn Du hoch gehst! Die Buben schlafen bereits", bat sie mit kokettem Zwinkern ihren unvermuteten Gast. Oben angekommen hängte Hannes das Säbelgehänge und die rote Schärpe an den Kleiderdiener, schleuderte den Zweispitz hinterher und streckte die gestiefelten Beine unter den Gugelschen Tisch, als hätte er nie anderes getan. „Mein Schiff ist damals wirklich durch die britische Fregatte „Guerriere" aufgebracht worden. Die hatte uns in Grund und Boden geschossen", erzählte er. Malte, Fine und auch Anton Johann hörten aufmerksam zu. Auch die überaus wissbegierige Friederike schlüpfte in die gute Stube. Keiner wollte auch nur eine Silbe verpassen. „Sämtliche Masten gekappt, das Deck sah aus wie ein Schlachthaus. Dann kamen die Briten an Bord. Mich nahmen sie gefangen, andere haben sie einfach erschossen oder ins Meer geworfen." Fine schlug die Hände vor den Mund, aber Hannes fuhr fort: „Damals befanden sich auch die Kolonien von Amerika mit England im Krieg. Warum, das schenke ich mir. Tage, nachdem die Briten mich in den Kielraum geworfen, kamen sie ins Gehege mit der USS „Constitution". Die Amerikaner siegten. Mich haben sie befreit, bin dann an Bord der Fregatte geblieben. Wir haben noch so manchen Briten gekapert, es gab gut Prisengeld. Nachdem ich mich ein Jahr später beim Kampf mit dem Linienschiff „Java" ausgezeichnet hatte, schickte mich mein Captain auf eine Flottenschule. Und jetzt bin ich Geschwaderkommodore des amerikanischen Mittelmeergeschwaders", schloss Hannes seinen Bericht. „Da bist Du ja doch so etwas wie ein Freibeuter geworden!", lachte Malte. „Ich muss doch sehr bitten!", verwahrte sich Hannes mit gespielter Bitterkeit. Fine bemerkte mit gesenktem Blick, dass soviel geschehen sei. „Habt ihr und die Stadt die Wirren des Befreiungskrieges gut überstanden?", wollte Hannes wissen. Wie aus einem Munde antworteten Fine und Malte, dass man wahrlich viel Glück gehabt habe. „Das Rathaus steht ja ebenfalls wieder!" So sagte es Fines Bruder. „Wie steht's um die Eltern?", erkundigte sich der Gast bei Josefine. „Sie sind lange tot. Fines Mutter starb bald nach unserer Vermählung vor Gottes Antlitz zu Sankt Georgen im Sommer 1814. Ihren Vater traf der Schlag, als die Kunde einlief, Anton Johann sei wegen der Teilnahme seiner nationalen Burschenschaft am Wartburgfest anno 1819 arretiert worden", antwortete Malte anstelle seiner Gattin. „Hast Du also auch schon einiges auf dem Kerbholz!", meinte Hannes, alias John, zum Bürgermeister. Dann schien er angestrengt nachzudenken. „Und dieser französische Capitän, ich glaub mich zu erinnern, er hieß Menou oder so ähnlich?" Nun hellten sich die Mienen der Gastgeber auf. „Erst dachten wir, er wäre in Russland geblieben. Aber dann erhielten wir Kunde, er sei in Danzig gegen einen russischen Offizier ausgetauscht worden. Und siehe da, es war kurz vor Weihnachten, drei Wochen nach der Kapitulation General Rapps in Danzig erschien ein Reiter auf dem Hof. Unser Menou, sein Haar zwar ergraut wie das eines Esels, aber noch immer ein Galan wie er im Buche steht. Wir waren ihm gute Gastgeber. Dann zog er weiter. Der alte Kämpe stand, wie sollte es anders sein, mit Napoleon bei Waterloo. Der Korse hat ihn noch während der Hundert Tage zum General ernannt. Genutzt hatte es Menou aber wenig. Er wurde nach der Schlacht dort erneut gefangen genommen." Malte erhob sich, begab sich zum Regal und kramte einen Brief hervor. „Hier, seine letzte Nachricht ist vom Mai! Menou muss sich mit einer vermögenden Dame vermählt haben. Er schreibt aus Avignon, wo er seine Generalspension verzehrt und nebenbei seine Memoiren notiert." Hannes schüttelte den Kopf:

„Diese Franzosen haben allesamt ein sonniges Gemüt!" Aber jetzt verfinsterte sich seine Miene. „Und dieser unsägliche Commissarius?" Anton Johann antwortete, dass jener vermutlich beim Rückzug aus Russland 1812 umgekommen sei. Er fügte schelmisch hinzu, dass es wohl am besten seine Durchlaucht Franz Friedrich I selig getroffen habe. „Es wurde honoriert, dass er den Rheinbund zuerst aufkündigte. Der Herzog wurde demnach, weil er sich über mangelnden Schnupftabak maßlos geärgert haben soll, vom Wiener Kongress 1815 zum Großherzog erhöht."

Einige Tage noch blieb die amerikanische Fregatte im Hafen, um dann mit Ziel Kopenhagen auszulaufen. Der Captain verschmähte die angebotene Gastfreundschaft der Wismarschen Bürgerschaft im besten Quartier der Stadt. Er zog es zum Erstaunen aller vor, auf einem angesehenen, wenn auch nicht übermäßig komfortablen Handelshof in der GroßschmiedeStraße zu verweilen.

So waren nun die grünen Gemarkungen von Mecklenburg-Schwerin fortan ein Großherzogtum. Die Erinnerung an die Schrecken der Besatzung sowie des Krieges gegen das Frankreich Napoleons verblasste. Mit jedem erwachendem Frühjahr geriet diese bewegte Zeit ein wenig mehr in Vergessenheit, neue Sorgen drängten sich in den Mittelpunkt. Nur an den langen Abenden der Wintermonate sprachen die Alten oft über jene Jahre, als noch französische Soldaten bei dröhnendem Trommelwirbel über Felder und Wiesen Mecklenburgs zogen. Der Handelshof der Gugels hatte noch lange in Wismar Bestand. Bis zu jenem heiteren Tage, an dem die Enkelin von Malte und Josefine Gugel einen jungen geschäftstüchtigen Handelsmann namens Rudolph Karstadt ehelichte.

Von Anton Johann Haupt bleibt zu sagen, dass er als einer der fähigsten Bürgermeister in die Wismarsche Stadtgeschichte einging. Eine Straße in Wismar trägt heute seinen Namen. Ob die allda häufig anzutreffenden Geschwindigkeitskontrollen neuzeitlicher Droschken seinem Sinne entsprechen, muss die gegenwärtige Bürgerschaft beurteilen.

Nachwort

Da sich der Autor bemühte, den Geist jener längst vergangenen Jahre einzufangen, ließ es sich mitunter nicht umgehen, einige historische Fakten etwas freier auszulegen. So stürzte das Wismarer Rathaus nicht erst im November, sondern bereits im März 1807 in sich zusammen. Auch der in der Romanhandlung oft genannte „Alte Schwede", das bekannteste Bürgerhaus Wismars, wurde erst 1878 so benannt. Zur besseren Orientierung der heutigen Leser hat der Autor diese Namensnennung um einige Jahre vorverlegt. Auch die handelnden historischen Personen müssen sich in den geschilderten Beziehungen nicht immer entsprechend gegeben haben. Das bezieht sich insbesondere auf Friedrich Franz. Ebenso ist die Präsenz bestimmter Personen der Zeitgeschichte, wie zum Beispiel Theodor Körners, in Wismar nicht verbürgt. Da er sich zum fraglichen Zeitpunkt aber in Mecklenburg aufhielt, ist es immerhin möglich, dass der Dichter in Haupts Anwesen tafelte.Hier schien es dem Autor wichtig, dass der Leser wichtige geistige und politische Strömungen, die Haupt nachhaltig prägten, anhand realer Personen nachvollziehen kann.

Die Resultate der dargestellten Handlungen hingehen stehen im Einklang mit den historischen Fakten. Weiter war der Autor strikt bemüht, den zeitlichen Konsens beizubehalten. Selbst Rahmenbedingungen wie Witterung und Ökonomie sind anhand der überlieferten Gegebenheiten möglichst authentisch wiedergegeben.

Andre Jortzik, Wismar im April 2004

Zum Autor

Andre Jortzik wurde 1968 in Gardelegen, Altmark, geboren. 1984 übersiedelte er nach Wismar und absolvierte hier eine KFZ Mechaniker Ausbildung und das Technische Abitur. Nach dem Wehrdienst studierte Andre Jortzik an der Universität Rostock in den Jahren 1990-96 Betriebswirtschaft (Bachelor of commerce) und von 1996 – 2000 Geschichte. Seit 2000 lebt er als freier Autor wieder in Wismar.